高等职业教育服装专业信息化教学新形态系列教材

丛书顾问：倪阳生　张庆辉

服装生产工艺流程与管理

（第2版）

主　编　马　芳　侯东昱

北京理工大学出版社

BEIJING INSTITUTE OF TECHNOLOGY PRESS

内容提要

本书以服装生产工艺流程为核心，系统介绍在服装工业中运用到的现代化的管理方法。全书共10章，其主要内容包括绪论，服装生产与服装标准化，服装生产物料管理，服装生产技术准备与管理，服装裁剪工程技术管理，服装粘合、缝制工程技术管理，服装后处理工程技术管理，工作研究与管理，服装质量管理与跟单和服装企业成本管理。

本书既可作为高职高专院校服装专业的教材使用，又可供企业生产和管理人员参考和使用。

图书在版编目（CIP）数据

服装生产工艺流程与管理 / 马芳，侯东昱主编 .—2 版 .—北京：北京理工大学出版社，2022.12 重印

ISBN 978-7-5682-7502-6

Ⅰ . ①服… 　Ⅱ . ①马… ②侯… 　Ⅲ . ①服装工业－工艺管理 　Ⅳ . ① F407.866.2

中国版本图书馆 CIP 数据核字（2019）第 191078 号

出版发行 / 北京理工大学出版社有限责任公司

社　　址 / 北京市海淀区中关村南大街5号
邮　　编 / 100081
电　　话 / （010）68914775（总编室）
　　　　　　（010）82562903（教材售后服务热线）
　　　　　　（010）68944723（其他图书服务热线）
网　　址 / http：//www.bitpress.com.cn
经　　销 / 全国各地新华书店
印　　刷 / 北京紫瑞利印刷有限公司
开　　本 / 787毫米×1092毫米　1/16
印　　张 / 16.5　　　　　　　　　　　　　　　　　责任编辑 / 多海鹏
字　　数 / 486千字　　　　　　　　　　　　　　　文案编辑 / 孟祥雪
版　　次 / 2022年12月第2版第3次印刷　　　　　　责任校对 / 周瑞红
定　　价 / 45.00元　　　　　　　　　　　　　　　责任印制 / 边心超

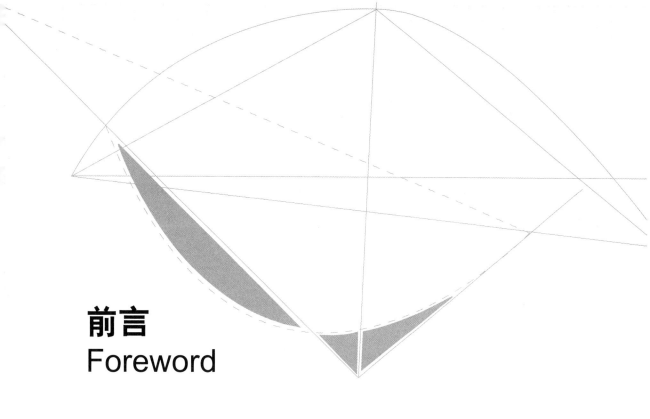

前言
Foreword

随着工业自动化进程的加快，纺织服装行业新技术、新材料、新工艺不断涌现，传统的服装行业被现代化服装生产逐步取代，由劳动密集型企业向技术密集型、智力密集型企业转化，服装行业正广泛地参与国际经济竞争。国际竞争是综合国力的竞争，是科学技术的竞争，归根到底是人才数量和质量的竞争。

我国的服装企业目前正进入转型期，面临从以产量取胜的外延型发展向以产品质量和创意、品牌美誉度和经营管理模式取胜的重要转变。在这种转变过程中，迫切需要能够对服装生产进行科学合理管理的技术管理型人才，从而达到高质、高效地完成生产任务的目的。工业化服装生产的产品品种多，作业分工精细，生产技术内容繁多，需要计划、组织、指挥、协调和控制企业员工的集体劳动。本书针对这一特点，以培养技术创新型人才为目的，从现代化服装生产出发，以服装生产工艺流程为核心进行编写。本书内容翔实、丰富，突出了工艺与管理方式的先进性，注重实践性和可操作性。

本书即是在第 1 版图书的基础上，对图书从结构到内容上进行了修订，从服装生产与服装标准化，服装生产物料管理，服装生产技术准备与管理，服装裁剪工程技术管理，服装粘合、缝制工程技术管理，服装后处理工程技术管理，工作研究与管理，服装质量管理与跟单，服装企业成本管理等方面入手，由浅入深、循序渐进、详略得当地介绍了服装生产工艺流程与管理的理论知识。本书还相应提供了一些生产工艺、管理方面的实例，以帮助读者理解、掌握相关知识。

在本书修订过程中，参阅了国内同行的多部著作，在此表示衷心的感谢！

本书虽经反复修改，但限于编者的学识及专业水平，修订后的图书仍难免有疏漏和不妥之处，恳请广大读者指正。

编　者

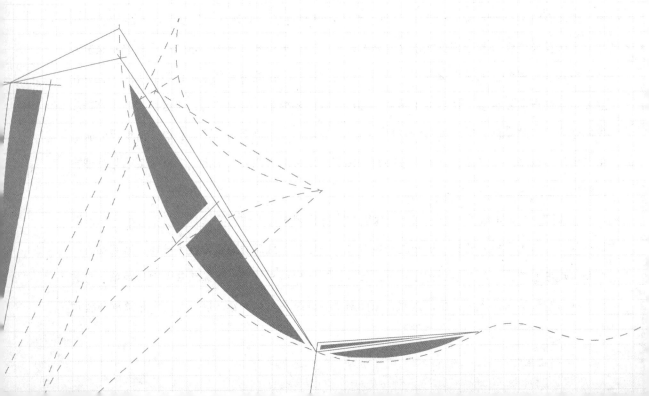

目录
Contents

第一章 绪 论

【学习目标】

（1）了解我国服装行业生产发展的现实情况。

（2）了解服装生产方式及生产类型，掌握服装生产过程的构成。

（3）了解服装企业生产管理的组织架构及岗位职责。

（4）熟悉生产管理的含义，掌握服装生产管理的方法。

【能力目标】

（1）能针对不同的产品，描述其生产过程。

（2）能针对我国服装企业管理现状，结合国外研究重点，确定合理的管理方法。

距今十万年前，人类的祖先使用骨针、筋线将兽皮、树叶缝合成片来包裹身体，从而形成了服装生产的雏形。随着时代的发展和科学技术的进步，服装生产由原始形态、个体作坊发展到现代化、工业化的生产方式，缝制用针由最初的骨针、铜针发展到钢针，缝纫设备由最初的手摇链式线迹缝纫机发展到数控缝纫机、电脑控制式缝纫机，缝制材料由最初的兽皮、树叶发展到环保材料、高科技材料。高科技、计算机、数字化技术在服装工业上的应用，使服装工业化生产逐渐由劳动密集型向知识、技术密集型转化。

第一节 我国服装行业的生产现状与发展趋势

一、我国服装行业的现状

多年来，我国的服装行业零散、无序、低效，乱象丛生，加之中国经济进入新常态，经济增长速度减缓，内需持续降低；传统服装制造行业进入壁垒较低，产品附加值不高，价格竞争激烈，利润率较低。在生产领域，我国服装行业已形成比较完整的产业链，但与国际服装行业比较的优势更多体现在生产加工环节，而在附加值更高的研发、设计等方面与国际先进水平相比仍存在较大差距。

如今我国服装行业已经逐渐开始向设计生产（ODM）和品牌生产（OBM）转变，纱线、面料、辅料等原料和中间产品的品牌价值正逐渐得到市场认可，国内外消费者对我国服装自主品牌认知度也有所提高。

我国服装企业结构链一直以来采用的是传统设计管理的模式，设计手段多停留在纸面放样的落后阶段，设计周期较长。服装的新产品周期（设计、成衣到进入销售）在工业发达国家平均为2周，美国最快为4天，而我国平均为10周时间，差距非常明显。试制成本高，造成新产品创新能力弱，新品开发周期长，就不容易发掘适销对路的产品，进而造成库存积压，影响资金周转。

我国的服装企业目前正进入转型期，面临从以产量取胜的外延型发展向以产品质量和创意、品牌美誉度和经营管理模式取胜的重要转变。

中国是服装大国，但不是服装强国，还处在品牌初级阶段。各方面的配备还不完善，缺乏运作的人力，品牌营销能力也相对较弱。

从《2017~2022 年中国纺织服装业行业市场发展现状及投资前景预测报告》中了解，目前我国高端女装市场的竞争比较激烈。一方面，国际品牌竞相抢占中国女装市场，其进驻中国各大百货商场和购物中心的速度有增无减，这其中既包括 CHANEL、DIOR、LOUIS VUITTON、BURBERRY 等一线品牌，也包括 Max Mara、miu miu、MARNI 等二线品牌；另一方面，国内高端女装企业的市场集中度总体上仍处于较低水平。

高端品牌女装行业的利润水平远高于传统服装制造行业，高端女装行业的利润水平较高的主要原因有两个：一是高端女装企业占据了研发设计和销售终端这两个服装行业产业链的制高点，产品具有更高的附加值，具备一定的议价能力；二是高端女装的消费客户群体相对较为稳定且消费能力较强。

二、我国服装行业的发展趋势

1. 生产设备的改进促进服装工业的发展

18 世纪以前，缝制工具处于原始阶段，服装生产方式一直是手工操作。

18 世纪中叶工业革命后，纺织工业化生产促进了缝纫机的发明与发展。1790 年，英国人托马斯·逊特发明了世界上第一台先打洞、后穿线的缝制皮鞋用的单线链式线迹手摇缝纫机，这台缝纫机用木材做机体，部分零件采用金属材料制造；1841 年，法国的蒂莫尼埃设计和制造了实用的双线链式线迹缝纫机；1846 年，美国伊莱亚斯·豪取得曲线锁式线迹缝纫机专利，缝纫速度为 300 针 / 分，效率超过 5 名手工操作的缝纫师；1851 年，美国机械工人 I.M. 胜家独立设计并制造出胜家缝纫机，缝纫速度为 600 针 / 分，并于 1853 年取得美国专利，此后，缝纫机开始大量用于生产。但这一时期的缝纫机基本上都是手摇式的。

1859 年，胜家公司发明了脚踏式缝纫机。在托马斯和爱迪生发明了电动机后，1889 年，胜家公司又发明了用电动机驱动的缝纫机。从此开创了缝纫机工业的新纪元，缝制速度和缝制质量大幅度提高。

从 20 世纪 40 年代起，缝纫机的转速从 300 转 / 分提高到 10 000 转 / 分，缝纫机向高速化发展。1965 年，美国胜家公司发明了自动切线装置，使缝纫机向机械化、自动化方向发展。

随着计算机在服装工业的广泛应用，现代化专用设备相继出现，自动化设备的使用极大地提高了生产效率，伺服电机的使用使设备传动和定位更准确，降低了操作工人的劳动强度，提高了产品质量。现代化裁剪设备包括计算机辅助排料系统、计算机辅助铺料系统和计算机辅助裁剪系统；现代化缝制设备主要包括自动开袋机、程控绱袖机、自动钉袋机、仿手工线迹机等多种设备；熨烫设备主要包括高频粘合机、塑型熨烫设备等，辅助生产设备有电脑自动绣花机等。

伴随着每一时期服装生产设备的改进，服装工业生产形式和方法也飞速地发展。服装加工配套设备的高速发展对服装工业走向机械化、集成化、电脑控制专业化有着重要的作用，促使生产工艺由烦琐转向简化、高效，缩短生产周期，加快资金流动，提高企业的竞争力。

2. 服装材料的改进促进服装工业的发展

服装工业的发展在很大程度上受到服装材料的影响。

原始人使用兽皮、树叶缝制衣物，服装只是为抵御严寒。但随着地球逐渐变暖，纤维材料（如细长植物的韧皮）开始在人类生活中出现。随着纺织技术的发明，人类开始使用棉、麻、毛、丝四大纤维。纺织技术的发展进一步推动了服装材料的改进与发展，特别是工业革命以来，给纤维工业和纺织的工业化生产带来了划时代的进步，使服装材料的生产向前跃进了一大步。

材料种类与数量的增加、制作速度的加快、生产周期和时间的缩短、材料制作成本的降低促进了服装生产方式和生产方法的改变，使服装生产类型由原来的大批量、少品种、长周期，向小批量、多品种、短周期方向发展，产品更新速度快，具有明显的时尚性。服装产品的更新与发展，促进了服装设备的更新换代，服装加工设备向多功能、专业化、高效率方向发展，如适应硬质服装材料的冲压裁剪机、适应皮革制品的特种机针和厚料缝纫机等。服装材料的更新与发展，促进了旧工艺的改进和新工艺的产生，如合成纤维的出现促进了激光裁剪技术的发展。

3．从业人员素质的提高促进服装工业的发展

随着工业自动化进程的加快，纺织服装行业新技术、新材料、新工艺的不断涌现，传统服装业被现代化服装生产逐步取代，由劳动密集型企业向技术密集型、智力密集型企业转化，服装业正逐步广泛地参与到国际经济竞争当中。国际经济竞争是综合国力的竞争，是科学技术的竞争，归根到底是人才数量和质量的竞争。在这种形势下，20世纪80年代，我国开创了服装教育事业。1983年原纺织工业部决定在东华大学（原中国纺织大学）、天津工业大学（原天津纺织工学院）、西安工程大学（原西北纺织工学院）招收服装设计和工程专业的学生。随后，我国众多院校开设了服装专业，开始了中国服装教育的初创阶段。1988年北京化纤学院改为北京服装学院，这时不仅纺织院校，而且轻工院校、美术院校都开设了服装系。中专、中技及成人教育开设的服装教学更是不计其数。在良好的招生和就业形势下，一些综合性大学也相继开办了纺织服装类专业。

经过了30多年的发展，我国的服装教育已形成了相当的规模，为服装业输送出大批人才。大量懂技术、懂外语、懂营销、善管理并有创新意识的复合型高素质人才取代了"徒弟"型管理人员。目前国内服装企业中的设计、技术力量约40%以上来自高等院校或中专技校，服装专业毕业的学生已成为中国服装业的新生力量，对我国服装工业的发展起到了极大的促进作用。

第二节　服装生产与服装企业

一、服装生产的方式

不同消费层次的消费者对衣着有不同的要求，因此，服装生产方式通常有以下几种：

1．成衣化生产

采用标准化方法进行生产，其特点如下：

（1）有效利用人、财、物进行流水线生产。

（2）利用科学的专业知识对整个生产过程进行管理。

（3）机械化、自动化程度较高。

（4）产品具有一定批量，质量稳定，价格合适。

2．半成衣化生产

以成衣化生产为基础，由客户对某些部位提出特殊要求，结合工业化生产的方法，投入工厂生产线完成。

3．定做

以个人体型为标准，量体裁衣，单件制作，其特点如下：

（1）按穿着者体型和尺寸进行设计与制板，穿着比较合体。

（2）受设计师与制板师个人技能水平所限。

（3）专用设备较少，质量受到一定限制。

（4）价格相对较高。

4．家庭制作

穿着者自己购料，根据自己的体型、款式、要求，在家缝制成服装，质量受到很大限制。

二、服装生产的类型

生产类型是指企业依据其产品特点、生产计划或销售方式等所确立的一种或几种生产方式。

服装企业在产品结构、生产方法、设备条件、生产规模、专业化程度、工人技术水平以及其他各个方面都具有各自不同的特点，这些特点直接影响生产过程的组织。因此，应对生产过程进行类型划分，以确定合适的管理方法。

1．按生产计划的来源划分

服装生产按生产计划的来源可分为以下两种类型：

（1）订货生产方式。其特点：按用户的订单进行生产；以协议合同的形式确认产品性能、规格、质量、数量等；按合同规定时间向用户交货；成品库存少；风险小。管理的重点是抓"交货期"，按"期"组织生产，保证各环节的衔接平衡。

（2）预测生产方式。其特点：在对市场需求量进行预测的基础上，有计划地进行生产；产品有一定的库存；流动资金多，风险大。管理的重点是抓供、产、销之间的衔接，按"量"组织生产，保证各环节之间的平衡。

2．按企业产品品种和数量划分

服装生产按产品品种和数量可分为以下三种类型：

（1）大量生产。其特点：产品单一，产量大；生产重复程度高，生产稳定；专用设备多，工人操作熟练程度高，生产效率高；成本相对较低；设备投资大；生产适应性、灵活性较差。其管理的重点：物料供应畅通，设备维修及时，工人出勤率高，质量控制严格，确保各环节生产的畅通。

（2）多品种、小批量生产。其特点：品种较多，每种产品的产量较小；生产过程较复杂，生产稳定性较差；专用设备随批量大小的变化而变化，工人操作熟练程度较低，生产效率相对较低；生产成本较高；生产管理较复杂。其管理的重点：各环节相协调，缩短产品换款时间；随生产计划的改变及时改变生产过程的组织。

（3）单件生产。其特点：品种多，每种产品的产量很小或仅有一件；生产过程非常复杂；生产条件不稳定；通用化设备多，工人操作熟练程度低，生产效率低；生产成本高；生产管理复杂。其管理的重点：做好生产准备工作；科学合理地进行作业分配；及时调整作业计划和生产进度。

3．按产品流动形式划分

服装生产按产品流动形式可分为两种类型：

（1）按传送方式划分。

1）手送式：工序之间的移送靠作业人员手工完成。常见的手工移送方式有：滑槽、滑竿、流动台、小推车等。

2）机械式：工序之间利用各种机械进行移送。常见的机械移送方式有：输送带、吊挂传输。

（2）按移动单位划分。

1）一件单位：工序之间传送的半成品或成品以一件为单位。

2）批量单位：工序之间传送的半成品或成品以一定批量作为单位，批量的大小根据产品品种的不同和流水线形式等的不同而不同，如棉服的批量小，单服装和童装的批量大。

三、服装企业的分类与特征

（一）服装企业的分类

企业分类是对企业进行透视，根据企业个体间的共同性与差异性，把众多的企业集合成不同的类型。服装企业的分类如下：

1. 按服装产品品种分类

根据服装产品品种的不同进行划分，服装企业有西服厂、衬衣厂、内衣厂、时装厂等。

2. 按服装材料分类

根据服装材料种类的不同进行划分，服装企业有针织厂、丝绸厂、羽绒服厂、裘皮服装厂等。

3. 按客户性别及年龄分类

根据目标客户群体及年龄阶段的不同进行划分，服装企业有童装厂、女装厂、男装厂等。

4. 按工厂规模分类

根据生产用固定资产原值的不同进行划分，1亿元及1亿元以上为大一型企业，3 000 万～1亿元为大二型企业，2 000 万～3 000 万元为中一型企业，1 000 万～2 000 万元为中二型企业，1 000 万元以下为小型企业。

（二）服装企业的特征

1. 属于劳动密集型企业

服装生产需要大量劳动力，对技术和设备的依赖程度相对较低。在成衣总成本中，人工成本占有相当大的比重。尽管当前服装生产的自动化、现代化水平较高，但是大部分劳动仍然无法被设备所取代。只有通过人把原辅材料和机械设备进行适当配合，才能保质保量完成成衣制作。

2. 投资少，见效快，投资回收期短

服装厂建设投资相对于其他行业来讲，投资少，见效快，投资回收期短。

3. 占地面积小，对厂房要求不高

服装企业所需生产设备占地面积较小，体积较小，对厂房无特殊要求。在生产过程中，半成品和成品堆放空间与其他行业相比也相对较小。

4. 耗能少，无三废，无污染

服装生产设备一般为小型设备，耗能较低；除个别牛仔服装企业有污水外，在成衣生产过程中，无废水、废气、废渣的产生。

四、服装企业组织架构

根据企业生产规模大小、生产经营性质的不同，每个服装企业生产的组织架构也各有不同。一般的情况下其可以分为三种类型：外贸型企业组织架构、生产制造型企业组织架构、外协加工型企业组织架构。

1. 外贸型企业组织架构

（1）大型服装外贸企业：规模比较大的服装外贸企业，通常会形成自己的产品设计研发中心，有较强的新产品开发能力，注册自有品牌等，形成以服装产品生产链为主的国际化的市场运作模式。形成以全资公司或控股参与子公司的运作管理，直接控制各个生产过程中的运营成本和质量的管理，提高产品的市场竞争力，确保提供优质的服装产品。大型服装外贸企业组织架构如图1-1所示。

（2）中小型服装外贸企业：自己接单，然后寻找合适的生产制造商，并下单给生产制造商。也有一部分中小型服装外贸企业，自己开发新产品、接单，并安排自己的直属服装子公司进行生产。这样，可以更有效地控制产品的质量和交货期，节约生产成本。中小型服装外贸企业组织架构如图1-2所示。

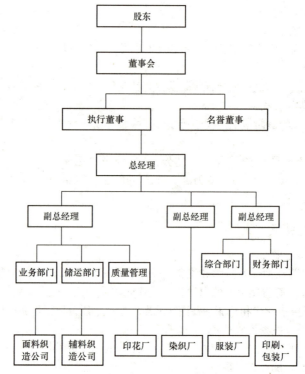

图 1-1 大型服装外贸企业组织架构

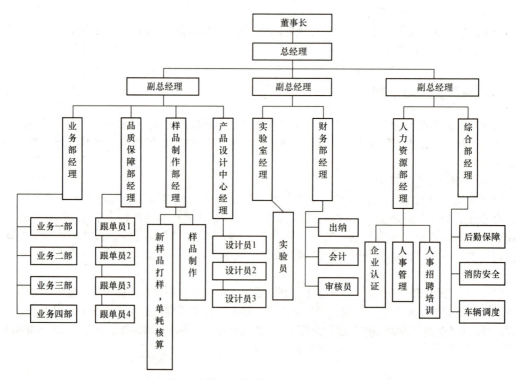

图 1-2 中小型服装外贸企业组织架构

2．生产制造型企业组织架构

服装生产制造型企业，又称服装厂。服装生产制造型企业根据企业规模的大小也有所不同，规模大的服装生产制造型企业一般拥有进出口权，属于工贸一体型服装企业。服装生产型企业的生产一般围绕订单进程而展开，如样品推荐，客户询盘，客户下单，编制生产工艺单文本，面料、辅料合作工厂开发，向面料、辅料供应商采购面料和辅料，工厂安排生产任务，初期、中期、尾期的产品检验，安排出运，成本核算，订单营利分析等。服装生产制造型企业组织架构如图1-3所示。

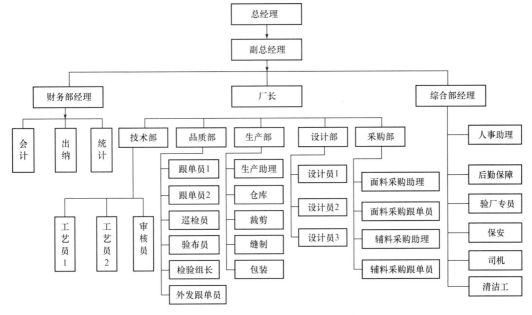

图1-3 服装生产制造型企业组织架构

3．外协加工型企业组织架构

服装外协加工企业又称外加工厂或外发加工厂。服装外加工厂和一部分服装生产制造型企业保持着密切的合作关系，大量的生产任务都是依托外加工厂组织安排生产的。外加工厂生存的空间就是赚取微薄的管理费用，其因投入成本不大、投入风险较小、货源稳定，而成为目前有一定管理基础者创业的首选项目之一。服装外加工厂组织架构如图1-4所示。

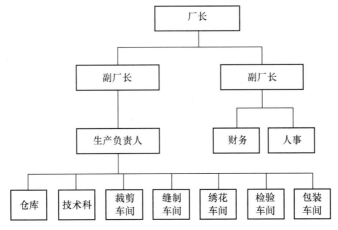

图1-4 服装外加工厂组织架构

五、服装企业生产部运作流程

服装产品不同，生产工艺过程就会不同，即使产品相同，由于批量不同，其工艺过程也有很大的差异，但从宏观上讲，组成生产工艺过程的环节大致相同。服装生产主要由以下生产单元和环节组成，生产工艺过程如图 1-5 所示。

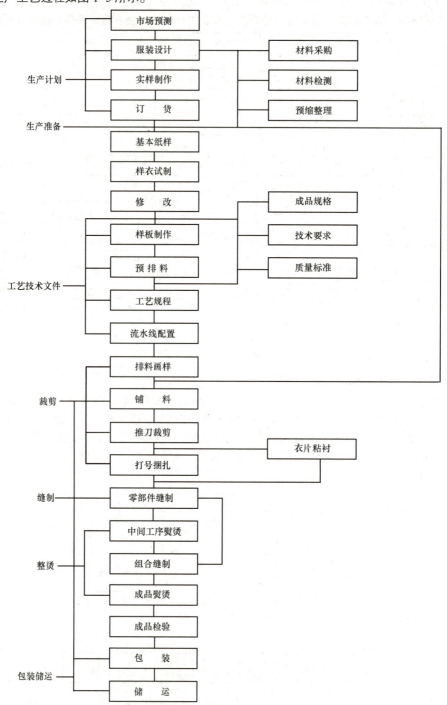

图 1-5 服装生产工艺过程

（1）市场预测。市场预测是运用科学的方法，对影响服装市场供求变化的各种因素进行调查研究，分析和预见其发展趋势，掌握市场供求变化的规律，为服装企业的生产决策提供可靠的依据。为提高管理的科学水平，减少决策的盲目性，服装企业在生产之前对服装消费市场进行调查与分析，旨在减少未来的不确定性，降低决策可能遇到的风险，使决策目标得以顺利实现。

（2）服装设计。服装企业的产品面向广大的服装消费者，在生产之前应按照市场调研情况和销售地区的着装特点设计合适的款式。按照国家服装号型标准，制定科学合理的规格系列；按照服装销售地区人群分布特点，制定科学合理的生产量。

（3）技术文件的准备。技术是生产的基础，首先应按照设计款式和规格尺寸进行中号样板的绘制，经样衣试制后，以中号样板作为标准母板，进行其他各规格样板的推放；其次应准备各项生产技术文件，用于指导生产的顺利进行。

（4）生产准备。生产准备工作有很多，例如，对生产所需的面料、辅料等材料进行必要的检验与测试，对各种材料进行预缩与整理，对各种生产用样品进行试制等。

（5）裁剪工艺。裁剪是服装正式生产的第一道工序，其内容是把面料、里料及其他材料按排料、画样要求剪切成衣片，各工艺内容应遵循其技术要求。

（6）缝制工艺。缝制是服装生产过程中管理难度最大的工序，它是把裁片按照工艺要求缝合成成衣的过程。在缝制工序中，选择合适的线迹与缝型、合理的工序流程顺序是非常关键的。

（7）熨烫工艺。成衣加工完成后，经过熨烫处理，使造型美观，形成理想的外形。

（8）后整理、包装、储运工艺。后整理、包装、储运等内容是整个生产过程中的最后几道工序，将经过最后整理与包装的产品，安全地送到交货地点。

（9）质量控制。质量控制是使产品质量在整个生产过程中得到保证的一个十分必要的措施，是研究产品在整个加工过程中产生和可能产生的质量问题，并制定必要的检验标准。

第三节　服装生产管理概述

一、管理的重要性

随着人类的进步和组织的发展，管理所起的作用越来越大。概括起来说，管理的重要性主要表现在以下两个方面：

1. 管理使组织发挥正常功能

管理是一切组织正常发挥作用的前提，任何一个有组织的集体活动，不论其性质如何，都只有在管理者对它加以管理的条件下，才能按照所要求的方向进行。

组织是由组织的要素组成的，组织的要素通过互相作用产生组织的整体功能。然而，仅仅有了组织要素还是不够的，这是因为各自独立的组织要素不会完成组织的目标，只有通过管理，使之有机地结合在一起，组织才能正常地运行与活动。组织要素的作用依赖于管理。管理在组织中协调各部分的活动，并使组织与环境相适应。一个单独的提琴手是自己指挥自己，一个乐队就需要一个乐队指挥，没有指挥，也就没有乐队。在乐队里，一个不准确的音调会破坏整个乐队的和谐，影响整个演奏的效果。同样，在一个组织中，没有管理，就无法彼此协作地进行工作，就无法达到既定的目的，甚至连这个组织都是不可能存在的。所以，集体活动发挥作用的效果大多取决于组织的管理水平。

组织对管理的要求和对管理的依赖性与组织的规模是密切相关的，共同劳动的规模越大，劳动分工和协作越精细、复杂，管理工作也就越重要。一般地说，在手工业企业里，要进行共同劳动，有一定的分工协作，管理就成为进行生产所不可缺少的条件。但是，如果手工业企业的生产规模较小，生产技术和劳动分工就会较简单，管理工作也就比较简单。现代化大工业生产，不仅生产技术复杂，而且分工协作严密，专业化水平和社会化程度都高，社会联系更加广泛，需要的管理水平也就更高。

总而言之，生产社会化程度越高，劳动分工和协作越细，就越需要有严密的、科学的管理。组织系统越庞大，管理问题也就越复杂，庞大的现代化生产系统要求有相当高度的管理水平，否则就无法正常运转。

2. 管理的作用还表现在实现组织目标上

组织是有目标的，组织只有通过管理，才能有效地实现组织的目标。

在现实生活中，我们常常可以看到这种情况，有的亏损企业仅仅由于换了一个精明强干、善于管理的厂长，很快扭亏为盈；有些企业尽管拥有较为先进的设备和技术，却没有发挥其应有的作用；而有些企业尽管物质技术条件较差，却能够凭借科学的管理，充分发挥其潜力，反而能更胜一筹，从而在激烈的社会竞争中取得优势。所以说通过有效的管理，可以放大组织系统的整体功能。因为有效的管理，会使组织系统的整体功能大于组织因素各自功能的简单相加之和，起到放大组织系统的整体功能的作用。在相同的物质条件和技术条件下，由于管理水平的不同而产生的效益、效率或速度的差别，这就是管理所产生的作用。

在组织活动中，需要考虑到多种要素，如人员、物资、资金、环境等，它们都是组织活动不可缺少的要素，每一要素能否发挥潜能，发挥到什么程度，对管理活动会产生不同的影响。有效的管理，在于寻求各组织要素、各环节、各项管理措施、各项政策以及各种手段的最佳组合。通过这种合理的组合，就会产生一种新的效能，可以充分发挥这些要素的最大潜能，使之人尽其才，物尽其用。例如，对于人员来说，每个人都具有一定的能力，但是却有很大的弹性。如能积极开发人力资源，采取有效管理措施，使每个人的聪明才智得到充分的发挥，就会产生一种巨大的力量，从而有助于实现组织的目标。

二、生产管理的概念

生产管理的含义有广义和狭义之分。

（1）广义的生产管理是指对企业总生产系统的管理。企业生产系统包括生产输入、生产转换过程、生产输出和信息反馈四个环节。生产系统的输入包括两个方面：一是生产指令的输入，具体规定了生产的品种、质量、数量和进度等要求；二是资源的输入，包括资金、原材料、人力、外购零部件、设备工具、图纸、工艺规程等生产技术要素及各种标准。生产转换过程是指产品的具体生产过程，这一过程的主要内容是进行生产过程的组织、生产活动的分工与协作，按照预定的产品生产流程，完成产品的制造过程。生产输出指的是产品和信息。信息反馈即是将输出的信息，如产量、质量、进度、成本等反馈到输入和生产转换过程中，与输入的信息，如计划、标准等进行比较，比较结果若发现有差异，则需查明原因，采取相应的措施，从而消除差异。信息反馈执行的是控制职能。

（2）狭义的生产管理是指产品生产过程的管理，即根据企业的生产类型，进行生产过程的计划、组织、控制和协调，使企业的各种生产要素和生产过程的不同阶段、环节和工序在时间上、空间上平衡衔接，紧密配合，组成一个协调的生产系统，以达到在行程上、时间上和耗费上的最优组合，为实现企业的经营计划和经营目标创造有利的条件和提供可靠的物质基础。

三、服装生产管理体系

工业化服装生产的产品品种多，作业分工精细，生产技术内容繁多，需要有计划地组织、指挥、协调和控制企业员工的集体劳动。只有进行科学合理的管理，才能高质、高效地完成生产任务。

1．服装生产管理的要素

服装企业生产过程的构成要素及各要素的管理点包括以下几方面：

（1）人：数量、技能程度、工作态度。

（2）物质包括材料、设备和能源。

1）材料：原辅材料的物理化学性能、匹配性、可缝性等；

2）设备：服装加工设备及加工用辅助器具；

3）能源：水、电、暖的数量及供应方式等。

（3）技术：工艺方法、质量标准、检验标准、工时定额等。

（4）资金：生产资金的周转、生产成本费用等。

（5）信息：市场需求动向、生产过程中的信息反馈、售后服务信息反馈等。

2．服装生产管理的内容

（1）生产组织工作：选择厂址、布置工厂、组织流水生产线、实行劳动定额和劳动组织、设置生产管理系统等。

（2）生产计划工作：编制生产计划、生产技术准备计划和生产作业计划等。

（3）生产控制工作：控制生产进度、生产库存、生产质量和生产成本等。

3．服装生产管理的任务

（1）通过生产组织工作，按照企业目标的要求，设置技术上可行、经济上合理、物质技术条件和环境条件允许的生产系统。

（2）通过生产计划工作，制定生产系统优化运行的方案。

（3）通过生产控制工作，及时有效地调节企业生产过程内外的各种关系，使生产系统的运行符合既定生产计划的要求，实现预期生产的品种、质量、产量、出产期限和生产成本的目标。

4．服装生产管理的目的

服装生产管理的目的是投入少、产出多，取得最佳经济效益，创造最大的社会效益。

5．服装生产管理的方法

PDCA 循环的含义是将生产管理分为四个阶段，即计划（Plan）、执行（Do）、检查（Check）、调整（Action）。在生产管理活动中，首先要求把各项工作按照制订计划、计划实施、检查实施效果进行，然后将成功的纳入标准，不成功的留待下一循环去解决的工作方法，是生产管理的基本方法，也是企业管理各项工作的一般规律。

（1）P（Plan）计划，计划包括方针和目标的确定，以及活动规划的制定。

（2）D（Do）执行，根据已知的信息，设计具体的方法、方案和计划布局；再根据设计和布局，进行具体运作，实现计划中的内容。

（3）C（Check）检查，总结执行计划的结果，分清哪些是对的，哪些是错的，明确效果，找出问题所在。

（4）A（Action）调整，对总结检查的结果进行处理，对成功的经验加以肯定，并予以标准化；对于失败的教训也要总结，引起重视。对于没有解决的问题，应提交给下一个PDCA 循环去解决。

以上四个过程不是运行一次就已经结束，而是周而复始地进行，一个循环完毕，解决一些问题，未解决的问题进入下一个循环，是阶梯式上升的（图 1-6）。在应用时，首先找出产生问题的主要原因，制订切实可行的计划；然后根据计划安排组织实施，力求实现；接下来是检查计划实施情况，衡量和考察取得的效果，找出问题；最后是总结成功的

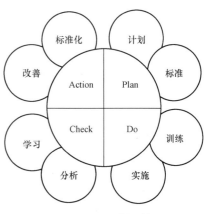

图 1-6　PDCA 循环管理

经验和失败的教训。经验作为以后工作的标准，问题反馈到下一级计划继续解决，形成 PDCA 的循环模式，用于服装企业管理的各个方面。

6. 国外服装企业生产管理研究重点

为了使服装企业的产品达到质优、价廉，世界各国对此相继开展了研究。日本重机（JUKI）株式会社在日本缝制企业实施 5S 运动，作为改善企业生产管理的基础活动。

（1）5S 的含义。所谓 5S，是取整理（seiri）、整顿（seiton）、清扫（seiso）、清洁（seiketsu）、素养（shitsuke）的首字母而命名的。

整理：将必要的东西与不必要的东西分开，不必要的必须舍弃。

整顿：明确放置必要东西的位置。

清扫：清扫到没有垃圾、没有油污的状态，同时检查到细致部位。

清洁：彻底实施整理、整顿、清扫，始终维持干净的环境。

素养：按照决定的事项、决定的做法实施，并形成习惯。

（2）5S 的实施要点。

1）整理与生产改善。企业生产部门关心的是整体销售和客户的要求。裁剪车间关心的是缝制车间，缝制车间关心的是下一工序的成品加工部门，各工序的不良品、批量件数的不足等对后工序的生产都是有影响的。现场的改善"整理"以"后工序是客户"为原则，与"生产必要"紧密结合，最终目标是实现市场联动型的生产方式，当以上内容均可以实现时，就可以开始新的生产系统的设计。

2）整顿与生产改善。必要的东西放置在取之便利，不需要搬运、移动、寻找等浪费作业时间的位置。由于搬运及准备所必需的时间得以缩短，使生产中节省了非作业时间，因此也就增加了作业时间，产生了新的管理方式。

3）清扫与生产改善。实际工作中，生产现场的垃圾、油污不可能完全避免，需要强调的是必要的东西必须放置在固定的位置，形成整理、整顿之后的状态，垃圾、尘埃的扫除以及整理、整顿都要形成习惯，现场日常管理业务应该把每天发生的异常情况（如设备故障的处理、缺勤人员的解决方法、产品质量问题的解决等）作为工作的重点。

4）清洁与生产改善。找出问题发生的原因所在，更深一步设定不发生问题的对策，建立高水准的结构，如在生产系统中建立新的结构，设立不发生设备故障的生产结构，设立不制作不良产品的生产结构，减少新产品投入时所产生的经济损失，消减当号型变更时所发生的浪费等。

5）素养与生产改善。像遵守各种规定一样，将上述 5S 形成日常状态，使每一个作业人员保持良好的作业意识，形成自上而下的改善结构。

实施 5S 的实质是从服装产品质量、生产效率、降低废品出发，制定合理的规章制度，建立良好的生产管理系统，最后使作业人员把规章制度形成习惯，以全面提高企业的生产水平。当然仅仅实施 5S 推行环境改善，并不能完全解决企业的全部问题，还要确保以人为本的管理举措的实施。

【思考题】

1. 服装生产的方式通常有哪几种？

2. 按生产计划的来源划分，服装生产可分为哪几种类型？

3. 服装企业具有哪些特征？

4. 大型外贸企业是怎样定义的？其组织架构是怎样的？

5. 简单描述服装企业生产部的运作流程。

6. 什么叫作生产管理？

7. 服装生产管理的要素有哪些？

第二章 服装生产与服装标准化

【学习目标】

（1）了解服装标准化的特征。

（2）掌握标准的分类方法及各自包含的内容。

（3）掌握《服装号型》国家标准的基本原理、号型系列及号型配置、控制部位及档差。

（4）掌握 ISO 9000 系列标准的内容。

【能力目标】

（1）能熟练使用各项技术标准。

（2）能熟练运用《服装号型》进行不同地区、不同体型人体的号型设计。

（3）能依据《服装号型》国家标准进行产品规格设计。

服装工业化生产必须严格执行标准化管理，因为标准化是生产技术管理的基本手段，是企业发展、技术进步和提高产品质量的重要依据，是企业改善和增强整体素质，实现提高工作效率和经济效益的先进的科学方法。

第一节 标准化概述

一、基本概念

1. 标准

标准是衡量事物的准则，是共同遵守的原则和规范，是对需要协调统一的技术或其他事物所做的统一规定。标准针对特定的对象和领域，具有明确的目的性和严格的科学性，是工业、检测、科研、内外贸等部门及使用者共同遵守的技术依据。

2. 标准化

标准化是在经济、技术、科学及管理等社会实践中，对重复性事物和概念，通过制定、发布和实施标准，达到统一，以获得最佳秩序和社会效益的整个活动过程。

3. 标准化管理

标准化管理是一种管理手段或方法，即以标准化原理为指导，将标准化贯穿于管理全过程，以增进系统整体效能为宗旨，以提高工作质量与工作效率为根本目的的一种科学管理方法。

二、标准化的特征

在企业的生产活动中，认识标准化的作用、特征，掌握标准化全过程的客观规律，是做好企业标准化的关键。

企业标准化是一项技术性、经济性、管理性和全员性的工作，它的主要特征如下：

（1）标准化为科学管理奠定了基础。所谓科学管理，就是依据生产技术的发展规律和客观经济规律对企业进行管理，而各种科学管理制度的形成都以标准化为基础。

（2）促进经济全面发展，提高经济效益。标准化应用于科学研究，可以避免在研究上的重复劳动；应用于产品设计，可缩短设计周期；应用于生产，可使生产在科学和有秩序的基础上进行；应用于管理，可促进统一、协调、高效率等。其活动的最终结果反映在经济效果上。

（3）标准化是科研、生产、使用三者之间的桥梁。一项科研成果，一旦纳入相应标准，就能迅速得到推广和应用。因此，标准化可使新技术和新科研成果得到推广应用，从而促进技术进步。

（4）为组织现代化生产创造条件。随着科学技术的发展，生产的社会化程度越来越高，生产规模越来越大，技术要求越来越复杂，分工越来越精细，生产协作越来越广泛，这就必须通过制定和使用标准，来保证各生产部门的活动，在技术上保持高度的统一和协调，使生产正常进行。

（5）在社会生产组成部分之间进行协调，确立共同遵循的准则，建立稳定的秩序。

（6）消除贸易障碍，促进国际技术交流和贸易发展，提高产品在国际市场上的竞争力。

（7）保障身体健康和生命安全。大量的环保标准、卫生标准和安全标准制定发布后，用法律形式强制执行，对保障人民的身体健康和生命财产安全具有重大作用。

三、标准的分类

标准的种类很多，可按照其性质、对象及使用范围加以划分，如图 2-1 所示。按标准的使用范围可分为国际标准、区域标准、国家标准、行业标准、地方标准和企业标准；按标准化对象可分为技术标准、管理标准和工作标准三大类；按标准的约束性可分为强制性标准和推荐性标准两大类。

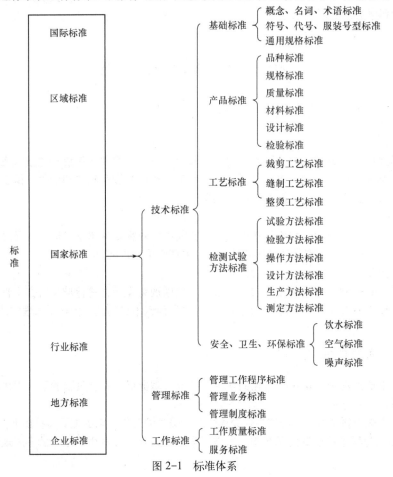

图 2-1 标准体系

1．按标准的使用范围划分

（1）国际标准。国际标准是指国际标准化组织采用的标准或国际标准化团体采用的规范。国际标准是在世界范围内统一使用的标准。

（2）区域标准。区域标准又称地区标准，是指世界某一区域标准化团体所通过的标准，如欧洲标准化委员会、非洲地区标准化组织等地区组织所制定的和使用的标准。

（3）国家标准。国家标准是指我国标准化主管机构批准发布，对全国经济、技术发展有重大意义，且在全国范围内统一的标准。国家标准的代号与编号由国家标准化主管机构统一规定办理，其规定如图2-2所示。

（4）行业标准。行业标准是指由国务院有关行政主管部门制定，报国务院标准化行政主管部门备案，在全国某个行业范围内统一的标准。当同一内容的国家标准公布后，则该内容的行业标准即行废止。服装行业标准由纺织行业协会组织制定并统一管理，其代号与编号规定如图2-3所示。

图2-2　国家标准规定形式　　　　　　　图2-3　行业标准规定形式

（5）地方标准。地方标准对没有国家标准和行业标准而又需要在省、自治区、直辖市范围内统一的工业产品的安全、卫生要求，可以制定地方标准。地方标准由省、自治区、直辖市标准化行政主管部门制定，并报国务院标准化行政主管部门和国务院有关行政主管部门备案，在公布国家标准或者行业标准之后，该地方标准即行废止。

（6）企业标准。企业标准是指对企业范围内需要协调统一的技术要求、管理要求和工作要求所制定的标准。企业标准由企业制定，由企业法人代表或法人代表授权的主管领导批准、发布。企业生产的产品没有国家标准和行业标准的，应当制定企业标准，作为组织生产的依据。企业的产品标准须报当地政府标准化行政主管部门和有关行政主管部门备案。已有国家标准或者行业标准的，国家鼓励企业制定严于国家标准或者行业标准的企业标准，其适用于企业内部。

2．按标准化对象划分

（1）技术标准。标准化领域中需要协调统一的技术事项所制定的标准，包括基础标准，产品标准，工艺标准，检测试验方法标准及安全、卫生、环保标准等。

1）基础标准。基础标准是生产技术活动中最基本的，具有广泛指导意义的标准。基础标准具有最一般的共性。如服装号型系列、服装工业名词术语、服装裁剪制图符号等。

2）产品标准。产品标准是对产品结构、规格、质量和检验方法所做的技术规定，是一定时期和一定范围内具有约束力的产品技术准则，是产品生产、质量检验、选购验收、使用维护和洽谈贸易的技术依据。如衬衫标准、牛仔服装标准、棉针织内衣标准等。

3）工艺标准。工艺作为保障企业产品质量的重要元素，贯穿于服装生产的全过程，每一个工艺过程都应该有标准的工艺路线和相应的标准。如裁剪工艺标准、缝制工艺标准、整烫工艺标准等。

4）检测试验方法标准。以产品性能与质量方面的检测、试验方法为对象而制定的标准，包括操作和精度要求等方面的统一规定和对所用仪器、设备、检测或试验条件、方法、步骤、数据计算、结果分析、合格标准及复验规则等方面的统一规定。如纺织品甲醛的测定、纺织品色牢度试验等。

5）安全、卫生、环保标准。一切有关设备与人身安全、卫生以及保护环境的专用标准都归入这一类，如水洗服装中的"三废"控制标准、服装工业生产中安全操作规程、车间卫生条例等。

（2）管理标准。管理标准是对标准化领域中需要协调统一的管理事项所制定的标准，是管理工作的准则。其主要有管理的规则、规章、程序办法等。如服装用料定额管理制度、样板管理制度、裁剪衣片检验把关制度等。

（3）工作标准。工作标准是对工作的责任、权利、范围、质量要求、程序、效果、检查方法、考核办法等所制定的标准。如样板验收标准、工艺文件复核准则等。

3. 按标准的约束性划分

（1）强制性标准。强制性标准是指在一定范围内通过法律、行政法规等强制性手段加以实施的标准，具有法律属性。强制性标准一经颁布，必须贯彻执行，否则对造成恶劣后果和重大损失的单位和个人，将进行经济制裁或追究法律责任。

强制性标准主要是对有些涉及安全、卫生方面的进出口商品规定了限制性的检验标准，以保障人体健康和人身、财产的安全。凡是根据强制性标准检验、评定的不合格出口商品，即使符合外贸合同约定的质量条款，或国外受货人有愿购证明，也不准放行出口。根据强制性标准检验、评定不合格的进口商品不准进口，经检验出证后供有关单位办理退货、索赔。强制性国家标准代号为 GB。

（2）推荐性标准。推荐性标准又称为非强制性标准或自愿性标准，是指生产、交换、使用等方面，通过经济手段或市场调节而自愿采用的一类标准。这类标准不具有强制性，任何单位均有权决定是否采用，违反这类标准，不负经济或法律方面的责任。应当指出的是，推荐性标准一经接受并采用，或各方商定同意纳入经济合同，就成为各方必须共同遵守的技术依据，具有法律上的约束性。推荐性国家标准代号为 GB/T。

纺织服装现行标准

第二节 《服装号型》国家标准的应用

一、《服装号型》国家标准概况

服装号型是服装设计与制板的基础，用于指导服装规格的确定及纸样的放缩。

我国于 1981 年制定并颁布了第一个服装号型国家标准。经过实践和探索，在总结经验的基础上，1991 年批准发布了《服装号型》（GB/T 1335.1 ~ 1335.2—1991）系列国家标准，该标准中增加了体型数据。1997 年在总结经验的基础上又做了一次修改，废除了 5·3 系列，增补了婴儿号型，标准编号为 GB/T 1335.1 ~ 1335.3—1997。

现行服装号型成年男子和女子国家标准于 2009 年 8 月 1 日实施，儿童国家标准于 2010 年 1 月 1 日实施，其代号为 GB/T 1335.1 ~ 1335.2—2008 和 GB/T 1335.3—2009。最新标准相比 97 标准的主要变化是修改了标准的英文名称，修改了标准的规范性引用文件，增加了部分号型设置。

服装号型系列国家标准经过多次调整修订，更加完善、合理、易操作。目前，服装号型的覆盖率成年男子达到 96.76%，成年女子达到 99.12%。

标准中的年龄对象为：1 ~ 7 岁的幼儿占 10%；8 ~ 12 岁的儿童占 15%；13 ~ 17 岁的少年占 15%；成年人占 60%。

二、服装号型基本原理

1. 号型的定义

号：号是指人体的身高，以 cm 为单位，是设计和选购服装长短的依据。

型：型是指人体的上体胸围和下体腰围，以 cm 为单位，是设计和选购服装肥瘦的依据。

2．体型分类

体型：是以人体的胸围和腰围的差数为依据来划分的人体体型，可分为四类，分别为 Y、A、B、C，见表 2-1。

表 2-1　体型分类代号及数值　　　　　　　　　　　　　　　　　　　　cm

体型分类代号	男：胸围－腰围	女：胸围－腰围
Y	17～22	19～24
A	12～16	14～18
B	7～11	9～13
C	2～6	4～8

3．号型标志

（1）上下装分别标明号型。

（2）号型表示方法：号与型之间用斜线分开，后接体型分类代号。

如上装 160/84A，其中，160 代表号，84 代表型，A 代表体型分类。

下装 160/68A，其中，160 代表号，68 代表型，A 代表体型分类。

三、号型系列与号型配置

1．号型系列

号型系列是指把人体的号和型进行有规则的分档排列，它是以各体型的中间体为中心，向两边依次递增或递减组成。男子标准号为 155～190 cm，女子标准号为 145～180 cm，婴儿标准号为 52～80 cm，儿童标准号为 80～130 cm，男童标准号为 135～160 cm，女童标准号为 135～155 cm。

男女身高以 5 cm，胸围以 4 cm 分档组成上装的 5·4 号型系列。男女身高以 5 cm，腰围以 4 cm、2 cm 分档组成下装的 5·4 号型系列和 5·2 号型系列。

身高 52～80 cm 的婴儿，身高以 7 cm 分档，胸围以 4 cm 分档，腰围以 3 cm 分档，分别组成上装的 7·4 号型系列和下装的 7·3 号型系列。身高 80～130 cm 的儿童，身高以 10 cm 分档，胸围以 4 cm 分档，腰围以 3 cm 分档，分别组成上装的 10·4 号型系列和下装的 10·3 号型系列。身高 135～155 cm 的女童、135～160 cm 的男童，身高以 5 cm 分档，胸围以 4 cm 分档，腰围以 3 cm 分档，分别组成上装的 5·4 号型和下装的 5·3 号型系列。

2．号型配置

（1）设置中间体。根据大量实测的人体数据，通过计算，求出均值，即为中间体，儿童不设中间体。中间体反映了我国成年男女各类体型的身高、胸围、腰围等部位的平均水平。中间体随时间的推移而有所变化。

中间体设置见表 2-2。

表 2-2　中间体设置表　　　　　　　　　　　　　　　　　　　　　　cm

体型		Y	A	B	C
男子	身高	170	170	170	170
	胸围	88	88	92	96
	腰围	70	74	84	92
女子	身高	160	160	160	160
	胸围	84	84	88	88
	腰围	64	68	78	82

（2）系列编制。有了身高、胸围和腰围的中间体数值以后，要进一步找出与之对应的其他部位的数值，见表 2-3 和表 2-4。

表 2-3　身高 170 cm、胸围 88 cm 的 A 型体男子所对应的其他部位的数值　　　　　　cm

身高	颈椎点高	坐姿颈椎点高	全臂长	腰围高
170	145	66.5	55.5	102.5
胸围	颈围	总肩宽	腰围	臀围
88	36.8	43.6	74	90

表 2-4　身高 160 cm、胸围 84 cm 的 A 型体女子所对应的其他部位的数值　　　　　　cm

身高	颈椎点高	坐姿颈椎点高	全臂长	腰围高
160	136	62.5	50.5	98
胸围	颈围	总肩宽	腰围	臀围
84	33.6	39.4	68	90

3．号型选用

进行服装设计时要看身高和净体胸围（腰围）是否和号型设置一致。如果一致可以对号入座，如有差异采用近距靠拢法，具体选用方法见表 2-5。

表 2-5　号型选用方法

身高	162.5 163~167	167.5 168~172	172.5 173~177	…
选用号	165	170	175	…
胸围	82 83~85	86 87~89	90 91~93	…
选用型	84	88	92	…

四、控制部位及档差

1．控制部位

控制部位数值是人体主要部位的数值（净体数值），长度方向有：身高、颈椎点高（决定衣长，儿童号型系列中没有该部位数值）、坐姿颈椎点高（决定衣长分档）、全臂长（袖长）、腰围高（裤长）。围度方向有：胸围、颈围、总肩宽、腰围以及臀围。系列编制表中的数值为 10 个（成人）控制部位的数值。

2．档差

档差指某一款式同一部位相邻规格之差。《服装号型》国家标准中有详细的档差数值，用于指导纸样的放缩，见表 2-6。

表 2-6　成年男子和女子 10 个控制部位的档差数值　　　　　　cm

高度方面	身高	颈椎点高	坐姿颈椎点高	全臂长	腰围高
成年男子	5	4	2	1.5	3
成年女子	5	4	2	1.5	3
围度方面	胸围	颈围	总肩宽	腰围	臀围
成年男子	4	1	1.2	4、2	YA3.2、1.6；BC2.8、1.4
成年女子	4	0.8	1	4、2	YA3.6、1.8；BC3.2、1.6

五、各体型的比例和服装号型覆盖率

1．全国范围各体型人体比例和服装号型覆盖率

表 2-7 和表 2-8 所示为我国男女各体型人体在总量中的覆盖率。从表中可以看出，A 体型覆盖率较大，C 体型覆盖率最小。

表 2-7　我国男子各体型人体在总量中的覆盖率

体型	Y	A	B	C
覆盖率 /%	20.98	39.21	28.65	7.92

表 2-8　我国女子各体型人体在总量中的覆盖率

体型	Y	A	B	C
覆盖率 /%	14.82	44.13	33.72	6.45

从表 2-7、表 2-8 可以看出，成年男子 Y、A、B、C 四种体型。覆盖率总和 96.76%，成年女子 Y、A、B、C 四种体型覆盖率总和为 99.12%，均不到 100%，因此，成年人除了这四种体型以外，还有其他的特殊体型，在制作服装时需要量体裁衣。

表 2-9 和表 2-10 分别列出了 A 体型男子身高和胸围、腰围的覆盖率。在服装生产时，应以此为依据确定服装生产的比例。

表 2-9　男子 A 体型身高与胸围的覆盖率

胸围 /cm	身高 /cm					
	155	160	165	170	175	180
	覆盖率 /%					
72	0.58	0.94	0.74			
76	1.31	2.78	2.90	1.48	0.37	
80	1.70	4.75	6.51	4.40	1.46	
84	1.28	4.70	8.49	7.54	3.29	0.70
88	0.55	2.69	6.41	7.49	4.30	1.21
92		0.89	2.80	4.31	3.26	1.21
96			0.71	1.44	1.43	0.70
100					0.36	

表 2-10　男子 A 体型身高与腰围的覆盖率

腰围 /cm	身高 /cm						
	150	155	160	165	170	175	180
	覆盖率 /%						
56			0.22	0.16			
58		0.27	0.45	0.38	0.16		
60		0.44	0.83	0.79	0.38		
62		0.62	1.32	1.43	0.77	0.21	
64	0.16	0.76	1.86	2.27	1.39	0.43	

续表

腰围 /cm	身高 /cm						
	150	155	160	165	170	175	180
	覆盖率 /%						
66		0.83	2.29	3.17	2.20	0.76	
68		0.79	2.47	3.87	3.04	1.20	0.24
70		0.66	2.35	4.16	3.70	1.65	0.37
72		0.49	1.95	3.91	3.94	1.99	0.50
74		0.31	1.42	3.23	3.68	2.11	0.60
76		0.18	0.91	2.34	3.02	1.96	0.63
78			0.51	1.49	2.17	1.59	0.58
80			0.25	0.83	1.37	1.14	0.47
82				0.41	0.76	0.71	0.34
84				0.17	0.37	0.39	0.21
86					0.16	0.19	

2. 各大地区各体型人体比例和服装号型覆盖率

在国家服装标准中，列出了全国六大地区各体型的比例和服装号型覆盖率，这六大地区分别为：东北华北地区、中西部地区、长江下游地区、长江中游地区、广东广西福建地区和云贵川地区。表 2-11 所示为男子各体型人体在东北华北地区总量中的比例。表 2-12 和表 2-13 分别列出了 A 体型男子身高和胸围、腰围在该地区的覆盖率。

表 2-11　男子各体型人体在东北华北地区总量中的比例

体型	Y	A	B	C
比例 /%	25.45	37.85	24.98	6.68

表 2-12　A 体型男子身高与胸围在东北华北地区的覆盖率

胸围 /cm	身高 /cm						
	155	160	165	170	175	180	185
	覆盖率 /%						
72		0.32	0.36				
76	0.39	1.27	1.83	1.19	0.35		
80	0.64	2.70	5.13	4.39	1.68		
84	0.57	3.15	7.87	8.84	4.46	1.01	
88		2.02	6.61	9.74	6.45	1.92	
92		0.70	3.04	5.88	5.12	2.00	0.35
96			0.76	1.94	2.22	1.14	
100				0.35	0.53	0.35	

表 2-13　A 体型男子身高与腰围在东北华北地区的覆盖率

腰围 /cm	身高 /cm						
	155	160	165	170	175	180	185
	覆盖率 /%						
56			0.16				
58		0.31	0.39	0.23			
60	0.18	0.58	0.84	0.55	0.17		
62	0.25	0.93	1.54	1.16	0.40		
64	0.31	1.29	2.43	2.09	0.81		
66	0.33	1.54	3.31	3.23	1.43	0.29	
68	0.29	1.59	3.89	4.31	2.18	0.50	
70	0.23	1.41	3.92	4.96	2.85	0.74	
72		1.07	3.41	4.91	3.21	0.95	
74		0.71	2.55	4.18	3.11	1.05	0.16
76		0.40	1.64	3.06	2.60	1.00	0.17
78		0.19	0.91	1.93	1.87	0.82	0.16
80			0.43	1.05	1.15	0.58	
82			0.18	0.49	0.62	0.35	
84				0.20	0.28	0.18	

服装企业应根据自身特点，针对销售的不同地区和不同对象，采用灵活多样的尺寸搭配比例，掌握生产时的主动权，科学合理地组织生产。

六、服装号型的应用

服装号型是成衣规格设计的基础，根据《服装号型》标准规定的控制部位数值，加上不同的放松量来设计服装规格。一般来讲，我国内销服装的成品规格都应以号型系列的数据作为规格设计的依据，都必须按照服装号型系列所规定的有关要求和控制部位数值进行设计。

1.《服装号型》中人体测量部位数据与服装主要规格形成的关系

（1）颈椎点高。颈椎点高是衣长设定的依据，儿童正处于生长期，因此没有该部位数值的测定。男女西服后衣长尺寸的设定，男西服后衣长尺寸 = 颈椎点高 /2-0.5 cm，女西服后衣长尺寸 = 颈椎点高 /2-5 cm。

（2）腰围高。腰围高是裤长设定的依据。裤长 = 腰围高 + 腰宽 /2-2 cm（地面向上的距离），腰宽通常取 3.5 ～ 4 cm。

（3）全臂长。全臂长是袖长设定的依据，如装袖款式的袖长 = 全臂长 + 3 cm。

（4）胸围。胸围是成衣胸围尺寸设定的依据。对于不同的款式，胸围规格需要在净胸围的基础上加放不同的放松量，如西服胸围加放松量，一般男子为 18 cm，女子为 16 cm（棉毛衫、衬衫外量放）。

（5）颈围。颈围是成衣领围设定的依据，不同款式加放不同的放松量，如男衬衫领围的加放松量一般为 1 ～ 1.5 cm。

（6）总肩宽。总肩宽是成衣肩宽设定的依据，如正装装袖款式的总肩宽在号型总肩宽数值的基础上加放 1 cm。

（7）腰围。腰围是成品腰围尺寸设定的依据，裤装成品腰围＝净腰围＋2 cm。

（8）臀围。臀围是成品臀围尺寸设定的依据，臀围规格需要在净臀围的基础上加放不同的放松量，如女子西裤加放松量为 10 cm。

2.《服装号型》标准规定的服装成品规格的档差数值

《服装号型》标准详细规定了不同身高、不同胸围及腰围人体各测量部位的分档数值，这实际上就是规定了服装成品规格的档差值。

（1）男子和女子档差值。以中间体为标准，当身高增减 5 cm，净胸围增减 4 cm，净腰围增减 4 cm 或 2 cm 时，服装主要成品规格的档差值，男子见表 2-14，女子见表 2-15。

表 2-14 男子服装主要成品规格档差值　　　　　　　　　　cm

规格名称	身高	后衣长	袖长	裤长	胸围	领围	总肩宽	腰围		臀围	
档差值	5	2	1.5	3	4	1	1.2	5·4	4	Y、A	B、C
								5·2	2	3.2、1.6	2.8、1.4

表 2-15 女子服装主要成品规格档差值　　　　　　　　　　cm

规格名称	身高	后衣长	袖长	裤长	胸围	领围	总肩宽	腰围		臀围	
档差值	5	2	1.5	3	4	0.8	1	5·4	4	Y、A	B、C
								5·2	2	3.6、1.8	3.2、1.6

（2）儿童档差值。儿童各个系列的档差值见表 2-16。

表 2-16 儿童服装主要成品规格档差值　　　　　　　　　　cm

规格名称		身高	后衣长	袖长	裤长	胸围	领围	总肩宽	腰围	臀围
档差值	7·4 系列	7				4			3	
	7·3 系列									
	10·4 系列	10	4	3	7	4	0.8	1.8	3	5
	10·3 系列									
	5·4 系列	5	2	1.5	3	4	1	1.2	3	4.5
	5·3 系列									

3.《服装号型》国家标准的应用步骤

（1）确定产品的适用范围，包括性别、身高、胸围、腰围的区间及体型。

（2）确立中间体。

（3）找出《服装号型》标准中关于各类体型中间体测量部位的数据。

（4）根据折算公式将上述数据转换成中间体服装成品规格。

（5）以中间体的规格为基准，按档差值有规律性地增减数据，推出区间内各档号型的服装成品规格。

（6）技术部门按各档规格数据制作生产用样板，并考虑批量、流水生产因素，适当在成品规格基础上增加一些余量，如对于质地比较紧密的面料，可在衣长、裤裙长规格上再增加 0.5 cm，在袖长规格上增加 0.3 cm 等。

（7）销售部门根据产品销往地区的设想按标准所列出的体型分布情况，确定各档规格的投产数，落实生产与销售。

（8）质检部门依据服装号型的上述生成原则及标准规定，检验产品规格设置及使用标志是否一致和是否准确。

第三节　服装企业标准的制定与修订

一、编写标准的基本原则

《标准化工作导则 第1部分：标准的结构和编写》（GB/T 1.1—2009）是标准化工作的重要标准之一，它的实施将能够有效地保证标准的编写质量。该标准的规定用来指导如何起草我国标准，它是编写标准的依据。《标准化工作导则 第1部分：标准的结构和编写》（GB/T 1.1—2009）的主要技术内容为：规定了编写标准的原则、标准的结构、起草标准中的各个要素的规则、要素中条款内容的表述、标准编写中涉及的各类问题的规则以及标准的编排格式。

1．统一性

统一性是对标准编写及表达方式的最基本的要求。统一性强调的是标准内部（即标准的每个部分、每项标准或系列标准内）的统一，其包括：标准结构的统一，即标准的章、条、段、表、图和附录的排列顺序的一致；文体的统一，即类似的条款应由类似的措辞来表达，相同的条款应由相同的措辞来表达；术语的统一，即同一个概念应使用同一个术语；形式的统一，即标准的表述形式，诸如标准中条标题、图表标题的有无应是统一的。

2．协调性

协调性是针对标准之间的，它的目的是使所有标准的整体协调。为了达到标准系统整体协调的目的，在制定标准时应注意和已经发布的标准进行协调。遵守基础标准和采取引用的方法是保证标准协调的有效途径。标准中的附录A给出了最通用的部分基础标准清单。遵守这些标准将能够有效地提高标准的协调性。

3．适用性

适用性是指所制定的标准便于使用的特性，主要针对以下两个方面的内容。第一，适用于直接使用。第二，便于被其他文件引用，《标准化工作导则 第1部分：标准的结构和编写》（GB/T 1.1—2009）对于层次设置、编号等的规定都是出于便于引用的考虑。

4．一致性

一致性指起草的标准应以对应的国际文件（如有）为基础并尽可能与国际文件保持一致。起草标准时，如有对应的国际文件，首先应考虑以这些国际文件为基础制定我国标准，在此基础上还应尽可能保持与国际文件的一致性，按照《标准化工作指南 第2部分：采用国际标准》（GB/T 20000.2—2009）确定一致性程度，即等同、修改或非等效。

5．规范性

规范性是指起草标准时要遵守与标准制定有关的基础标准以及相关法律法规。我国已经建立了支撑标准制修订工作的基础性系列国家标准，包括：《标准化工作导则 第1部分：标准的结构和编写》（GB/T 1.1—2009）、《标准化工作指南》（GB/T 20000）、《标准编写规则》（GB/T 20001）、《标准中特定内容的起草》（GB/T 20002）。

二、标准制定原则

标准制定的原则是：保证标准的适用性；保持标准的先进性；注意标准的统一性和协调性；注

意标准的经济性和社会效益；结合我国国情积极采用国际标准和国外先进标准。在确定标准项目时首先要注意标准的适用范围，既不要让标准所涵盖的领域过宽，使编制的标准没有实际技术内容；也不要让标准所涵盖的领域过窄，造成对标准的肢解，无谓地增加标准项目。

在制定标准时应符合以下六项基本原则：

1. 符合国策

企业标准的制定要体现国家发展国民经济的方针和各项技术经济政策，要结合国内自然条件、资源情况、技术经济水平和国民经济发展的方向、目标，注意相互协调。

2. 技术先进

企业标准的制定要研究标准对象的技术特征、特性，充分运用国内外科学技术的先进成果和生产实践经验；要把国际标准和国外先进标准的技术内容纳入标准，考虑技术发展和生产水平的综合要求，有利于提高技术水平，保证标准在技术上的先进性，促进标准水平的提高。

3. 经济合理

企业标准的制定要考虑经济合理，符合客观生产的规律，促进生产发展；从全局出发，注意提高产品质量和生产效率，改善环境保护，降低成本，节约材料和能源消耗，提高经济效益。

4. 使用方便

企业标准的制定要满足使用要求，做到安全可靠，切实可行；要提高零部件通用互换程度，方便使用维修，为用户服务。

5. 配套性强

企业标准的制定要合理发展品种，形成系列，注意协作配套，大产品成套性；各类标准也要相互配套，协调一致。

6. 利于贸易

企业标准的制定要注意提高产品的竞争能力，采用国际标准和国外先进标准。扩大产品出口和对外贸易要结合国际市场需要，考虑外贸要求，确定标准的相应指标。

三、标准的主要内容

（1）标准的主要内容与适用范围。

（2）引用标准的名称和编号。

（3）产品分类，包括产品号型设置、规格系列，成品主要部位规格，成品主要部位规格的测量方法及允许偏差。

（4）原料、辅料的规定，包括材料的品种、规格、型号、颜色及质量要求等。

（5）技术要求，包括对条、对格的技术规定，经纬向以及允许偏差的规定，表面部位拼接范围，主要部位及次要部位色差的规定，外观疵点允许存在程度的规定，各部位缝制规定，外观表面质量要求的有关规定等。

（6）等级划分。

（7）检验规则。

（8）产品标志、包装、运输、储存等方面的规定。

四、国际标准的采用

在企业标准制定中，采用国际标准和国外先进标准，对促进技术进步，提高产品质量，扩大对外贸易，提高经济效益，加快标准的制定、修订工作以及提高标准水平等均具有重要的作用。

（一）采用国际标准和国外先进标准

1. 国际标准或国外先进标准已被采用为国家标准

（1）等同采用：其是指国家标准与国际标准或国外先进标准在技术内容上完全相同，不做或稍做编辑性修改。

（2）等效采用：其是指国家标准与国际标准或国外先进标准在技术内容上只有小的差异。

（3）参照采用：其是指国家标准与国际标准或国外先进标准在技术内容上做了某些改动，但产品性能和质量指标相当，并在通用互换、安全、卫生等方面协调一致。

2. 国际标准或国外先进标准尚未采用为国家标准

在国际标准或国外先进标准尚未采用为国家标准的情况下，产品企业标准的制定必须结合具体情况，采用国际标准，即把国际标准或国外先进标准的技术内容，通过分析研究，不同程度地订入产品企业标准中并加以贯彻。具体要求如下：

（1）收集有关的国际标准和国外先进标准或规范条例。

（2）对国际标准和国外先进标准进行研究、消化。

（3）按本专业产品合理地确定采用国际标准和国外先进标准的程度。

（4）做好企业标准与国际标准和国外先进标准的对比、分析。

（5）对确定采用国际标准和国外先进标准的有关技术指标和方法进行试验验证。

（6）解决采用国际标准和国外先进标准的测试手段和设备，建立相适应的测试基地或测试条件。

（二）采用国际标准或国外先进标准需注意的事项

（1）要注意对标准的有效性进行分析，有的标准即将淘汰或改版，不要盲目采用。

（2）要注意标准是否适合国内实际情况，如何采用要认真研究。

（3）其技术内容指标和试验方法，要注意与国内标准对比，找出差距，提出目标、措施。

（4）国际标准或国外先进标准的质量指标低于国内标准的，要注意具体分析，不要随便降低国内标准水平。

（5）某些领域中的国际标准，在国际上并不是领先的，制定标准时，要随时注意，不能生搬硬套。

（6）要注意原料、辅料的配套，要具体研究，结合国内生产水平，决定如何采用或过渡。

（7）当尚无国际标准而采用国外先进标准时，要注意其与国内标准体系是否协调统一，特别是产品基本参数系列、安装连接尺寸等，要慎重研究，不要轻易改变国内已有标准的规定。

五、标准的评估与修订

标准制定以后，在贯彻和执行过程中对实施效果要及时总结、评估和检查，肯定成绩，找出存在问题，便于标准的修订和改进。

1. 标准化评估

标准化的经济效果，指企业在设计、生产及工具、设备使用活动中，贯彻标准所取得的经济效果与劳动耗费的对比关系。企业内部实施标准化，合理编制品种规格，缩短设计与试制周期，节约材料、工时，提高劳动生产率，降低成本，提高产品质量和使用寿命，减少不合格品返修等都可以计算为标准化经济效果。简单的计算方法有以下两种：

$$标准化经济效果 = \frac{标准化有用效果}{标准化劳动耗费}$$

上述计算方法表明标准化经济效果是标准化有用效果与标准化劳动耗费之比，是标准化经济效果的相对值。

$$标准化经济效果 = 标准化有用效果 - 标准化劳动耗费$$

以上计算表明标准化经济效果是标准化有用效果与标准化劳动耗费之差（在两者是相同的度量关系时），是标准化经济效果的绝对值。

2. 标准修订

标准制定以后，应当在一定时期内保持稳定，以便通过重复利用获得效益。标准不能朝令夕改，否则就起不到应有的作用。但是，服装产品流行周期短，款式更新换代快，新品种、新技术、新材料、新设备不断涌现，标准化工作也必须随之跟上，一项标准制定以后，在执行中要经常检查，定期改进。在一般情况下以 3～5 年修订一次为宜，在修订时要注意以下几点：

（1）对标准的修订要慎重，充分听取有关方面意见和积累数据，对技术指标的修改必须要经过测试和验证才能定稿。

（2）企业无权修订上级标准，只能修订本企业自行制定和发布的企业标准。但是，企业是贯彻执行各级标准的基层单位，标准中的问题必将在贯彻执行的过程中反映出来。因此，各企业应在日常的生产活动中注意发现问题，主动向有关部门反映情况或提出"企业标准修订审报表"报上级标准化主管部门。

（3）企业标准制修订草稿完成后，应编写《标准制修订说明》及附件，其内容一般包括：

1）工作简要过程，任务来源，采用或参考国外标准情况，协作单位等；

2）确定标准主要内容（如技术指标、参数、公式、性能要求、试验方法等）的论据（包括试验统计数据）；修订标准时应增列新旧标准对比；

3）主要试验的分析，技术参数定量指标有检验机关的试验报告；

4）与国内外现行的同类标准水平对比；

5）贯彻标准的要求和措施建议；

6）废除现行有关标准的建议。

（4）对需要有标准物质对照的标准，应在审查标准前制备相应的标准物质或标准样品。

（5）企业标准草稿及《标准制修订说明》应一式三份，交予公司标准化主管部门，由公司主管部门转交研究所标准化室和分管行业的负责人进行技术文本审阅，并提出标准草案修改意见，由公司整理后，送至起草单位。

（6）起草单位根据标准草案修正意见进行归纳整理，分析研究，确定取舍，整理后的企业标准审批稿交送公司标准化主管部门。

（7）主管部门根据企业标准审批稿同《标准制修订说明》及有关附件，提出审查标准的会议日程及参加单位，一般审稿会的出席单位有：标准计量研究所、服装质量监督站、服装研究所标准化室、起草单位所属行业的代表厂 2～3 家、用户 2～3 家。

（8）起草单位应做好标准审稿会的筹备工作，并将标准审批稿及编制说明送交公司标准化主管部门一起发放给参加会议的单位代表。

通过标准审稿会的充分讨论，取得一致意见，并按讨论结果修改后，提出标准报批稿，写出会议纪要，将资料一并报公司主管部门，由公司上报局审批，局负责统一编号，统一发布。

第四节　服装认证

服装认证标准主要为 ISO 系统标准。ISO 的全称是 International Standards Organization，它的中文含义是国际标准化组织，又称经济联合国。ISO 是一个非政府的国际科技组织，是世界上最大的、最具权威的国际标准制定、修订组织，现有成员国 150 多个。其宗旨是"发展国际标准，促进标准在全球的一致性，促进国际贸易与科学技术的合作。"

一、ISO 9000 的发展历程

ISO 9000 是由西方的品质保证活动发展起来的。第二次世界大战期间，因战争扩大所需武器需求量急剧膨胀，美国军火商因当时的武器制造工厂规模、技术、人员的限制未能满足"一切为了战争"。美国国防部为此面临千方百计扩大武器生产量，同时又要保证质量的现实问题。分析当时企业：大多数管理是 NO.1，即工头凭借经验管理，指挥生产，技术全在大脑里面，而一个 NO.1 管理的人数很有限，产量当然也有限，与战争需求量相距很远。于是，国防部组织大型企业的技术人员编写技术标准文件，开设培训班，对来自其他相关原机械工厂的员工（如五金、工具、铸造工厂）进行大量训练，使其能在很短的时间内学会识别工艺图及工艺规则，掌握武器制造所需的关键技术，并将"专用技术"迅速"复制"到其他机械工厂，从而奇迹般地有效解决了战争难题。战后，国防部将该宝贵的"工艺文件化"经验进行总结、丰富，编制更周详的标准在全国工厂推广应用，并同样取得了满意效果。当时美国盛行文件风，后来，美国军工企业的这个经验很快被其他工业发达国家军工部门所采用，并逐步推广到民用工业，在西方各国蓬勃发展起来。

ISO 9000 系列质量保证体系认证是由国家或政府认可的组织以 ISO 9000 系列质量保证体系标准为依据进行的第三方认证活动，以绝对的权力和威信保证公开、公正、公平及相互间的充分信任。其系列标准发展历程如下：

（1）1980 年，"质量"一词被定义为企业动作及绩效中所展现的组织能力，导致一些行业标准与国家标准的产生，而由于跨国贸易的逐渐形成，跨行业、跨国度的新标准也呼之欲出。

（2）1987 年，国际标准化组织 ISO 成立了 TC176 技术委员会，联系 53 个国家，致力于 ISO 9000 系列标准的发展，颁布了 ISO 9000 系列质量保证体系标准。

（3）1992 年，中国等同采用 ISO 9000 系列质量保证体系标准，形成 GB/T 19000 系列质量保证体系标准。欧洲共同体（简称欧共体）提出欧共体内部各国企业按照 ISO 9000 系列质量保证体系标准完善质量体系，美国将此作为"进入全球质量运动会的规则"。

（4）1994 年，国际标准化组织 ISO 修改发布了 ISO 9000 ：1994 系列质量保证体系标准。世界各大企业如德国西门子公司、日本松下公司、美国杜邦公司等纷纷通过了认证，并要求他们的分供方通过 ISO 9000 认证。

（5）1996 年，中国政府部门如电子部、石油部、建设部等逐步将通过 ISO 9000 认证作为政府采购的条件之一，从而推动了中国 ISO 9000 认证事业迅速发展。

（6）2000 年，国际标准化组织 ISO 修改发布了 ISO 9000 ：2000 系列质量保证体系标准，其更适应新时期各行业质量管理的需求。

（7）2008 年，进行了第三次改版，这次改版被定义为一次"编辑性修改"，并未发生显著变化。

（8）2015 年，进行了第四次改版，本次标准的变化幅度相当之大，特别是在结构、视野、兼容性、适用性及易用性方面，同时也引入了一些最新的管理理念要求。

二、ISO 9000 的意义

质量是取得成功的关键。由不同的国家政府、国际组织和工业协会所做的研究表明，企业的生存、发展和不断进步都要依靠质量保证体系的有效实施。ISO 9000 系列质量保证体系被世界上 110 多个国家广泛采用，既包括发达国家，也包括发展中国家，使市场竞争更加激烈，产品和服务质量得到日益提高。事实证明，有效的质量管理是在激烈的市场竞争中取胜的手段之一。

时至今日，ISO 9000 系列质量保证体系标准已经为提供产品和服务的各行各业所接纳和认可。拥有一个由世界各国及社会广泛承认的质量管理体系具有巨大的市场优越性。未来几年内，当国内外市场经济进一步发展，贸易壁垒被排除以后，其将会变得更加重要。

建立 ISO 9000 系列质量保证体系可使企业和组织体会到以下的一些益处：

（1）一个结构完善的质量管理体系，使组织的运行产生更大的效益及更高的效率。

（2）更好的培训和更高的生产力。

（3）减少顾客拒收和申诉，可以节省大量的开支，最终享有一个更大的市场份额。

（4）顾客对企业和企业的产品（服务）有了更大的信任。

（5）能够在要求 ISO 9000 认证的市场中畅通无阻。

三、ISO 9000 的内容

ISO 9000 ：2015 族标准的核心标准为下列四个：

（1）ISO 9000 ：2015《质量管理体系 基础和术语》。其标准阐述了 ISO 9000 族标准中质量管理体系的基础知识、质量管理原则，并确定了相关的术语。

（2）ISO 9001 ：2015《质量管理体系 要求》。其标准规定了一个组织若要推行 ISO 9000，取得 ISO 9000 认证，所要满足的质量管理体系要求。

（3）ISO 9004 ：2009《质量管理体系 业绩改进指南》。标准以八项质量管理原则为基础，帮助组织有效识别能满足客户及其相关方的需求和期望，从而改进组织业绩，协助组织获得成功。

（4）ISO19011 ：2011《管理体系审核指南》。标准提供质量和（或）环境审核的基本原则、审核方案的管理、质量和(或)环境管理体系审核的实施、对质量和(或)环境管理体系审核员的资格要求等。

四、ISO 9000 系列质量保证体系标准的基本思想

（1）控制所有过程的质量。ISO 9000 系列质量保证体系标准是建立在"所有工作都是通过过程来完成的"这样一种认识基础之上的，企业应结合本单位的具体情况确定应有的过程，然后分析每一个过程需要开展的质量活动，确定应采取的有效控制措施和方法。

（2）预防不合格。在产品寿命周期的所有阶段，从最初的识别市场需求到最终满足要求的所有过程的控制都体现了预防为主的思想。

1）控制市场调研和营销的质量，在准确确定市场需求的基础上，开发新产品，防止盲目开发而造成不适合市场需要带来的滞销，从而浪费人力、物力。

2）控制设计过程的质量。通过开展设计评审、设计验证、设计确认等活动，确保设计输出，满足输入要求，确保产品符合使用者的需求。防止因设计质量问题，造成产品质量先天性的不合格和缺陷，或者给以后的过程造成损失。

3）控制采购的质量。选择合格的供货单位并控制其供货质量，确保生产产品所需的原材料、外购件、协作件等符合规定的质量要求，防止使用不合格外购产品而影响成品质量。

4）控制生产过程的质量。确定并使用适宜的生产方法，使用适宜的设备，保持设备正常的工作能力和所需的工作环境，控制影响质量的参数和人员技能，确保制造符合设计规定的质量要求，防止产生不合格的成品。

5）控制检验和试验。按质量计划和形成文件的程序进行进货检验、过程检验和成品检验，确保产品质量符合要求，防止不合格的外购产品投入生产，防止将不合格的工序产品转入下道工序，防止将不合格的成品交付给顾客。

6）控制搬运、储存、包装、防护和交付。在所有这些环节采取有效措施保护产品，防止损坏和变质。

7）控制检验、测量和试验设备的质量，确保使用合格的检测手段进行检验和试验，确保检验和试验结果的有效性，防止因检测手段不合格造成对产品质量不正确的判定。

8）控制文件和资料，确保所有场所使用的文件和资料都是现行有效的，防止使用过时或作废的文件，造成产品或质量体系要素的不合格。

9）纠正和预防措施。当发生不合格（包括产品的或质量体系的）或顾客投诉时，应查明原因，针对原因采取纠正措施，防止问题的再发生。应通过对各种质量信息的分析，主动发现潜在的问题，防止问题的出现，从而改进产品的质量。

10）全员培训，对所有从事对质量有影响的工作人员进行培训，确保他们能胜任本岗位的工作，防止因知识或技能的不足，造成产品或质量体系的缺陷。

（3）建立并实施文化化的质量体系。质量体系是有影响的系统，具有很强的操作性和检查性，要求一个组织所建立的质量体系应形成文件并加以保持。典型质量体系文件的构成分为三个层次，即质量手册、质量体系程序和其他质量文件。

（4）持续的质量改进。质量改进是一个重要的质量体系要素，当实施质量体系时，组织的管理者应确保其质量体系能够推动和促进持续的质量改进。质量改进包括产品质量改进和工作质量改进，争取使顾客满意和实现持续的质量改进应是组织各级管理者追求的永恒目标。

（5）应满足顾客和组织内部双方的需要和利益。对顾客而言，需要组织具备交付期望的质量的能力，并能持续保持该能力；对组织而言，在经营上要以适宜的成本，达到并保持所期望的质量，既满足顾客的需要和期望，又保护组织的利益。

（6）定期评价质量体系。其目的是确保各项质量活动的实施及其结果符合计划安排，确保质量体系持续的适宜性和有效性。

（7）做好质量管理的关键在于领导。组织的最高管理者在质量管理方面应做好以下五件事：一是确定质量方针，由负有执行职责的管理者规定质量方针，包括质量目标和对质量的承诺；二是确定各岗位的职责和权限；三是资源的配备；四是指定一名管理者代表负责质量体系；五是负责管理评审，确保质量体系持续的适宜性和有效性。

五、ISO 9000 系列质量保证体系标准的管理原则

（1）以顾客为关注焦点。组织依存于顾客，组织应理解顾客当前和未来的需求，满足顾客要求并争取超越顾客的期望。

（2）领导作用。领导者应建立组织协调一致的宗旨和方向，应创造并保持使员工能充分参与实现组织目标的内部环境。

（3）全员参与。各级人员都是组织之本，只有他们的充分参与，才能使他们的才干为组织所用。

（4）过程方法。将活动和相关的资源作为过程进行管理，可以更高效地得到期望的结果。

（5）管理的系统方法。将相互关联的过程作为系统加以识别、理解和管理，有助于组织提高实现目标的有效性和效率。

（6）持续改进。采用 PDCA 循环模式进行持续改进整体业绩是组织的一个永恒目标。

（7）基于事实的决策方法。有效决策是建立在数据和信息分析基础之上的。

（8）与供方互利的关系。组织与供方是相互依存的，互利的关系可增强双方创造价值的能力。

ISO 14000 系列标准

OHSAS 18000 系列标准

SA 8000 系列标准

【思考题】

1. 企业标准化主要有哪些特征？

2. 标准通常有哪几种分类方法？

3. 什么是基础标准、产品标准、工艺标准、检测试验方法标准和安全、卫生、环保标准，举例说明。

4. 阐述服装号型在制定服装成品规格中的应用。

5.《服装号型》人体测量部位数据与服装主要规格有何关系？

6. 服装企业编写标准的基本原则是什么？

7. 标准的主要内容有哪些？

8. 标准化评估的方法有哪些？

9. 简述 ISO 9000、ISO 14000 系列质量保证体系标准的主要内容。

第三章　服装生产物料管理

【学习目标】

（1）了解服装生产物料管理的范围及重要性。

（2）掌握物料 ABC 的分类方法。

（3）了解物料采购的类型与原则，掌握采购的作业流程。

（4）了解服装企业供应商评估的相关知识点。

（5）掌握物料的仓储管理流程。

【能力目标】

（1）会编制物料需求计划。

（2）能熟练掌握采购的作业流程。

（3）会对物料进行仓储管理，能对物料存货进行合理有效控制。

第一节　物料管理概述

物料是我国生产领域中的一个专业术语。生产企业习惯将最终产品之外的、在生产领域流转的一切材料（无论其来自生产资料还是生活资料）、燃料、零部件、半成品、外协件以及生产过程中必然产生的边角余料、废料以及各种废物统称为物料。

一、物料的分类

1．分类的功用

（1）便于计算机化作业。

（2）便于科学化管理，如仓储规划、采购、料账等。

（3）是物料计划、分析、管制的基础。

（4）方便于成本估算与分析比较。

（5）改善作业效率，使得账务、存取、搬运效率提升。

2．分类的原则

（1）完整性：物有归属，不遗漏，一物一类。

（2）统一性：分类基准确定，不可中途变更。

（3）弹性：可因需要插入新编号，不影响原有系统。

（4）关联性：类似与关系密切者尽量在一起。

（5）条理性：大分类→中分类→小分类，但不可太烦琐。

3．分类方法

物料是生产单位维系生产活动持续不断进行中所需物品的总称。对于服装企业而言，按物料在

生产过程中所起的作用,其主要可分为以下几类:

（1）原材料：经生产加工构成产品实体的主要材料,如面料、里料、胆料等。

（2）辅助材料：用于生产服装产品,但不构成产品实体的零配件材料,如拉链、纽扣、缝纫线等。

（3）工具：辅助服装产品的完成,但不构成产品实体的各种刀具、模具等,如剪刀、尺子、画粉、纸张等。

（4）燃料：用于生产、运输等产生热能、动能的可燃性物质。

（5）动力：用于生产和管理等方面的电力、蒸汽、压缩空气等。

二、物料管理的范围及重要性

服装生产企业的物料管理通常由以下几项活动组成:

（1）预测物料需求,编制用料计划。

（2）进行存量控制,拟订最佳订购量。

（3）寻找货源和采购所需物料。

（4）物料的控制与仓储管理。

服装企业为了保证生产能有条不紊地进行,充足、及时的物料供应是必不可少的条件之一。因此,服装企业必须进行有效的物料管理,即对企业所需的各种生产物料进行有计划供应、采购及仓储保管等,并力求在此过程中以最小的消耗和最低的成本获得最大的经济效益。

物料管理的优劣直接关系着生产系统运作的顺畅与否,直接影响生产计划的达成、品质的保证、生产成本的控制、企业资金的周转、场地空间的利用等,因此,物料管理在服装企业的生产管理系统中是非常重要的一项内容。

第二节 编制物料的需求计划

维持服装企业正常的生产需要源源不断的物料供应,大多数企业总会保持一定量的生产物资库存以维持生产能够及时地进行,同时通过有计划地采购相关物料来补充生产的需要,这个过程可以通过编制物料需求计划来完成。

一、物料的 ABC 分类

ABC 分类法是由意大利经济学家维尔弗雷多·帕累托首创的。ABC 分类法是储存管理中常用的分类方法,也是经济工作中一种基本工作和认识方法。ABC 分类的应用,在储存管理中比较容易取得以下成效:第一,压缩总库存量;第二,解放被占压的资金;第三,使库存结构合理化;第四,节约管理力量。

服装生产所需的物料种类非常丰富,为了完成一笔订单或一批产品的生产往往需要几十种甚至上百种主材料和辅材料,服装企业考虑到成本和精力很难做到面面俱到,对每一个细节的物料都做成详细的物料需求计划。在这里,可以应用 ABC 分类法,采用重点管理原则,对物料实行分类控制:

（1）A 类物料是价值高、品种少的物料。重点管理控制,根据生产方式制订物料需求计划。

（2）B 类物料是价值较高、品种较少的物料。重点管理控制,根据生产方式制订物料需求计划。

（3）C 类物料是价值低、品种多的物料。常规管理控制,制定存量控制标准,集中定量、定期补充。

物料需求计划的对象是实行重点管理的 A、B 类物料。

二、物料需求计划编制

物料需求计划是对主生产计划的各个项目所需的全部制造件和全部采购件的需求计划。它是根据主生产计划中最终产品的需求数量和交货期，推导出构成产品的零部件及材料的需求数量和需求日期，直至导出零部件的制造订单下达日期和采购件的采购订单发放日期，并进行需求资源和可用能力之间的进一步平衡。

在编制物料需求计划时，通过对物料类型的分析，可以发现，在众多的物料中，有些物料是生产一批产品所专用的，而有些物料是很多种产品通用的。因此，企业在编制物料需求计划时不能一概而论，应该分别处理。将以上物料分成专用性和常备性两种物料进行管理。

1. 专用性物料的需求计划

所谓专用性物料，对企业而言，就是必须有订单才会购买的物料，属具体某一产品的专用物料。这类物料依据订单的不同，分别制订物料需求计划，通常不保有存量。其物料需求计划的作业程序，如图 3-1 所示。

2. 常备性物料的需求计划

所谓常备性物料，对企业而言，就是长期使用或能通用、共用的常备物料。这类物料通常可根据存量计划性采购，即根据控制企业库存量来调整物料需求计划，其物料需求计划的作业程序，如图 3-2 所示。

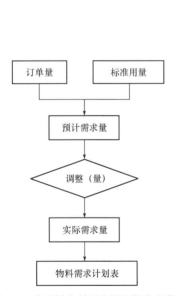

图 3-1　专用性物料需求计划的作业程序

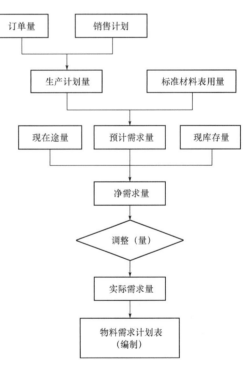

图 3-2　常备性物料需求计划的作业程序

【例 3-1】物料需求计划编制方案

一、方案背景

（一）目的

为规范各类常用物料的需求计划编制工作，确保物料需求计划编制正确、合理，符合生产实际，确保物料充足且库存合理，特制定本方案。

（二）适用范围

本方案适用于工厂订单类物料、时间类物料、部门类物料需求计划的编制工作。

二、订单类物料计划编制

（一）目的

订单类物料计划是指依据已确定的生产订单，明确所需物料的品种、数量、质量、型号等的物料计划。订单类物料计划编制的目的主要有以下三点：

（1）合理利用有限资金和仓库空间。

（2）防止因物料降价给工厂带来的经济损失。

（3）防止因产品改进造成的物料浪费，对物料进行有效控制。

（二）适用条件

（1）订单类物料计划并非涉及所有订单上的物料，其适用范围仅限于以下四类物料：

1）不常用物料。

2）非标件，即不是通用性物件。

3）价值昂贵的物料。

4）顾客要求特别定制的物料。

（2）订单类物料计划不适用于以下三类物料：

1）常用性物料。

2）常备性物料。

3）通用性物件。

（三）明确订单类物料计划优点

订单类物料计划的优点见表3-1。

表 3-1　订单类物料计划的优点

优点	说明
因需订料	依据订单制订出生产计划后才制订物料计划，即购进目前所需物料
因时进料	根据订单类物料计划，有效控制物料供应，确保在合适的时间按一定次序将所需物料提供给生产部门
依量采购	物料计划量应以订单物料需求量加备用量作为采购量，不多不少，按量采购
反应迅速	制订订单物料计划，一般在生产计划单下达之后能迅速作出反应
弹性空间	物料计划结合产品特点、销售周期、产品改进速度、库存政策等因素设置合理的弹性空间，能确保物料及时供应，避免因物料积压造成浪费

（四）订单类物料计划编制程序

1. 制订订单生产计划

（1）销售部负责将接到的订单装订成册，提交给生产部。

（2）生产部依据生产订单的交货期，参照工厂的生产能力，编制订单生产计划。

2. 进行物料分析

物料控制人员接到订单生产计划后，应进行物料需求分析，填写物料需求分析表（表3-2），为编制订单类物料计划提供依据。

3. 编制订单类物料计划

（1）编制产品零部件总表。物料控制相关人员负责将全部产品的零部件分解，编制产品零部件总表（表3-3）。

表 3-2　物料需求分析表

制表人：　　　　　　　　　　　　　　　　　　　填表日期：　　　年　　　月　　　日

顾客名称		订单号		交货期				
产品名称		型号		数量				
物料使用日期								
物料需求分析								
物料名称 分析项目	A	B	C	D	E	F	G	….
物料单位								
单位用料量								
利用率 / %								
备用率 / %								
标准用量								
库存数量								
申购数量								
预计到货日								
实际到货日								
备注	备用率是依据物料特点以及以往使用情况确定的一个概数							

表 3-3　产品零部件总表

序号	物料编号	品名规格	A 产品生产量		B 产品生产量		C 产品生产量		合计
			零件结构	零件总量	零件结构	零件总量	零件结构	零件总量	

（2）计算各产品零部件用料。首先，物料控制相关人员在进行用料计算之前，应选择合适的计算方法。常用的计算方法见表 3-4。

表 3-4　物料计算方法汇总表

方法名称	定义	特点	适用条件
估算法	依据以往的数据或经验进行估算	简单、快捷、方便，但不够精确	适用于计算价值低易、耗类的物料
计算法	依据实际的基础数据，运用数学公式进行计算而得出的计划数量	计算量大、用时较长	适用于计算价值昂贵物料、特殊物料
推导法	依据同类产品的物料使用的数量来推算	方便省时，但不够准确	适用于常用物料的计算
平均法	参照以往各时期或各款产品的平均物料用量，来测算未知产品使用量	一种粗运算，但结果较为准确	适用于计算款式较多的订单的物料

方法名称	定义	特点	适用条件
价值法	当用数量单位难以衡量时，可用价值法进行计算	简单、方便，但有误差	适用于计算量大、价值低而款式、型号比较多的物料

其次，明确产品各零部件由哪些物料构成。

最后，选择合适的方法计算各零部件使用物料的耗用数量。

第三节　物料的采购实施

采购是企业为获得所需的原材料等物料，向外界所做的购物行为。企业根据物料需求计划，制订出合适的订购量，以最低的总成本获得所需的物料，同时还要保证适时、适量和适质的物料供应，以供所需部门使用。

对于许多服装企业而言，物料成本占据企业总成本的很大比例，因此，做好物料的采购工作对企业的经营具有非常重要的意义。

一、采购的类型

（1）订单采购。订单采购是指根据订单生产需要而进行采购的方式，适用于高价值、多品种、少量、特殊规格的物料。

（2）存量采购。存量采购是指对于常备性物料，进行订购点采购或周期性采购。

（3）补充采购。补充采购是指事先没有考虑到的损耗或预计失误而引起的差量补充性采购。

（4）紧急采购。紧急采购是指因紧急需要而引起的采购。

（5）零星采购。零星采购是指不定时发生的一些辅助用品的小金额采购。

（6）战略采购。战略采购是指出于战略考虑而非生产需要所进行的采购。例如，采购价格行情预期上涨的原材料或预期来源短缺的原材料等。

二、采购的作业流程

服装生产物料的采购工作主要由服装企业生产技术部门来执行落实，采购部门负责安排采购任务。生产技术部门根据订单合同的具体生产需要用量、要求等情况，把相关订单合同资料复印一份交给采购部门。

采购部门的采购员根据生产技术部门提供的订单合同资料，计算出每一个产品的具体用料及数量，再加上一定比例的允许损耗数量，编制面料采购合同、辅料采购合同、面料采购计划明细清单表、辅料采购计划明细清单表各一份。

服装企业生产技术部门对采购部门提供的面料采购合同、辅料采购合同、面料采购计划明细清单表、辅料采购计划明细清单表进行审核确认。经过服装企业生产技术部门审核确认后，方可安排采购任务。采购员要把相关的采购合同、采购明细清单表等复印一份给公司财务部门，以备后期货款的结算。

服装企业采购部门落实具体采购任务。采购部门是服装企业的重要部门之一，采购部门的主要工作是辅助生产部门、配合生产部门，根据订单生产任务的需要采购面料、辅料。其工作内容主要包括面料、辅料货源的开发，面料、辅料供应商的评审，面料、辅料织造及印染阶段的跟进，交货期的控制，质量的控制，采购成本的控制与核算，与面料、辅料供应商的价格谈判等。

服装企业面料采购合同、服装企业辅料采购合同、服装企业面料采购计划明细清单表、服装企业辅料采购计划明细清单表分别见表 3-5 ～表 3-8。

表 3-5　服装企业面料采购合同

甲方：　　　　　　　　　　　　　　　　　合同号：

乙方：　　　　　　　　　　　　　　　　　签订地点：

乙方向甲方订购如下货物					
品名描述	规格	颜色	数量	含税单价	金额
合计					

合计金额（大写）：　　佰　　拾　　万　　仟　　佰　　拾　　元　　角　　分

1. 交货期：要求从＿＿年＿＿月＿＿日，送到指定仓库＿＿＿＿＿＿。
2. 质量及颜色：（根据我公司确认的质量和颜色生产）

每匹（卷）长度：＿＿＿＿＿＿＿＿。

幅宽：＿＿＿＿＿＿＿＿。

克重：＿＿＿＿＿＿＿＿。

成分：＿＿＿＿＿＿＿＿。

3. 色牢度：＿＿＿＿＿＿＿＿。
4. 包装要求：＿＿＿＿＿＿＿＿。
5. 大货生产前提交每款每色 1 m，待确认质量和颜色后方可进行大货生产。
6. 延期交货：＿＿＿＿＿＿＿＿。
7. 其他要求：＿＿＿＿＿＿＿＿。

并须符合下述条款：

1. 本合同一经双方签署，即予生效。
2. 甲方应按本合同规定的要求，按时将本合同订购的商品送交乙方指定的仓库或车站，所需之装卸运杂费用由甲方负担。交货时应随附各种有关单据及全额的增值税发票。乙方根据合同规定的品名、规格、数量进行验收。如有不符合本合同所列各项规定，乙方有权拒收。
3. 由于质量、包装及交货期等原因造成的损害事实，由甲方负全部责任。
4. 乙方凭仓库验收签字及全套合格票据付款，付款周期为最后一批货到后 45 天付清。
5. 如双方有特殊协议，应在有关协议精神基础上履行此合同。
6. 如双方发生争执，应协商解决。如协商无效，提交乙方所在地法院处理。

甲方：　　　　　　　　　　　　　　　乙方：

业务员：　　　　　　　　　　　　　　业务员：

业务主管：　　　　　　　　　　　　　业务主管：

确认日期：＿＿年＿＿月＿＿日　　　　确认日期：＿＿年＿＿月＿＿日

表 3-6　服装企业辅料采购合同

甲方：　　　　　　　　　　　　　　　　　合同号：
乙方：　　　　　　　　　　　　　　　　　签订地点：

乙方向甲方订购如下货物					
辅料品名及规格	颜色	数量	单价	总金额	备注
合计					

合计金额（大写）：　　佰　拾　万　仟　佰　拾　元　角　分

并须符合下述条款：

1. 本合同一经双方签署，即予生效。

2. 甲方应按本合同规定的要求，按时将本合同订购的商品送交乙方指定的仓库或车站，所需之装卸运杂费用由甲方负担，交货时应随附各种有关单据。乙方根据合同规定的品名、规格、数量进行验收。如有不符合本合同所列各项规定，乙方有权拒收。

3. 由于质量、包装及交货期等原因造成的损害事实，由甲方负全部责任。

4. 乙方凭业务员本人及仓库验收签字后 45 天付款。

5. 如双方有特殊协议，应在有关协议精神基础上履行此合同。

6. 如双方发生争执，应协商解决。如协商无效，提交乙方所在地法院处理。

甲方：　　　　　　　　　　　　　　　　　乙方：
（盖合同章生效）　　　　　　　　　　　　（盖合同章生效）
业务主管：　　　　　　　　　　　　　　　业务主管：
签章：　　　　　　　　　　　　　　　　　签章：
确认日期：____年____月____日　　　　　确认日期：____年____月____日

表 3-7　服装企业面料采购计划明细清单表

合同订单号：　　　　　　　　　　　客户名称：　　　　　　　　　　　交货日期：

面料名称	面料成分	有效幅宽	订单数量	颜色	库存数量	实际需要采购数量	要求交货日期	备注
其他具体要求	克重要求： 经密： 纬密：				干磨： 湿磨： 光照色牢度： 短溢装允许范围：			
面料小色样样布	颜色 1		颜色 2		颜色 3		颜色 4	

表 3-8　服装企业辅料采购计划明细清单表

合同订单号：　　　　　　　　　　　客户名称：　　　　　　　　　　　交货日期：

辅料名称	辅料成分	有效幅宽	订单数量	颜色	库存数量	实际需要采购数量	要求交货日期	备注
其他具体要求								
辅料样品	辅料样品 1		辅料样品 2		辅料样品 3		辅料样品 4	

四、供应商管理

1. 供应商的评估

进行服装生产物料供应商的评估一方面是为了考核面料供应商、辅料供应商的质量服务意识、配合程度以及其对生产物料的价格、质量等的了解程度。

进行服装生产物料供应商的评估另一方面是为了考核面料供应商、辅料供应商的生产能力、生产设备等硬件配置水平，生产质量及生产过程中的服务态度、配合程度，以及发生质量问题后的处理态度。

对面料供应商、辅料供应商的评估考察，可以作为与面料供应商、辅料供应商建立长期合作关系的依据。服装企业面料、辅料供应商评估表见表3-9。

表 3-9 服装企业面料、辅料供应商评估表

日期：

供应商名称			联系人	
地址			电话/传真	

本企业主要的采购产品：

项目	细分内容	评审方法	等级	得分
资格能力	经营资格	1. 营业执照； 2.（特种行业）经营许可证或生产许可证	A	
	质量保障能力	1. 是否通过质量体系认证； 2. 全面质量管理制度及运行情况	C（+10%）	
价格		比较最高承受材料成本	A	
生产能力	设备能力	1. 满负荷生产力； 2. 关键工序设备能力与产品质量关系； 3. 设备状态等	B（10%）	
	技术能力	1. 技术人员及主要作业人员能力； 2. 开发能力	B（20%）	
	作业管理	对作业及环境是否有规范化要求	C（+10%）	
	检验能力	1. 检验设备配置情况 B（30%）； 2. 检验操作能力情况	B（30%）	
	供应能力	1. 生产周期； 2. 月最大供应量	B（10%）	
小批量试用	样品检验	对原材料样品实施验证	B（30%）	
	成品检验	对原材料组装成品实施验证	C（10%）	
综合得分		评审意见：□列入供方□不列入供方：签字		
		总经理意见：□列入供方□不列入供方：签字		

年度评审记录

考核内容				（　）年	（　）年
供货周期	按期到货批次率	D（50%）			
供货质量	到货合格达标率	D（50%）			
质量事故	一旦发生可由总经理批准淘汰或留用，留用则扣减 15 分			（总分）	（总分）

评分说明：
1. 首次评分中，A 为必须满足条件，B 为主要评分项目，C 为加分项目。100 分以上为优秀，80～100 分为良好。
2. 年度评审中，只考核 D 项目，评判标准同上。

2．供应商管理

供应商管理是在新的物流与采购经济形势下，提出的管理机制。现代管理学（如MBA、EMBA等）将其分为竞争式及双赢式两种模式。

供应商管理是供应链采购管理中一个很重要的关卡，它在实现准时化采购中具有很重要的作用。

（1）供应商评鉴。建立一个适当的供应商考核、评鉴制度，并认真执行。与供应商评审时一样，先确定评鉴的项目及权数，然后对供应商的每次供应情况（品质、交货期等）进行记录、保存；并定期（如三个月）对供应商进行绩效评估，作为考核以确定奖惩及是否继续往来。若各项评鉴分数未达一定水平，则从合格供应商名册中剔除，丧失供货资格；而对于绩效好的供应商可给予一定的奖励，如按成交额给予一定比例的奖金等。

（2）供应商整合。为了降低采购作业的人力成本、作业费用，企业需要对供应商进行一定程度的整合，即企业可选择少数几家合作良好的供应商达成长期合作关系，促进供需双方的合作互利关系，有助于品质改善，同时也可利用集中向少数供应商采购的条件来提升谈判筹码，从而降低采购成本。

（3）双赢管理。供应商和生产商是一种合作的关系，这种供需关系最先是在日本企业中被采用。它强调在合作的供应商和生产商之间共同分享信息，通过合作和协商协调相互的行为。

1）制造商对供应商给予协助，帮助供应商降低成本、改进质量、加快产品开发进度；

2）通过建立相互信任的关系提高效率，降低交易、管理成本；

3）长期的信任合作取代短期的合同；

4）比较多的信息交流。

企业可以通过同供应厂商签订合作协议、实施供应厂商品质辅导、同供应商建立资源共享计划等措施来实现双赢。

第四节　物料的仓储管理与库存控制

一、物料的仓储管理

仓储是产品生产、流通过程中因订单前置或市场预测前置而使产品、物品暂时存放。它是集中反映工厂物资活动状况的综合场所，是连接生产、供应、销售的中转站，对促进生产和提高效率起着重要的辅助作用。同时，围绕着仓储实体活动，清晰准确的报表、单据账目、会计部门核算的准确信息也在同步进行着，因此，仓储是物流、信息流、单证流的合一。

1．现场管理

对项目现场物料的入库、领用、调拨、退货按要求执行，确保公司项目在合理的物料保证下按时完成，并对现场物料进行日常的监督管理。

2．计划管理

（1）项目部根据施工预算及时、准确地做好自供部分材料的项目用料申请计划单，经相关领导签字后转交给物料部，物料部计划员认真审核做好登记后交给采购员。

（2）对业主提供的AMI单上的物资审核确认并下达给负责该业务的仓管员。

（3）在往外项目调拨物料时，及时和仓管员核对物料数量，在保证本项目合理的库存的情况下，填写调拨单并下达给仓管员。

3．自供部分材料采购入库流程

（1）仓库保管员应严格把关，要求供应商具有送货单，对送货单上注明的材料名称、规格、型号、单位、数量、质量等级与实际送货材料进行核对，并在验收人员确认合格的情况下按实际数量办理材料入库单手续。

（2）对于不合格品仓管员拒绝办理入库，同时仓管员应将其封存，与合格品分开摆放，做好标识并及时将信息上报给物料主管及采购人员。

4．业主提供部分材料入库流程

（1）仓管员对 AMI 单上注明的材料名称、规格、型号、单位、数量、质量等级与实际送货材料进行核对，并在验收人员确认合格的情况下按实际数量办理材料入库手续。

（2）对已入库的材料单独办理账目登记，做到日工作日清。

（3）对于不合格品仓管员拒绝办理入库，并在第一时间里将信息上报给物料主管，并协同物料主管和业主沟通更换合格材料。

5．物料调拨

（1）公司内任何物料的调拨须有相关领导签字的调拨单。

（2）由外项目调物料到本项目时，对调拨过程中的物料毁损与短少数量及时上报给物料主管，对损坏的物料应单独存放，明码标识并单独做账。

（3）由本项目调物料到外项目时，仓管员在接到调拨单时，严格按照调拨单数量执行，不允许出现多发或少发现象，并根据调拨单办理出库的账目登记手续。

6．物料的领用

（1）自供部分材料以项目用料计划申请单作为参考。

（2）业主提供材料以 AMI 单作为参考。

（3）仓管员在接到相关领导签字的领料单时，应严格按照领料单上写明的材料名称、规格、型号、单位、数量发放，不得多发或少发。

（4）仓管员严格按定额进行发放，超定额经项目经理同意后方可领用。

7．退料

（1）施工剩余材料由领料人员或班组负责人退料。

（2）仓管员应按成材、次材、废品等情况分别办理退料手续。

（3）材料属于成材的退料由仓管员验证其名称、规格、型号、单位、数量，确认其无误后办理退料手续。用红笔填写领料单，废品按损耗单独做账。

（4）项目方向业主退料时，仓管员根据业主认可的实际数量，填写业主 AMI 单或用红笔填写领料单，业主签字后作为凭证办理出库账目登记。业主不认可的数量作为损耗单独做账。

8．仓储管理

（1）仓库保管员应对所有检验合格验收入库的材料都按照材料的不同特性，采取相应的措施和适当的方法妥善保管，保证材料安全并采取措施防止变质、损坏、混淆和丢失。

（2）库区内应保持干燥和清洁。

（3）库区内应有防火、防盗设备。

（4）库存材料存放应分区管理、明码标识，做到账、物、卡对应。

（5）对库存材料要定期检查以确保材料完好。对保管中受损的材料要进行修复，不能修复的按不合格品处理。

（6）在露天存放的材料不得与地面直接接触，应该用枕木或型钢支撑，大型材料必须垫平，防止材料变形、损坏。

9．账务管理

（1）仓管员在接受指令后对物料办理入库、领用、调拨、退货必须填制相应单据，并确认单据上相关人员都已签字后方可办理后续手续。

（2）账务处理如下：物料三级数量明细账是记录物料的收入、发出、调拨、结存情况的重要账册，必须按品种、规格登记，妥善保管，年终装订成册，至少保存三年，记账应有合法依据，凭证必须完整无缺。

10．记账规则

（1）根据入库单记收入，领料单记发出，并根据相应单据的仓库联作为出、入库单的原始依据按顺序编号，作为记账索引号，按月装订成册，以便日后查询。

（2）账面不准撕毁，遇有改错，可以划红线加盖私章订正。账面记录严禁挖、补、刮、擦和用涂改液。

（3）账面记录采用永续制，每次发生增减变动，及时计算结存数量。

（4）启用账簿，应在账簿封面上载明公司的名称、项目名称、年度，在启用页内载明账簿名称、启用日期，由记账人员签名盖章，并加盖财务专用章。调转记账人员时，应注明交接日期，并由移交人、接交人签名或盖章。

（5）毁损处理，物料在保管期间，由于各种原因发生存货毁损、变质、霉变造成损失时，必须严肃认真、及时填制毁损报告单，上报审批。对保管不善造成的损失，应追究相关责任人的责任。

（6）毁损报告单由财务或审计部指派专人到现场审核数量，分清责任，出具报告并经上级审批后，仓库方可作减少账务调整，财务相应作有关责任人的处理。

11．物料盘点

盘点也称为盘存、点货，企业通过清查、计算仓库里现有的物料种类和数量，掌握仓库的实际情况，从而作为物料采购进货的参考。根据管理需要和物资的性质，清仓盘点一般采取定期清查、不定期清查和永续盘点三种方法。盘点内容包括：

（1）检查账、卡、物是否相符。

（2）检查各类物资是否超储、变质和损坏。

（3）检查仓库是否整齐。

（4）检查库房设备和安全设施有无损坏等。

盘点所得资料与账目核对结果，如发现账、物出现不一致的现象，则应积极追查账物差异的原因。

服装企业面料、辅料领用计划单见表3-10，成品入库单见表3-11，成品出库单见表3-12。

表 3-10　服装企业面料、辅料领用计划单

订单号：　　　　　　　　　　　　　　　　生产单位：

客户名称：　　　　　　　　　　　　　　　生产编号：

产品名称	货号、款号	规格	颜色	克重	幅宽	入库数量	出库数量	库存结余

领料人：　　　　　　　　　　　审批人：　　　　　　　　　　　仓库：

日　期：　　　　　　　　　　　日　期：　　　　　　　　　　　日　期：

表 3-11 成品入库单

订单号	颜色	品名及规格	数量	入库时间	备注

用途：　　　　　　　经办人：　　　　　　　仓库：　　　　　　　日期：

表 3-12 成品出库单

订单号	颜色	品名及规格	数量	备注

用途：　　　　　　　签发人：　　　　　　　领用人：　　　　　　　日期：

二、物料存货控制及原则

服装生产需要源源不断的物料，因此，必须保持充足的物料供给才能保证生产的顺利进行，在我国，绝大多数服装企业都是通过原材料库存来达到这个要求的。库存一方面意味着资金的积压，尽管现今有很多关于准时生产方式（JIT）、零库存等先进的生产管理理念，但基于我国目前服装产业的现状，原材料供应商还难以达到这种水平，因此，仍需要通过库存来维持生产。为了能满足生产又不至于造成积压，物料库存量既不能太少，也不能太多，因此，库存量多少的选择即物料存量控制对于企业的成本节约是至关重要的。

企业通过生产计划，对物料的需求作出预测，再通过存货控制，把存货量控制在一个适当的范围，使企业在制订物料需求计划时能在最适当的时间，以最经济的订购量订购物料。简而言之，存量控制的目的就是以最经济的方式满足生产的需要。同时存货控制简化了物料管理，减少了管理费用和劳务费用，也一样产生效益。因此，在服装企业中，对常备性物料以及那些价格低、种类多的C类物料，都需通过存货控制来进行物料管理。

（一）存货控制的内容及目的

1. 存货控制的内容

存货控制是实施一项存货政策的机械程序。存货控制的责任是要测定特定地点现有存货的单位数和跟踪的增减。这种测量和跟踪既可以手工完成，也可以通过计算机技术完成。其主要区别是速度、精确性和成本。

为了实施期望的存货管理政策，必须对控制程序进行设计。这些程序用于明确经常性检查存货水平的要求，并与有关存货参数进行对照，确定何时订货以及订货的多少。

2. 存货控制的目的

存货控制本身不能假造利润，但用减少管理费用和劳务费用的方法，可达到开源节流的目的，仍然可以产生效益。存货控制的目的如下：

（1）达到最经济的订购量。

（2）在最适当的时间订购物料。

（3）把存货量控制在一个适当的范围。

简而言之，存货的目的是配合生产，以最少的费用维持对生产或客户的服务。

（二）存货控制的范围

存货控制的范围可以分为以下几项：

（1）原料。原料是指经过进一步的处理能变成最终产品或构成最终产品的一部分的物料。

（2）零配件。零配件是产品的一部分。

（3）在制品。在制品是指正处在制造、加工过程中的产品或零部件。

（4）成品。成品是指进入市场出售的产品。

（5）包装材料。包装材料是包装成品的一切材料。

（6）设备器具。加工产品的装备和器具，不会构成产品的一部分。

（三）存货控制的方法

现行存货控制的种类繁多，厂商普遍使用的方法有：分类控制、定量控制、定期控制、双份制及综合控制等。

1. 分类控制

将物料分为了几大类，依类设定控制原则，在数量上实施各类货品的控制。常用的分类是将物料分为 A、B、C 三大类，也称 ABC 存货控制。

A 类库存物资的管理：进货要勤；发料要勤；与用户密切联系，及时了解用户需求的动向；恰当选择安全系统，使安全库存量尽可能减少；与供应商密切联系。

C 类库存物资：对于 C 类物料一般采用比较粗放的定量控制方式，可以采用较大的订货批量或经济订货批量进行订货。

B 类库存物资：介于 A 类和 C 类物料之间，可采用定量订货方式为主和定期订货方式为辅的方式，并按经济订货批量进行订货。

2. 定量控制

定量控制是指当库存量下降到预定的最低库存数量（订货点）时，按规定数量（一般以经济批量 EOQ 为标准）进行订货补充的一种库存管理方式。定量订货管理法参数的确定如下：

（1）每次订购数量一定，由存货控制的基本原则决定。

（2）订货周期按需求决定。

（3）确定安全存量，应付前置时间内不正常的需求。

（4）经常检查当前的存货是否减至订购点，以便订购。

定量订购制的经济定量：

定量订购制的经济定量 = 平均每天使用量 × 一个生产周期的天数

定量控制的存货模式如图 3-3 所示。

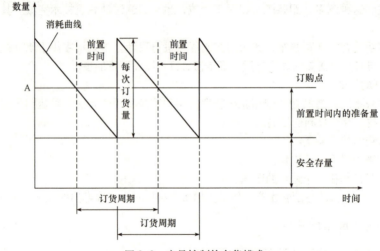

图 3-3　定量控制的存货模式

3. 定期控制

定期控制是按照预先确定的订货时间间隔进行订货补充库存的一种管理方法。定期控制的原理：预先确定一个订货周期和最高库存量，周期性地检查库存，根据最高库存量、实际库存、在途订货量和待出库商品数量，计算出每次订货量，发出订货指令，组织订货。定期控制的控制参数的确定如下：

（1）订货的周期固定不变。

（2）订货的数量为存货水平的数量减去现存量，订货数量是不确定的。

（3）定期执行盘点作业，确定现存量。

定期控制的存货模式如图 3-4 所示。

4. 双份控制

双份控制是将特定物料分为 A、B 两份，平常使用 A 份、B 份作储存；待 A 份用完后才准动用 B 份，同时订购 A 份的数量，在前置时间内则用 B 份来维持需求。

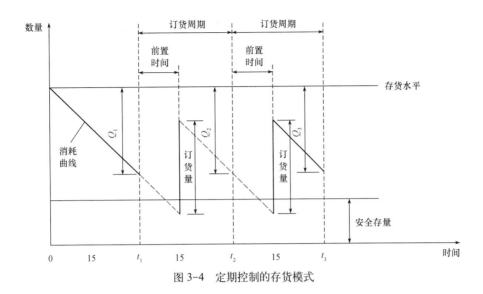

图 3-4　定期控制的存货模式

5．综合控制

采用定期的控制方法，在定期检查存货时，往往会发生存货已减至应订货存量之下的情况，即使立即订购物料，待新物料到库时已无法应付需求。为了弥补这一缺点，管理人员可将双份制与定期控制配合使用。如果定期检查日期未到而双份制中的第一份存货已经用完，则应立即订购；如果定期检查的日期已过，而双份制中的第一份未用完，则仍需进行订购。

（四）存货控制的原则

存货控制工作主要有三方面：确定最高存货量，确定最低存货量，确定再订货量。

1．确定最高存货量

确定最高存货量时，有关人员需要考虑以下三个方面因素：

（1）物料的消耗速度。

（2）物料变坏或过时的可能性。

（3）当前可用的存储空间。

这三个因素是相关的。如果物料消耗很快，库存的数量就要多；不过，这一因素也要考虑到物料的特性。如果是容易变坏的物料，存货量就应该减少，避免更多的物料变坏。此外，对工厂可用的存储空间也是要考虑的，工厂应预备足够的空间来容纳所需的存货量。在很多情况下，前人的经验对确定最高存货量有着很好的参考价值。也可以参考以下公式，即

$$最高存量 = （购备时间 + 订购周期） × 耗用率 + 安全存量$$

2．确定最低存货量

确定最低的存货量时，有关的人员需要考虑以下两方面因素：

（1）物料的消耗速度。

（2）物料的交货时间（即从落订单至收到物料所需的时间）。

如果物料消耗得快，最低存货量也要相应地提高，但也受物料交货时间的影响。如果落订单后，供应商的物料到位很快，物料消耗的影响则不大，最低存货量也不用调得很高，以免占用过多的资金和仓储空间。计算最低存货量的简单公式为

$$最低存货量 = 单位时间需求量 × 交货所需时间$$

3．确定再订货量

再订货量要比最低的存货量定得高些。确定再订货数量时，有关人员需要考虑以下因素：

（1）物料的消耗速度。

（2）物料的最低存货量。

（3）物料的交货时间（即从落订单至收到物料所需的时间）。

如果物料消耗得快，那么再订货存量通常也要调得最高，但也受物料的最低存货量和交货时间的影响。在交货时间不长，最低存货量又小的情况下，即使物料消耗得很快，也不需将该存货量调得很高。

【思考题】

1. 物料分类的基本原则是什么？

2. 物料管理通常由哪几项活动组成？

3. 专用性物料的需求计划如何管理？

4. 常备性物料的需求计划如何管理？

5. 如何进行物料采购？

6. 如何评鉴供应商？

7. 物料的仓储管理记账规则是什么？

8. 存货控制的目的是什么？

9. 存货控制的方法有哪些？

第四章　服装生产技术准备与管理

【学习目标】

（1）了解生产准备阶段技术文件。

（2）掌握材料规格数量检验的方法，掌握材料外观疵病的种类及检验方法。

（3）掌握原材料缩率测试的方法，掌握样衣试制的程序和方法。

（4）掌握面料及缝纫线耗用计算的方法。

（5）掌握样板复核管理方法。

【能力目标】

（1）能根据生产需要准备技术文件，进行各种原料辅料的选择。

（2）能采用合理的方法消除原料的各种缩率，能熟练进行面料及缝纫线的耗用测定。

（3）能针对工艺要求，进行样衣制作、鉴定。

（4）能根据市场及客户要求进行装箱单设计。

第一节　服装生产技术文件的准备与管理

服装生产技术文件是指导服装生产和进行质量管理的技术标准，也是服装总体设计的有机组成部分。建立服装生产技术文件，可使服装生产符合产品的规格设置和质量要求，合理利用原材料，降低成本，缩短产品设计和生产周期，最终促进生产的发展。

一、生产总体文件

生产总体文件是反映服装企业规模、生产品种和设备配备情况等总体技术参数的文件，主要包括总体设计表和设备配置表。

1．总体设计表

总体设计表是详细说明企业生产品种及各部门人员分配情况的表格，见表4-1。

表4-1　服装生产总体设计表

生产品种款号及名称			
总产量/（件、条）		日产量/（件、条）	
投产日期		完工日期	
日生产时间		日生产班组数/个	
各部门工作人员数 （含管理人员、 技术人员）	裁剪车间		
	缝制车间		
	整烫、包装车间		
	合　计		

续表

	生产品种款号及名称	
各部门加工时间	裁剪车间	
	缝制车间	
	整烫、包装车间	
	合　计	
额定日产量/（件、条）		
生产节拍/s		

2. 设备配置表

设备配置表是根据生产品种把各个部门所需设备进行列表，见表4-2。

表4-2　服装生产设备配置表

部门		设备名称	型号与规格	数量/（台、件）		
				品种1	品种2	品种3
裁剪车间						
缝制车间	主机					
	附件					
整烫、包装车间						

二、生产准备阶段技术文件

1. 订货合约

订货合约是客户根据所要生产的产品要求拟定的，详细说明客户订货项目、包装要求、运输方式、付款方式等主要内容的合同文件，见表4-3。

表 4-3 某公司订货合约

甲方：
乙方：　　　　　　　　　　　　　　　　　　　　　　合约号：

品　　名			款号		订货日期	
客户名称				合约号		
面料名称及成分				辅料名称		
品名	款号	色号	规格	数量	单价	金额
合计	总金额（大写）				小写	

质量标准：
包装方式：
运输方式：
付款方式：
交货日期及地点：
违约责任：

此合约一式两份，甲、乙双方各执一份。
此合约自签字之日起生效。

　　　　甲方代表　　　　　　　　　　　　　乙方代表

　　　　（单位公章）　　　　　　　　　　　（单位公章）

2. 生产通知单

投产前的一切准备工作完成后，业务部门应及时向生产部门下达生产通知单（表4-4）。生产部门接到生产通知单后，应及时安排生产，以确保生产的顺利进行并及时交货。

表4-4　某企业生产通知单

款号		合同号			品名	
数量		颜色数			交货日期	
面料名称及成分						
数量　规格　颜色	XS	S	M	L	XL	XXL	合计	包装方式
合计								
主、辅料表			图样					
品名	单耗	总量						
面料								
主唛								
洗唛								
号标								
价格牌								
里料								
缝线								
纽扣								
纽扣袋								
垫肩								
橡筋								
大胶袋								
小胶袋								
胶袋贴纸								
衣架								
胶针2"								
纸箱								
备注：								
开单		审核			日期			

3. 原辅材料测试记录表

原辅材料测试记录表由技术部门的检验室测试并制作，作为制板与制定工艺的基础，见表4-5。

表 4-5 原辅材料测试记录表

款号		合同号		品名	
原料名称			原料性能测试		
原料测试样卡			缩水率 /%		
			热缩率 /%		
			耐热温度 /℃		
			色牢度 / 级		
辅料名称			辅料性能测试		
			缩水率 /%		
			热缩率 /%		
			耐热温度 /℃		
			色牢度 / 级		
检测		审核		日期	

4. 原辅料消耗明细表

原辅料消耗明细表由技术部门制定，它是将一套或一件衣服所用的面料、里料和各种辅料的名称及单耗详细列出，必要时贴样卡进行说明，见表 4-6。

表 4-6 原辅料消耗明细表

款号		合同号		品名	
数量	S	M	L	交货日期	
原 料 使 用					
原料编号		样 卡			
原料名称					
原料色数					
原料规格 /m					
原料单耗/(m·件$^{-1}$)					
里 料 使 用					
里料编号		样 卡			
里料名称					
里料色数					
里料规格 /m					
里料单耗/(m·件$^{-1}$)					
衬 料 使 用					
衬料名称		样 卡			
衬料色数					
衬料规格 /m					
衬料单耗/(m·件$^{-1}$)					

续表

款号			合同号			品名	
数量	S		M		L		交货日期	

辅 料 使 用										
缝制辅料					锁钉包装辅料					
品名	规格	单位	单耗/(m·件$^{-1}$)	样卡	品名	规格	单位	单耗/(m·件$^{-1}$)	样卡
缝纫线					锁眼线				
包缝线					钉扣线				
商标					吊牌				
号标					胶针				
洗水标					塑料袋				—
拉链					衣架				—
垫肩				—	纸盒				—
嵌条					纸箱				—
制单			审核			日期				

5. 样板复核单

样板复核单由质检部门完成样板审核并制定，主要是尺寸复核，复核样衣与样板的差别。复核的数据一般有衣长、胸围、腰围、袖长、领大、裤长等，根据服装品种的不同，复核部位也不相同。通常根据企业产品的不同，调整复核表中的项目。上衣样板复核单见表4-7。

表4-7　上衣样板复核单

款号		合同号		品名		规格	
复核部位		复核结果记录			与标准尺寸差异		
衣长							
胸围							
领大							
总肩宽							
袖长							
领宽							
口袋							
备注：							
制单		审核			日期		

6. 工序流程文件

工序流程文件一般用工序流程图表示，它既是制定生产工艺的基础，也是设计流水线、配备人员、准备和安装工艺设备所必需的技术资料，由技术部门制定。

7. 工序定额表

工序定额是实际测定的每一个不可分工序的加工时间。该时间随工序的复杂程度、所用设备的不同而不同。工序定额表由技术部门在样衣制作时测定，是工序同期化、生产进度控制和计件工资核算的基础。

8. 服装生产工艺单

服装生产工艺单是服装生产中一个重要的技术文件。它规定某一具体款式服装的工艺要求及技术指标，是服装生产及产品检验的依据，由技术部门编制。工艺单编制得是否正确规范，直接决定服装生产是否能符合产品的规格设置和质量要求，是否能合理利用原料、降低成本、缩短产品的设计和生产周期。

作为服装生产指导文件的工艺单必须具备完整性、准确性、适应性及可操作性，四者缺一不可。其内容应包含裁剪工艺、缝制工艺、锁钉工艺和整烫、包装等工艺的全部规定，但一般裁剪工艺单独制定，在工艺单中就省略了。工艺单必须准确无误，不能模棱两可。在文字难以表达的部位，可配以图示，做到图文并茂，一目了然，并标出数据、缝制方法。措词必须准确、严密，在说明工艺方法时，必须注明是哪一个部位，术语必须统一（表4-8）。

表4-8 服装生产工艺单

款号		合同号			品名	
数量		执行标准			交货期	
款式图		部位	规格			公差
			XS	S	M	L	XL	

款式图	部位	规格					公差
正视图 背视图 局放图	衣长	XS	S	M	L	XL	
	胸围						
	领大						
	总肩宽						
	袖长						
	领宽						
	口袋						

生产制作描述			
针距密度		倒顺	
缝份		锁眼	
绣花		整烫	
套结		水洗	
止口		领	
门襟		袖口	
口袋		里料	
下摆		衬	

续表

款号		合同号			品名	
数量		执行标准			交货期	
重点技术、特殊工艺描述						

衣领部位	工艺描述	图　示	衣袖部位	工艺描述	图　示	
口袋部位	工艺描述	图　示	门襟部位	工艺描述	图　示	
整烫折叠示意图			成品包装示意图			
工艺单制作		审核			日期	

9. 服装生产工艺卡

工艺卡是指导具体工序的生产内容、质量标准、工时产量定额的技术文件，由技术部门制定。工艺卡需要对每道工序进行详细说明，必要时用图标明主要部位的要求以及使用的设备工具、加工技术要求、工时定额等。男西裤门里襟制作工艺卡见表4-9。

表4-9　男西裤门里襟工艺卡

款号		合同号		品名	男西裤
工序名称	门里襟制作	工序定额	7 min	制定人	
操作要求：（1）粘贴里襟衬，应正确把握压烫温度、压力和时间； （2）里襟包缝； （3）里襟里面合缝，缝纫针距每3 cm为12～14针； （4）清剪缝份，翻烫门里襟，保持缝份0.6 cm； （5）粘贴门襟衬，应正确把握压烫温度、压力和时间； （6）门襟包缝； （7）缝门襟拉链，注意距裤钩上端2 mm处缝制； （8）门襟夹里暗缝，注意应与缝拉链处相齐				工艺图	

10. 首件产品鉴定记录表

首件产品鉴定是对流水线上的第一件成品进行的分析和鉴定，找出存在的问题，提出改进的措施，以便控制批量产品的质量。首件产品鉴定记录表是对鉴定结果的记录，由质量部门完成，见表4-10。

表 4-10　首件产品鉴定记录表

款号		合同号		品名	
规格		班组		投产日期	
首件产品鉴定情况：					
改进措施：					
鉴定人		负责人		班组长	

11. 包装方法及要求

由业务部门根据订货合同的要求，制定详细的包装方法及要求的文件，包装方法及要求见表4-11。

表 4-11　包装方法及要求

款号		合同号		品名	
数量		箱数		交货期	
正唛印字					
侧唛印字					
胶袋印字					
	包装要求			材料要求	
1			1		
2			2		
3			3		
4			4		
制单		审核		日期	

12. 装箱单

包装部门是服装生产的最后一个部门，除了要对内外箱进行合理的装饰印刷外，更重要的是按客户要求把服装装入箱，装箱单见表4-12。

表 4-12　装箱单

款号		合同号			制单号							
品名		数量			交货期							
箱号	箱数	色别	每箱尺寸搭配			每箱数量/件	共计数量/件	箱长/cm	箱宽/cm	箱高/cm	体积/m³	G. W	N. W
总件数			总箱数			总毛重			总净重				
制单			审核				日期						

第二节　服装材料的准备与管理

一、服装材料的准备

服装材料是构成服装的物质基础，其色彩、质地、风格、表现力等方面的优劣将会直接影响到服装的设计表现要素。

（一）服装生产用材料的种类

服装生产用材料包括直接组成服装的面料、辅料和生产服装时所需的机物料。

1. 服装面料

（1）按形成面料的加工方法分类。服装面料按生产加工的方法分为梭织面料、针织面料和非织造面料。

梭织面料结构稳定、布面平整，广泛应用于服装外衣的制作。针织面料质地松软，弹性好，适宜制作内衣和童装，近年在外衣中的应用也逐渐增多。非织造面料以纺织纤维为原料，经过粘合等化学加工方法制作而成，多用于制作工业与医用服装及一次性卫生服装。

（2）按原料成分分类。服装面料按原料成分分为天然纤维面料、人造纤维面料、合成纤维面料以及各种纤维混纺、交织和特殊处理的面料。

天然纤维面料包括棉织物、麻织物、毛织物和丝织物；人造纤维面料包括粘胶、Tencel、竹纤维、大豆、玉米等纤维织物；合成纤维面料包括涤纶、锦纶、丙纶、腈纶、维纶、氨纶、氯纶等织物；混纺面料是由两种或两种以上纤维混纺成纱而织成的织物，如麻/棉、毛/棉、毛/麻/绢等天然纤维混纺的织物，涤/棉、涤/毛、粘/棉、毛/腈等天然纤维、人造纤维和合成纤维混纺的织物；交织面料是由不同的经纱和纬纱交织而形成的织物，如丝毛交织物、丝棉交织物等。

2. 服装辅料

在构成服装的材料中，除面料外的其他材料均为服装辅料，包括服装里料、絮填料、衬料、垫料、纽扣、拉链、钩环、绳带、缝纫线等。

3. 机物料

机物料是服装生产过程中所需的材料，包括设备及其零部件，易损易耗件，各种物料、油料和各种电料等。

（二）服装材料准备的原则

服装厂生产一般有两种情况：一是根据市场需要自行设计的产品生产；二是根据客户订货要求或来样进行生产。无论哪种形式的生产，企业供应部门在准备服装生产用材料时均应遵循适时、适质、适量、适价和适地的原则。

1. 适时

适时即要求材料供应商在规定的时间内交货，防止交货延迟和提前交货。交货延迟会增加成本，主要表现在以下方面：

（1）由于材料延迟，车间工序发生停滞，打击员工的积极性，导致效率降低、浪费生产时间。

（2）由于交货延迟，为完成生产计划，车间需要加班，导致工时费用增加。

应尽早发现有可能的交货延迟，防止其发生。同时也应该控制无理由的提前交货，提前交货同样会增加成本，主要是因为以下三点：

（1）提前交货造成库存加大，库存维持费用提高。

（2）占用大量流动资金，导致公司资金运用效率恶化。

（3）各种油料、电料属危险品，一般可少备或随用随备。

2. 适质

适质即供应商提供的材料和仓库发到生产现场的材料，质量是适当的、符合技术要求的。保证材料适质的方法有如下几种：

（1）公司应与供应商签订质量保证协议。

（2）对来料进行检查。

（3）对供应商的生产过程进行跟单检查。

（4）定期对供应商进行评比，促进供应商之间形成良性有效的竞争机制。

（5）必要时，可邀请第三方权威机构做质量检测。

3．适量

适量即采购材料的数量是适当的，对买方来讲是经济订货数量，对卖方而言为经济受订数量。确定适当的订货数量应考虑以下几个因素：

（1）价格随采购订货数量大小而变化，一般来说，订货数量越大，价格越低。

（2）订货次数和采购费用。

（3）库存维持费用、库存投资的利息和材料所占用的流动资金。

4．适价

材料价格的高低直接关系到最终服装产品的价格，应在确保满足其他条件的情况下，力争使材料的价格达到最低。确定合适的材料价格应考虑两个因素：

（1）选择合适的采购方法，采购的方法有议价、招标、询价现购和市场选购等多种方法，根据具体情况确定。

（2）对材料提供出替代品。采购部门通常能够提供出目前在用材料的替代品，但是否接受这些替代品要由使用者或设计人员最终决定。

5．适地

材料的原产地应适当，与使用地的距离越近越好。距离太远，运输成本大，无疑会影响价格，同时沟通协调、处理问题很不方便，此外，容易因自然灾害造成交货延迟。

（三）服装材料的选择

1．面料的选择

（1）功能：包括气候调节功能、保护身体的功能及适合身体活动需要的功能。

1）夏季面料：隔热防暑，面料要求透气性好、轻薄柔软等。

2）冬季面料：保暖性好，面料紧密厚实、不透风，易于活动。

3）内衣面料：吸湿性好，柔软透气。

4）工作服：不同工作和环境应选择不同的材料，如硫酸厂选毛料，碱厂选棉布料，电厂选防静电材料等。

（2）色泽：在服装艺术中，面料不仅具有实用价值，还具有美学上的装饰效果，因此，服装面料的色泽既要符合款式要求，还要受到客观环境的认可，符合客观环境的审美趋向。除此之外，拼接的服装除要求色彩和谐外，特别要注意防止拼接串色，注意拼色材料的色牢度，包括熨烫和水洗色牢度。

（3）工艺：材料应符合款式的缝纫、熨烫、粘合工艺，如熨烫工艺要考虑材料的耐热性。

（4）价值：应考虑服装的销售档次，以免造成档次过高或过低，影响消费。如童装可选择档次低一些的，中年服装可选择档次高一些的。

2．里料的选择

里料包括里布、托布和填充料等。

（1）里布（里子）：里布主要起保护服装面料，改善穿着性能和保护服装外观造型的作用。

1）里料与面料的缩水率要大体相当，若缩水率有差异，可把里子留1 cm的虚边，以防缩水影响穿着。

2）色牢度要好，以防搭色。

3）里料的透气性、吸湿性要好，抗静电性能要好，特别是不透气的面料如人造革更要注意。

4）里料要光滑，易于穿脱，具有一定的柔软性，光的一面朝向人体，毛的一面朝向面料。

5）里料应比面料轻薄，不对服装的外观效果造成影响，且价格上应便宜。

（2）托布：托布介于面料和填充料之间，起定位和保护的作用。

（3）填充料：填充料是指面料与里料之间起保暖作用的材料，可根据面料的用途选择既轻软又保暖的各类材料，如羽绒、羊绒絮片、棉花、丝绵、腈纶棉等。

3．辅料的选择

辅料总的选用原则主要是与面料合理配用，保证服装的造型和款式。辅料应用时应注意以下几个方面：

（1）伸缩率要和面料基本一致，对可水洗的服装，还要考虑水洗后的伸缩率，对一些缩率较大的面料应先预缩。

（2）辅料的耐热度不得低于面料，防止熨烫时衬、线等辅料变质，甚至熔化、发黏。如棉布面料只能用棉线，而不用涤纶线或腈纶线，其主要原因是耐热程度不一致，会引起烫后开缝。一般来讲，毛呢面料用丝线，化纤面料用涤纶线或腈纶线。

（3）如无特殊要求，辅料的颜色要与面料尽量一致。

（4）原、辅料的质地要相适应，如丝绸或其他轻薄面料不可用质地粗糙且很硬的衬料，应与丝绸柔软、轻薄、飘逸的质感相符合。针织物应采用针织衬布等。

（5）价格和档次应合理配用。

二、服装原料的检验与测试

（一）材料检验、测试的目的与面料的组织结构

1．材料检验、测试的目的

各种服装材料，有其各不相同的性能，而服装材料与服装工艺有着很大的关系。服装生产厂要作出合格的服装产品，就必须掌握各种材料的性能，以便在生产过程中采取相应的工艺手段和技术措施，提高产品质量及材料的利用率。

2．面料的组织结构

（1）面料的组织。服装企业并不需要很精确地分析纱线的交织规律，只需检验花纹的外观和大小是否符合设计或客户要求。

（2）纱线的支数。纱线的支数一般很难依靠目测来判断，所以不要求检验员去检查，但如果发现面料的厚度、紧密度或重量不符合要求，可送样品至专业测试机构要求测试纱线的纱支。

（3）面料的密度。如果发现面料的厚度、紧密度或重量不符合要求，应该检查此项目。测定经纬密度时，取样位置应距离面料头尾 1 m 以上。

（二）材料检验、测试的项目

材料检验、测试的项目很多，这里只选择与成衣工艺有关的几个重点项目。

1．材料规格数量的复核

规格数量的复核是材料进厂要做的第一项工作，规格数量的复核包括纺织品材料的长度、幅宽复核，针织类原料的称重，辅料的小包装抽验等。

（1）核对原、辅料标签上的品名、品号、规格、色泽和数量，检查纺织类材料两头印章及标记是否完整。

（2）折叠类材料的长度核验。布匹一般是 1 m 规格折叠式包装。核验时需要先量折叠宽度 a，再数折叠层数 b，即可复核计算出这匹布的总长度 c 是否与布料标签上的长度相符，即 $c = a \times b$（适于薄料）。

（3）圆筒类材料的长度核验。圆筒型包装面料应放在滚筒式验布机架上复核，如图 4-1 所示。

材料是在检验屏的斜台面上通过时，复码装置记录了织物的匹长。

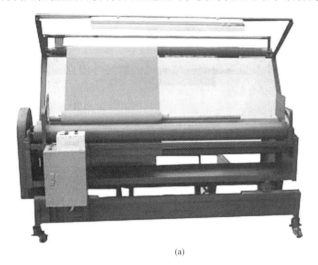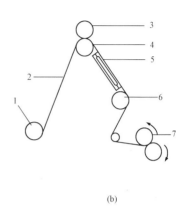

（a） （b）

图 4-1　验布机实物图与结构图

（a）实物图；（b）结构图

1—退卷装置；2—面料；3—复码装置；4—验布台前导棍；5—检验屏；6—验布台后导棍；7—成卷装置

通常面料的匹长标准不应低于 27.4 m（30 码）。面料生产企业有时为了满足最小匹长，对一些疵点不开剪，仅在布边挂一色线作为疵点标记，即所谓的假开剪。假开剪只是一个标记，并不等于有了这个标记疵点就可以接受。为了防止面料企业滥用假开剪，服装企业可以向面料企业提出一个假开剪的标准，一般的要求是 27.4 m（30 码）以内不允许假开剪，27.4～54.8 m（30 码～60 码）不超过一个假开剪，54.8 m（60 码）以上不超过三个假开剪，布头、布尾 4.6 m（5 码）以内不允许假开剪。

（4）幅宽核验。面料最外面的两根经纱之间的距离为实际幅宽，两侧边撑针眼之间的距离为有效幅宽。由于幅宽直接影响面料的利用率，因此测量幅宽是重要的检验项目。面料在纺织、印染加工过程中，不可避免地要受到机械拉力的作用，若各段受力不匀，或烘燥不透彻，则会引起织物收缩不匀，使幅宽发生变化。同时不同设备的性能有些许差异，即使工艺参数完全相同，也有可能造成产品尺寸的差异。

在检验面料幅宽时，每批布应测量 3 次，布头、中间和布尾。所谓的布头、布尾也应该距离布匹的端头 1 m。如果在检验时发现匹与匹之间的幅宽有较大差异，就要逐匹测量每匹布的幅宽并进行分档。

幅宽误差小于 0.5 cm 时，应在布料上注明其幅宽。如幅宽为 143.5～144 cm 时，排料画样则按 143.5 cm 宽取料，避免排料出边，致使裁剪失误。误差大于 1 cm 时，同时窄宽长度比在 2：1 或 3：1 的情况下，应冲断面料按实际幅宽使用。

（5）重量核验。丝绸及针织类面料需要按重量进行复核，核验时，称重计算其是否正确。

（6）其他辅料的核验。不同辅料有不同的检验方法，如垫肩、拉链等应数数计算；物件较小、数量较大的物品，如纽扣、裤钩等，可拆包按小包装计数，以标准数量的小包装作为标准，其他天平称重核验。

2．材料外观疵病的检验

纺织品材料外观疵病的检验包括对疵点、色差、纬弯和纬斜的检验。

（1）疵点。

1）疵点种类。按照疵点形成的原因，疵点分为以下三类：

①织造疵点：面料在织造过程中产生的疵点，如粗纱、跳纱、断经（纬）、双经（纬）、破洞以及在织造时被机油或其他污染物造成的污渍等。

②染整疵点：面料在印染整理过程中产生的疵点，如色花、脆化、搭色、漏印等。

③运输疵点：面料在运输过程中产生的污渍、破损等疵点。

机织物和针织物因织造方式的不同，疵点种类也不相同，其常见的共同性疵点及其含义见表4-13。

表4-13 织物常见疵点及其含义

机织物常见疵点及其含义		针织物常见疵点及其含义	
疵点名称	疵点含义	疵点名称	疵点含义
粗节纱	经或纬纱不均匀呈粒状	粗纱	布面上某处纱线直径比其他纱线粗
污渍纱	带有尘污、油污或其他污渍的纱织入	细纱	布面上某处纱线直径比其他纱线细
粗经（纬）	经（纬）直径较其他纱粗	漏针	由于某一纱线漏织或断裂而形成的纵向条纹
松纱	单根经纱张力松弛织入，布面经纱外表起皱	混纱	错用不同纱线编织，导致布面呈现横向条纹
双经（纬）	织物上呈现两根经（纬）纱并列或重叠	油纱	纱线织入前受污，导致布面呈现横向污渍
烂边	布边破烂	飞花	飞花织入布内，也可能在纺纱前混入
油污纱	经（纬）纱织入前受污，导致布面出现污渍	梯落	纵向一系列垂直如梯状线圈
稀路	纬纱密度小于标准规格	稀路	针槽过紧或过松，线圈形成一行纵向条纹，也可能由弯曲的织针产生
密路	纬纱密度大于标准规格		
飞花	飞花织入布内，也可能在纺纱时混入	粗节纱	纱线不均匀呈粒状
断经（纬）	经（纬）纱断头	破洞	布面上某处断纱形成洞疵
荷叶边	布边不整齐，呈波浪状	错花	针织组织设计错误或由于色织花纹时错用色纱
跳花	经纬交错连续浮起，不合规格要求		
不上色	某处印染不着色	污渍	油污、色点及水渍等

2）疵点检验。疵点检验（验布）的方法有以下两种：

①验布机检验。验布机一般用于对卷装面料的检验。

传统人工验布机的工作原理是布料通过送布轴和导布轮的传送，使材料在检验屏的斜台面上徐徐通过，台面下装有日光灯，操作人员站在检验屏前靠目力观测，利用灯光透过布面查出疵点，复码装置可检验织物的匹长，经过检验的面料重新卷成筒状待用。检验出的疵点位置应作出标记。标记的方法是：在材料出现疵点的布边位置缝以色线，在疵点处缝以色线，在裁剪或缝制环节对疵点进行处理。

自动验布机可取代人工，依靠光源的反射及导光作用进行验布并分等、开剪。对疵点打标签，减少人为因素，降低检验人员的劳动强度，使验布的效率和准确性得到提高。

②台板检验。一般是对折叠包装的面料进行检验。

检验时将布匹平放在检验台上，检验台应具有良好的自然采光和人工照明，光线要柔和、稳定，一般应设在朝北的窗口。检验者从上至下，逐层翻看，发现色斑、破损、黑纱等疵点作出标记。一般应从正面检验织物的表面质量，对于正反面均可使用的织物，要从正反两面进行检验。

（2）色差。色差是面料印染加工时，由于受染色设备及条件、染料调配方法等诸多因素的影响，所造成的同批面料之间或各批面料之间的色泽差异。

1）色差种类。色差分为边色差、段色差和缸色差三种。边色差是一批面料幅宽左中右颜色差异；段色差是一批面料前后颜色差异；缸色差是不同批次面料颜色差异。

2）色差分级。国家标准中，色差分为5级9档，即1、2、3、4、5级，在进行色差评定时，每两级之间设半档，数字越大，色差越小。组成服装的各衣片面料之间不应有明显色差，否则会严重影响服装的质量。

5级：几乎看不出有颜色的差别；4级：仔细看才能发觉有颜色差异；3级：明显的颜色差别；2级：严重的、十分明显的颜色差别，基本上不能做服装面料；1级：色差最严重，可做工业用布。

3）色差检验方法。

①人工检验。检验方法：将坯布左右两边的颜色进行对比，同时和门幅中间的颜色对比。相隔10 m进行对比，头、中、尾三段进行对比。批和批之间进行颜色对比。

检验依据：人工目测评定织物色差是以GB 250变色灰卡，GB 251沾色灰卡，ISO 105/A02变色灰卡，ISO 105/A03沾色灰卡，AATCC变色、沾色灰卡为对比的。

②仪器检验。目前国际市场上特别是美国和欧洲主要采用仪器进行测量计算，以量化色差值，提高了色差评定的准确度，但有时很难反映颜色的复杂心理刺激作用。

以上两种检测方法都是织物色差测量不可缺少的，但仪器测定是主要发展趋势。

（3）纬斜、纬弯。机织物在印染、整理过程中常常受到拉力作用，处于张紧状态，若拉力不均匀便易引起面料沿纬纱方向发生倾斜，出现丝缕不正，即纬斜现象。当面料中间不均匀，便会出现纬纱呈弧状弯曲现象，即纬弯现象，如图4-2所示。纬斜、纬弯会使服装成品质量下降，如对不准条格、烫迹线歪斜、止口不顺直等。纬斜（弯）用纬斜（弯）率表示：

纬斜（弯）率（%）＝纬纱（条格）倾斜（弯曲）与水平最大距离／面料幅宽 ×100%

国家技术标准规定，色织格料（不包括印花面料）纬纱纱面允许倾斜的程度，即纬斜率不得超过3%，纬斜（弯）率大于3%的面料应退回面料厂重新整纬定型。实际客户中经常提出纬斜在2%以下的要求。

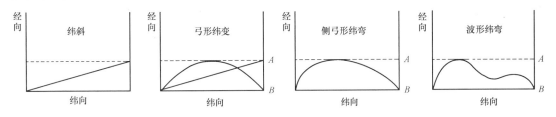

图4-2　纬斜、纬弯

3．材料性能测试

（1）材料物理性能测试。与成衣工艺有关的材料物理性能测试项目主要有：伸缩率测试、缝缩率测试、织物强力测试和缝纫线性能测试。

1）伸缩率测试。

①概念：织物在受到水和湿热等外部因素刺激后，纤维从暂时平衡状态转到稳定平衡状态，在这个过程中发生了伸缩，其伸缩的程度称为伸缩率。

②计算公式为

$$伸缩率＝\frac{试验前试样长度（或宽度）－试验后试样长度（或宽度）}{试验前试样长度（或宽度）}×100\%$$

③测试种类与方法。

a. 自然伸缩率：指织物没有任何人为作用和影响，在自然状态下产生的伸缩变化。其测试方法为：先将原料包拆散，取出整匹原料，检查原料长度和幅宽，分别在头、中、尾和左、中、右三处做好标记，并做好原始记录；将整匹原料拆散抖松，静放24 h后，对标记进行复测，计算出伸缩率。对于较大伸缩率的织物，在制板时需进行考虑。

b. 干烫收缩率：指织物在干燥状态下，进行熨烫产生的收缩变化，多用于化学纤维及其混纺织物。其测试方法为：在布匹的头部或尾部除去1 m以上，并除去布的两道边，取长度50 cm作为试样；根据不同织物的熨烫温度条件，在试样上熨烫15 s后，冷却；冷却后测试试样长度和宽度，计算该织物的收缩率。

c. 湿烫收缩率：指织物在湿状态下进行熨烫产生的收缩变化。测试方法按照工艺的不同分为喷水熨烫测试法和盖湿布熨烫测试法两种。湿烫的测试方法为：在布匹的头部或尾部除去1 m以上，并除去布的两道边，取50 cm×50 cm作为试样；按照不同的工艺进行给湿，用熨斗在试样上往复熨烫，时间控制在试样或湿布熨干为止；试样晾干后，测试其长度和宽度，计算该织物的收缩率。

d. 水浸收缩率：又称落水试验，指让织物完全浸泡在水中，给予充分吸湿而产生的收缩变化。其测试方法为：在布匹的头部或尾部除去1 m以上，并除去布的两道边，取长度50 cm作为试样；试样浸泡在60 ℃的水中给予充分浸湿；15 min后取出，在室温下晾干，测试其长度和宽度，计算该织物的收缩率。

伸缩率的大小是工厂制作工业样板时加放长度、围度尺寸的主要依据。经过缝纫和整烫加工后，要使服装规格符合标准，就需要确切地掌握各种织物的缩水率，常见的织物缩水率可由缩水率表查出，但由于织物本身的因素和后处理中的机械因素等原因，缩水率很不稳定，因此，各种资料中所列数据只能作为参考，不能作为标准来使用，缩水率必须由实际测定来确定。

2）缝缩率测试。

①概念：织物在缝制时，由于缝针的穿刺动作、缝线的张力、布层的滑动及缝线挤入织物组织的原因，织物在缝线周围产生横向或纵向收缩，其缝皱的程度称作缝缩率。

缝缩对成衣缝制质量及成衣规格影响较大。为保证成衣质量及成衣规格符合设计要求，较厚材料需测定缝缩率，以便在样板设计中作为长度和围度加放的依据之一。如棉茄克，里料需要和絮填料缝制在一起，缝制后的缩率较大，因此，在里料样板设计时要根据絮填料的厚薄及缝制条件进行加放，使复合层符合规格设计要求。

②测试方法。采样：从面料上距离布端1 m、布边10 cm的部位裁取经纬纱向各不少于6块的试样，试样应平整，无疵点，尺寸长为50 cm、宽为5 cm，并做好标记，如图4-3所示。

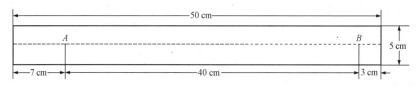

图4-3　缝缩率测试试样图

缝制方法：在一定的缝制条件下，将两块相同方向的试样重叠，操作者不对试样施加控制，在试样中间缝制一条直线。

测量和计算：测定试样缝制前后标记A、B之间的距离，计算缝缩率，并取其平均值。其计算公式为

$$缝缩率 = \frac{测试前试样长度（或宽度）-测试后试样长度}{测试前试样长度} \times 100\%$$

3）织物强力测试。拉伸强力、撕裂强力、顶破强力和磨损强力等耐用性指标对特殊行业制服面料选择具有较大的指导意义。

4）缝纫线性能测试。缝纫线的可缝性是缝纫线性能综合评价指标，它表示在规定的条件下，缝纫线能顺利缝纫和形成良好的线迹，并在线迹中保持一定的机械性能。可缝性的优劣，将对服装生产效率、缝制质量及服装的服用性能产生直接的影响。

可缝性指标有：捻向、捻度、条干均匀度、强度、耐热性、色泽等。

（2）材料化学性能测试。

1）材料的耐酸碱性。服装在生产加工过程中不可避免地要受到各种酸、碱的作用，如毛织物的缩呢、煮呢、蒸呢、印染等加工；棉麻织物的漂白、染色、印花；丝织物的染整、砂洗处理；化纤织物的各种后整理等；成衣染色及后整理，服装的干洗与水洗、服装存放等。

在进行材料耐酸碱性测试时，应了解材料在生产生活过程中接触的酸碱种类，了解其性质，采取相应措施，使服装材料及穿着者不受伤害。

2）材料的色牢度测试。色牢度是指纺织品的颜色对在加工和使用过程中各种作用的抵抗力。其测试是纺织品内在质量测试中一项常规检测项目，其部分项目涉及纺织品安全与环保。

色牢度测试又称褪色不褪色试验，主要是测试织物的变色和褪色性能。变色是指样品在测试前后颜色的深浅、色调的差异，褪色是通过其他织物的沾色来确定，是指测试中与样品一起做测试的多纤布或相邻布在测试前后的变化。到目前为止，纺织品色牢度测试项目已有数十项，其中最常见的有以下几种：

①耐摩擦色牢度。试样经过摩擦后，面料色泽变化的程度，包括耐湿摩色牢度、耐干摩色牢度。其测试原理：将试样分别与一块干摩擦布和湿摩擦布摩擦，绒类织物和其他纺织品分别采用两种不同尺寸的摩擦头，用标准灰卡对试样的变色和摩擦布的沾色进行评定。

②耐熨烫色牢度。对试样进行熨烫加工，冷却后面料颜色变化的程度，包括干法试验和湿法试验两种。其测试原理：试样在规定温度和规定压力下的加热装置中受压一定时间，试验后立即用灰色样卡评定试样的变色和贴衬织物的沾色，然后在规定的空气中暴露一段时间后进行评定。

③耐洗色牢度。试样经过水洗后的变色程度，包括清水洗和皂洗。其测试原理：纺织品试样与一块或两块规定的贴衬织物贴合，放于清水或皂液中，在规定的时间和压力条件下，经机械搅拌，再经冲洗、干燥，用标准灰色样卡评定试样的变色和贴衬织物的沾色。

④耐日晒色牢度。试样经过阳光或等效光源作用后的变色程度。其测试原理：将纺织品试样和贴衬织物贴合，同时在人造光源下按照规定条件曝晒，然后对比两者的变色程度，用标准灰色样卡评定试样的变色和贴衬织物的沾色。

⑤耐汗渍色牢度。染色纺织品上的染料或印花对汗液的抵抗程度。其测试原理：将试样与规定的贴衬织物合在一起，放在含有组氨酸的两种不同试液中，分别处理后，去除试液，放在试验装置内两块具有规定压力的平板之间，然后将试样和贴衬织物分别干燥，用灰色样卡评定试样的变色和贴衬织物的沾色。

3）材料的耐热度测试。耐热度是指面料所能承受的最高熨烫温度。具体试验方法如下：

①试验工具。附有自动控制温度器的 500 W 电熨斗一只，垫呢一块。

②取样。距原料端部 2 m 处，在门幅中间和门幅边道处各取 10 cm×10 cm 试样 2 块（共 4 块），花布试样应将花纹色泽取全。

③试验温度。棉织物 190 ℃～200 ℃；合成纤维及混纺织物 150 ℃～170 ℃，粘纤织物 80 ℃～100 ℃；丝织品 110 ℃～130 ℃；毛织物 150 ℃～170 ℃；试验温度不作生产时熨烫的温度，因为试验温度一般高于平时熨烫温度，而且熨烫方法也有所不同。

④试验方法。试样平放在垫呢上，然后将熨斗调至试验温度，放在试样上原位熨烫 10 s，然后将熨斗移去，使试样自然冷却。

⑤试验结果。试验的原料在承受最高热度后，观察其原料质地、性能是否变化，试验后的原料是否保持：

a. 不泛黄、不变色或受热时泛黄变色，但冷却后可能恢复试验前原料色泽。

b. 原料的各种物理、化学性能不起变化；保持原织品规定的断裂、撕破等强度指标。

c. 不发硬、不熔化、不变质、不皱缩，不改变原织品的手感程度。

经过伸缩率、色牢度、耐热度试验后，将有关的测试数据做好记录，整理成文（表4-14），并通知有关的技术和生产部门，以便按原料性能制定有关的工艺操作规程。

表4-14 服装原料理化测试报告表

No：

品号：　　　　　　　　　　　品名：　　　　　　　　　　供应单位：

生产通知单号：　　　　要货单位：　　　　产品型号：　　　　产品名称：

耐热度	用不同的温度试验，测试原料能够承受的最高温度 用_____℃熨斗原位熨烫_____s，观察色泽 用_____℃熨斗原位熨烫_____s，观察色泽
色牢度	原料经过摩擦、熨烫、皂洗试验后测其染色牢度 摩擦试验后染色牢度_____级 熨烫试验后染色牢度_____级 皂洗试验后染色牢度_____级
自然缩率	将原料拆散、摊松，静置24 h 试前长度_____cm，试后长度_____cm，经向缩率_____% 试前门幅_____cm，试后门幅_____cm，纬向缩率_____%
喷水缩率	将原料用水喷匀、喷潮，用手搓揉，自然晾干后烫平 试前长度_____cm，试后长度_____cm，经向缩率_____% 试前门幅_____cm，试后门幅_____cm，纬向缩率_____%
水浸缩率	将原料水浸2 h，用手搓揉，自然晾干后烫平 试前长度_____cm，试后长度_____cm，经向缩率_____% 试前门幅_____cm，试后门幅_____cm，纬向缩率_____%
干烫缩率	干烫温度：棉布190℃～200℃，合成纤维150℃～170℃，黏纤80℃～100℃，丝织品110℃～130℃，毛织品150℃～170℃ 试前长度_____cm，试后长度_____cm，经向缩率_____% 试前门幅_____cm，试后门幅_____cm，纬向缩率_____%
原料贴样：	测试说明： 测试人：

注：1. 本表一式五份，一份留测试室，一份报厂检，一份报技术科，一份报供应科，一份报仓库。

　　2. 原料到厂后应及时测试，以确保技术准备工作正常进行。

　　3. 对首次使用的或质量信誉不高的原料生产单位的原料可以加大抽测数量。

4）安全性能检测。随着社会进步与科技发展，人们对服装的衣着要求也从原来的美观、实用、牢固，提高到从安全和健康的角度来选择。

我国相关部门结合我国国情，从最基本的安全性能方面入手，制定了国家标准《国家纺织产品基本安全技术规范》（GB 18401—2010）。标准中的考核项目全部包括在生态纺织品的检测项目内。

生态纺织品又称为全生态纺织品，指产品从原料的制造到运输，产品的生产、消费以及回收利用和废弃处理的整个生命周期都要符合生态性，既对人体健康无害，又不破坏生态平衡。生态纺织品必须符合四个基本前提：

①资源可以再生和重复利用。

②生产过程对环境没有污染。

③在穿着和使用过程中对人体没有危害。

④废弃后能在环境中降解，不污染环境，即具有可回收利用、低污染、省能源等特点。

生态纺织品的检测项目有12大类，其中与服装生产和服装衣着有关的项目有：甲醛测定、可提取重金属、农药残渣、苯酚含量、禁用染料、有机氯载体、PVC增塑剂含量、有机锡化合物、色牢度、挥发性物质及有气味混合物测定、敏感性气味等。

最引人关注的是甲醛含量，它对服装生产者和服装使用者都具有十分严重的危害性。

甲醛是一种无色的、具有强烈刺激性气味的气体，易溶于水和乙醇，通常以水溶液形式出现。其对人体的危害性有以下四个方面：

①刺激作用。甲醛的主要危害表现在对呼吸道和皮肤黏膜的刺激作用。甲醛对生物细胞的原生质是一种毒性物质，能与生物体内的蛋白质结合，改变蛋白质结构并将其凝固。吸入高浓度的甲醛时会出现严重的呼吸道刺激和水肿、眼刺激、头痛等症状。

②致敏作用。皮肤直接接触甲醛可引起过敏性皮炎、色斑、坏死，吸入高浓度甲醛时可引起支气管哮喘。

③诱发作用。长期接触或穿着含有甲醛的服装，会诱发头痛、头晕、乏力、恶心、呕吐、胸闷、眼痛、嗓子痛、胃部不适、心悸、失眠、体重减轻、记忆力减退以及自主神经紊乱等。

④突变作用。高浓度甲醛是一种基因毒性物质。试验动物在实验室吸入高浓度甲醛，可引起鼻咽肿瘤。

为此，用于服装的纺织品，特别是用于婴幼儿服装及成人内衣的纺织品，更应严格把关。鉴于目前大多数服装企业不具备对纺织品安全的测试条件，因此必要时可派本企业技术人员前往纺织品生产企业参与对此项目的检测或委托国家检测机构，由第三方专业检测部门进行检测。

三、服装辅料的检验与测试

（一）主要辅料名称、结构、成分

在服装行业中，习惯将服装的主要原料称为面料。面料以外的其他材料称为辅料。辅料的品种不计其数，按大类划分可以分为里料、衬料、填充料、纽扣类和线带类五大类。

1. 里料

里料是用于制作服装夹里的材料，品种有绸里、绒里和皮里等，其成分有纯棉织物、化纤织物、裘皮等。

2. 衬料

衬料是服装造型的骨骼，能使服装挺括、饱满、平服、美观。衬料在服装行业中又称衬头，其成分有全棉衬、涤棉树脂衬、黑炭衬（毛麻棉织物）、马尾衬等。其结构分为有纺衬和无纺衬两种，有纺衬又可分为机织有纺衬和针织有纺衬两种。其中有一种叫粘合衬，就是在机织有纺衬、针织有纺衬和无纺衬料的基布上涂、浇或撒上粘合剂，加热以后与服装需要部位相结合。"以粘代缝"是缝纫工艺的一项改革，是发展服装工艺的一项新技术。

3. 填充料

服装填充料，就是放在面料和里料之间起保暖作用的材料。根据填充料的形态其可以分为絮类和材类两种。

（1）絮类。絮类是指无固定形状、松散的填充料，成衣时必须附加里料（有的还要加衬胆），并经过机纳或手绗。主要品种有棉花、丝绵、驼毛和羽绒等。

（2）材类。材类指用合成纤维或其他合成材料加工制成平面状的保暖性填充料，品种有氯纶、涤纶、腈纶等定型棉、中空棉和泡沫塑料等。它的优点是厚薄均匀，成衣加工容易，比较挺括，不易霉烂，不会虫蛀，便于洗涤。

4. 纽扣类

纽扣、拉链、尼龙搭扣等在服装组合中均起到扣合作用，是服装主要辅料之一。它在艺术上起装饰作用，在结构上具有一定的实用价值。

纽扣的材料可分为金属和非金属两大类。金属纽扣有铁扣、铜扣、银扣和不锈钢扣；非金属纽扣有螺钿扣、竹木扣、骨角扣、皮革扣、塑料扣、布结扣和玻璃扣等。

拉链按产品结构和使用方式可分为闭口型、开口型和双头开口型三种。闭口型拉链后端固定，只能从前端处拉开，主要用于口袋、门里襟和衣裙开衩处等。开口型拉链一端装插座，可以扣合和开启，主要用于夹克、羽绒服等胸前门襟。双头开口型拉链，有两个拉链头，上下分别可以拉开或闭合，用于衣身较长的羽绒服、特殊工作服和连衣裤等。

5. 线带类

线、带是服装组合的媒介，服装成形离不开线、带的作用。线和带有时也用在装饰上。

（1）缝纫线。缝纫线是连接衣片、辅料和配件的线材。按其成分可分为棉线、丝线、涤纶线、涤棉线等。按缝纫方式可分为手工线和机用缝纫线等。

（2）装饰线。装饰线是在服装制作时起美观装饰作用的线材，主要有金银线和绣花线等。

（3）特种线。特种线是根据工艺要求，有时既是缝纫需要，又是装饰需要的线，如牛仔服的用线，时装、外套采用的对比色粗缉线等。

（4）带类。常用的带类有丝带、织带、松紧带、绳带等，既是实用需要，有时也起装饰作用。

（二）辅料主要测试项目

里料：主要测试缩水率、色牢度、耐热度。

衬料：测试缩水率及粘合牢度。

填充料：测试重量、厚度，羽绒需要测试含绒量、蓬松度、透明度、耗氧指数等指标。

纽扣：测试色牢度、耐热度。对金属配件还要测试防锈能力。对拉链的测试主要有轻滑度、平拉强度、折拉强度、褪色牢度、布带缩率及使用寿命等。

线带：对缝纫线要测试强牢度及色牢度、缩水率等。对带类辅料也需测试缩水率、色牢度等。

关于上述辅料测试的技术指标，由于辅料生产涉及面比较广，因此测试时可参照辅料生产厂的技术标准或同类产品的国家标准进行。

辅料测试的有关注意事项如下：

（1）成品缩水率测试：缩水前后的长度比较。

（2）使用粘合衬服装剥离强力测试方法，请参照《使用粘合衬服装剥离强力测试方法》（FZ/T 80007.1—2006）行业标准进行。

（3）使用粘合衬服装耐水洗测试方法，请参照《使用粘合衬服装耐水洗测试方法》（FZ/T 80007.2—2006）行业标准进行。

（4）使用粘合衬服装耐干洗测试方法，请参照《使用粘合衬服装耐干洗测试方法》（FZ/T 80007.3—2006）行业标准进行。

（5）测试报告：测试完毕，必须认真如实地填写测试报告。报告一式五份，技术科、质监科、供应科、材料仓库和测试者各自留一份。

测试的目的是为生产技术工作提供科学必要的数据。没有拿到测试报告，技术科不准盲目制作样板和编写工艺文件。

原、辅材料仓库依据原、辅材料的检验报告和测试报告，将材料制成小样交技术科长确认。只有在技术科长确认后仓库才能发料投产。

四、服装材料的预缩与整理

服装材料在生产加工过程中，由于操作手段和处理方法的不同，在织物材料内存在内应力和其他的疵病，在正式生产之前都应进行处理。织物性材料要预缩及整理，以免造成服装质量疵病，造成经济损失。

（一）服装材料的预缩

预缩是采用物理方法减少织物浸水或受热后的收缩，以降低缩率的工艺过程。按照伸缩率的不同，服装材料的预缩包括以下四种：

1. 自然预缩

各种面料在制造、印染和包装过程中，由于机械作用使经纬向受到较大的张力而伸长，因此，织物存在一种潜在的收缩，随着时间延长，收缩会逐渐变小，这种现象称为自然收缩。自然收缩的大小与织造、印染的时间有关。裁剪铺布之前，应消除因各种原因而产生的自然收缩，其方法有：裁剪前将织物拆包、抖散，在无堆压及张力的状态下，停放一定时间。棉织物轧光或定型后，应放置 24 小时以上；橡筋等弹力较大的材料应抖散、放松，放置 24 小时以上。

2. 干热预缩

合成纤维织物的干热收缩程度较大，其预缩包括以下两种：

（1）直接加热法：利用熨斗或呢绒整理机直接对布面加热。企业若有连续粘合机，若其工作幅宽允许，也可用粘合机进行热预缩。

（2）间接加热法：利用烘房、烘筒和烘箱等设备，通过加热空气，以热风的形式对布料加热；或利用红外线的辐射热对布料进行干热预缩。

注意：干热预缩给热的温度和时间应低于织物热定型的温度和时间。

3. 湿预缩

天然纤维和人造纤维织物的缩水程度较大，在生产前应予以处理。不同织物湿预缩的方法不同，棉、麻、丝、粘胶纤维织物和其混纺织物应进行清水浸泡，浸泡时间应根据织物缩水率的大小而定；精纺毛呢喷水熨干，熨烫温度为 160 ℃左右；粗纺毛呢盖湿布熨干，熨烫温度为 180 ℃左右；合成纤维织物一般不进行湿预缩。

4. 汽蒸预缩

使织物在蒸汽作用下，强迫恢复纱线原来的平衡状态。可在烘房内通入热蒸汽，也可采用汽蒸式预缩机进行预缩。

（二）服装材料的整理

材料检验出的许多外观疵病可以采用适当的方法进行修正和补救，以提高材料的利用率。

1. 织补

对面料存在的缺经、断纬、粗纱、污纱、漏针、小破洞等外观疵病，用人工方法按织物的组织结构给予修正。织补速度较慢，人工成本较高，因此，企业一般只对丝绸、纯毛等高档面料进行修补。织补可分为原料织补、半成品织补和成品织补。原料织补一般是在染整前进行织补，经过染整工序，修补的疵点和原组织基本相同，这种方法在织造厂和针织厂应用较多；半成品织补是在服装厂对服装裁片进行织补；成品织补是服装厂对成衣进行织补。

2. 去污

（1）污渍的种类。服装上的污渍主要分为油污类、水化类和蛋白质类三类。油污类污渍如机油、食用油、油漆、药膏等；水化类污渍如糨糊、汗液、茶水渍、酱油、水笔油、药水等；蛋白质类污渍如血液、乳类、昆虫液体等。

（2）污渍去除的方法。

1）去污剂的选择。不同污渍需要选择不同的去污剂，但去污前应了解去污剂的成分，去污剂不能损伤服装材料。棉、麻织物在染色时一般以碱做媒介，所以，应选择碱性去污剂；丝、毛织物是蛋白质纤维，其染色一般以酸做媒介，因此，应选择中性或酸性去污剂。

2）去污方法。同一污渍在不同的服装材料上有不同的去污方法，应以简捷、安全为原则，根据污渍的种类和面料的性能，选择最佳的去污方案。

去污方法分干性去渍和湿性去渍两种。丝绸织物、毛织物以及表面结构特殊的织物一般选择干性去渍的方法，以防引起织物的收缩、变形，破坏织物表面状态；棉、麻、合成纤维和化学纤维织物一般选择湿性去渍方法，操作简便，价格低廉。从污渍种类考虑，有的污渍适合湿性处理，如鞣酸渍、蛋白渍等；有的污渍适合干性处理，如颜料渍、唇膏渍等。

减少服装制作过程中的污渍，应注意保持工作环境的清洁，如机台、工作台、工具等的清洁；操作工人应养成良好的个人卫生和工作习惯，不在工作场地吃饭、喝水，上班不涂唇膏、指甲油等。

3. 整纬

纬斜和纬弯会降低织物的使用价值，影响织物的美观，因此，在生产中需对纬斜、纬弯现象进行矫正处理。矫正的方法有以下两种：

（1）手工矫正。将原料喷湿，两人在纬斜的反方向对拉，及时用电熨斗熨干保持形态的稳定。重复多次，尽量达到理想效果。该方法劳动强度大、速度慢，质量往往达不到理想效果。

（2）机械矫正。整纬器是机械矫正纬斜的通用装置。整纬器的基本工作原理是：通过整纬机构的机械作用，调整织物各经纱间的相对运行速度，使纬纱弯斜的相应部分"超前"或"滞后"，从而恢复纬纱与经纱在全幅内垂直相交的状态。整纬器可分为直辊整纬器、弯辊整纬器、凹凸辊整纬器和光电整纬器四种类型。图4-4所示为自动光电整纬机。

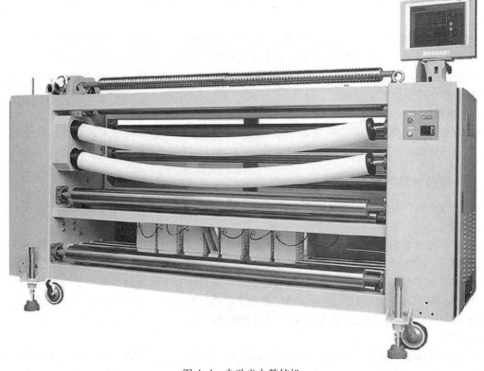

图4-4 自动光电整纬机

第三节　样衣试制

服装的大货生产要以样衣为基准，样衣不仅仅给出了服装产品的款式和类型，同时还显示出产品的质量水平和工艺要求。因此，服装样衣试制是产品正式投产前的一道重要工序，必须予以高度重视。

一、样衣试制的目的

1. 产品款式特征确认

通过样衣试制，进一步了解产品的款式特征，探索和研究出一套符合生产条件、保证产品质量、提高生产效率的生产加工工艺和方法。

2. 产品规格尺寸确认

通过样衣试制，确定成品尺寸是否与设计规格或客户提供规格相符。

3. 面料、辅料确认

在订单生产中，有些客户只提供材料要求而不提供原材料样品，生产企业需选择与客户要求相同或相近的材料，因此需制成样衣，待客户确认后再投入生产。

4. 制定合理的加工工序并预测工时

加工工序和工时是实现生产过程、编制流水线和核算工资的依据，通过样衣试制，可以摸索出生产过程中科学合理的生产工艺流程，并记录每道工序的加工时间。

5. 测算材料消耗量

在样衣试制过程中，可对产品生产所需的各种材料进行测定，计算出耗用量，为采购批量生产材料和成本核算提供依据。

6. 测定工艺技术参数

工艺技术参数主要包括裁剪厚度或层数、缝纫线张力、缝迹密度、机针号数、缝迹类型、整烫温度、时间和压力以及各部位的缝制工艺要求等，为制定生产工艺、进行设备调试提供依据。

二、服装样衣的类别

服装样衣是根据产品款式效果图或客户来图、来样及要求，结合企业自身条件，对即将批量生产的服装产品进行实物标准样试制。样品试制一般包括以下两个内容：

（1）根据服装款式图（效果图）或按客户来样进行样品试制。一般前者叫作实样制作，后者叫作确认样制作。它们的目的都是被客户认可。

（2）根据客户的修改意见，以及根据生产的可行性研究进行实物标准样试制，也叫作试样。目的是帮助确立最佳生产方案和保证产品质量。

服装样衣根据不同的用途和需求的不同阶段可以分为以下几类：

（1）产前样：产前样是指大货生产前的样衣。

（2）产前首件样：产前首件样是指大货生产前流水线上第一件制作完成的样衣，首件样需要封样，并在车间显眼的位置进行展示。

（3）大货样：大货样是指大货生产过程中随机抽取的样衣。

（4）船样：船样又称出货样，是指大货完成，在货物出运装船前一周递交给客户确认的样衣。

（5）推销样：推销样是指服装企业设计制作的给客户推销用的样衣。

（6）展示样：展示样是指展会或公司样品间陈列展示的样衣。

（7）销售样：销售样是指客户产品发布会或订购会上用以推销或预销售展示的小批量样衣。

（8）一次样：一次样是指第一次经客户确认的样衣。

（9）二次样：二次样是指第二次经客户确认的样衣。

（10）客户原样：客户原样是指客户寄过来的样衣。此样衣有客户吊牌或盖章标记。

（11）标准样：标准样是指经客户确认或服装企业技术科制作的标准样衣。

三、样衣试制的程序

（一）样衣试制准备

1. 对试制样品做全方位分析

首先对试制样品进行全方位分析，对所要试制的样品进行一次技术条件和要求的分析，列出该产品所需要的工艺要求、设备、工具、资料、材料等条件及工艺操作工序，并做好记录。特别是对样品关键技术处理方法进行探讨，列出所需的材料及其特征，并做好必要的记录及说明。

2. 准备材料

首先根据核准后的生产品种，备好所需各种材料，主要是面料、辅料及机物料，并将所有的材料规格、品种颜色、数量及要求逐一进行核对，检查是否符合要求。样品试制用的一切材料，应一律使用正品，常规下不允许用等级品或者不符合要求的代用品。

3. 准备设备、工具

备齐所需各种生产加工设备及工具，并调校准确，对各种工艺参数做到准确无误，并处于备用状态。试制前要对所需要的设备、工具等做一次检查，并将有缝制特殊工艺要求的器材和配件准备妥当。然后，对所用的设备要进行调试，调试时应按照试制材料的特性和工艺要求进行。如针迹密度、缝线的张力、缝纫的速度以及熨烫设备中的温度、压力、时间等，要按技术要求调试正确，进入备用状态。

4. 试制人员到位

试制人员要具有一定的技术素质和水平，要能在质量和技术要求上有一定的分析能力和解决问题的能力，以便在试制过程中能切实处理和解决好有关技术问题。服装企业一般都有一个技术较全面的样品试制小组，他们专门从事新产品开发的样品试制工作，有时也兼做生产线上工人的培训工作或对零活及特殊服装的加工制作。该小组人员要求技术上乘、责任心强、善于发现及解决操作问题，以便制定生产技术文件。

（二）样衣试制流程

1. 分析效果图或实样

在分析效果图或者客户所提供的实样时要着重考虑以下四个方面：

（1）选择与设计要求合适的面料及辅料。

（2）分析该服装的造型，比如是礼服还是日常服、是宽松型还是紧身型等，以便选出与之相适应的结构造型方法。

（3）分析该服装各部位的轮廓线、结构线、零部件的形态和位置。

（4）分析选用合适的缝制方法及需要的附件，需用何种工艺，采用何种设备等。

2. 结构设计与裁剪

（1）选择样品规格。首先选择试制规格，一般的应按照代表尺寸，内销的可按照国家号型中的中间标准体，即男上装 165/88，裤子 165/76；女上装 155/84，裤子 155/72。外销的一般选择 M 规格（即中心规格）。如果客户有来样，可按实样试制，也可根据客户要求选定规格。然后，确定样品各主要部位尺寸，比如女装的胸围、腰围、臀围和衣长、袖长、领大、腰节长等。

（2）结构设计。根据已确定的尺寸规格、款式特点，选择适当的结构设计方法（原型法、立体造型法、比例法等）进行结构设计，并在结构图上注明布纹方向、缝制记号等，绘制后必须认真检查是否有遗漏、短缺等。在结构图的基础上，加放缝份和贴边，然后剪成纸样。

（3）排料裁剪依据纸样在面料上合理排料、划样，裁剪出样衣裁片，并测定出用料量。

3. 样品制作

在样品加工前必须慎重考虑缝制形式、缝迹、缝型、熨烫形式和顺序，尽可能采用简单合理的、既保证质量而效率又高的加工工艺，同时记录好加工形式、顺序和耗用时间，以作为批量生产时工艺的参考依据。由于样衣工几乎负责样品制作的全部过程，包括缝纫、熨烫及手工完成部分，因此一般常选用工厂里比较有经验的缝纫工担任。他们能及时发现不适合于批量生产的潜在问题。

4. 样品修正、评审及确认

样品完成后，可将样品放在衣架（人台）上，或由试衣模特进行试穿，由技术人员进行评审或提交客户进行确认，发现问题及时纠正或者根据客户提出的修改意见进行修改，经过反复评审、修正，直到满意为止。样品得到确认后，样品款式图、纸样、工艺、成品规格单、样品、时间、工艺说明等作为技术档案存档，以备批量生产时作为工艺技术确定的依据及将来质量检验和参考所用。

（三）样衣试制原则

样品试制过程实际是一个探索过程，目的是摸索和总结一套省时、省力、保证质量的合理、科学的生产工艺。一般掌握以下几项原则：

1. 材料使用的合理性

服装每一个部位所使用的材料都要做到物尽其用，而不是可有可无或者大材小用，要尽可能发挥材料使用的功能合理性和经济合理性。

2. 工艺设计的合理性

工艺手段必须适应材料的特性，不能损害或影响材料的特性和风格，同时还需考虑便利操作、精简操作、提高工效。工序的安排应相对集中，坚持提高工作效率和流程畅通的原则，充分发挥企业人力、物力资源优势。

3. 保证质量的可靠

保证制品质量是样品试制工作的一个重要目的。其主要体现在以下两个方面：

（1）内在质量。从消费角度考虑使用寿命和价值。例如，在加工过程中，对面料、里料、辅料的强度、牢度是否损害，缝道强度是否符合要求，尺寸、规格是否准确等。

（2）外观质量。外观质量主要看外观效果，丝织、条格、纬斜、色差、拼接、缝制等技术项目是否符合标准和设计要求。

4. 注意批量生产的可行性，保证交货期

样品制作完成后，必须考虑其批量生产的可行性，通过小批量试制，测试该产品的可行性，并观察和记录存在的问题，对样品再作一次修正，最后被生产部门确认后方可投产。同时，通过小批量试制，改进生产工艺，优化流水线的编制，从而提升生产效率，在保证产品品质的条件下，保证按约定交货期完成产品。

（四）样衣鉴定

服装样品试制完后应进行样衣鉴定。服装样衣鉴定多由企业设计开发、生产加工、质量管理、供销等部门共同组成样衣鉴定小组会同审核，其内容如下：

1. 款式造型与样品实样审核

主要鉴定产品造型、服装结构、材料组合是否符合客户及设计要求；鉴定样品尺寸规格、号型

设置是否符合要求，鉴定产品质量是否符合要求。

2. 样板、工艺及装备审核

主要鉴定服装样板是否准确齐全，各组各部件是否吻合、样板标注及说明有无漏缺、各档档差及推档是否有误；生产加工流程、工序分析与编制是否符合生产条件、是否是最佳工艺设计，工艺参数及技术质量要求应准确无误；服装加工设备能否保证产品质量，设备状态应正常，辅助工具应齐备并保证顺利进行批量生产。服装样衣鉴定是一项严肃的审核工作，各个有关部门应认真对待这项工作，服装企业通常设计有样衣试制鉴定表，供鉴定后签署审核意见。服装样衣鉴定合格后，方可正式批量生产，对存在的细小问题提出改进意见后，同意投产，但必须用书面说明在正式投产时的改进方法或补充规定。对存在问题较多且问题较严重的样品，或与客户要求差距较大的样品，应否定样品并重新试制，再次鉴定直到合格，方可正式投产。样衣试制鉴定后应填表，格式见表4-15。

表 4-15　样衣试制鉴定表

款号		合同号		品名	
数量		试制班组		试制负责人	
单品试制数量		小批量试制数量		其他	
试制中 存在的问题					
鉴定意见					
参加鉴定人员				鉴定日期	

（五）封样

服装样品鉴定及实样审核通常是在企业内部进行的。但有的产品由于企业能力及客户要求，在企业内部鉴定合格的基础上，将样品送交客户进行最终确认，即所谓封样。封样一般在下列情况下采用：客户强调、提出建议要封样；来料、加工或有特殊要求的产品；来样订货产品；本企业从未生产过的产品或开发的新产品；服装某些因素或要求较含糊，易混淆、不易表述等，则需封样来澄清；在样品试制过程中，由于客观原因，样品试制后发现产品无法达到原合约要求，需做部分修改，有时为简便起见，可用封样来处理。此外，封样必须经双方共同确认并办理有关条文认可及加盖封样章后，方能生效。

技术资料的测定和
收集

第四节　原材料耗用计算

服装的成本主要是原材料，原材料耗用的高低直接影响产品的成本和企业的经济效益，根据材料单耗进行生产中各个环节的控制将有效地控制成本。

一、原材料耗用计算的影响因素

1. 成衣部分

服装材料用于成衣的部分越多，其利用率就越高。材料的利用率受服装品种、款式、材料规格、幅宽、排料技术等因素的影响，一般应在 80% 以上。

2．损耗部分

（1）自然损耗：指自然预缩时材料的缩减量。该预缩量较小，进行耗料计算时一般不考虑。

（2）缩率损耗：指缩水、热缩和缝缩率的损耗。该部分缩量因材料的不同而不同，耗料计算时予以考虑。

（3）调片损耗：因布面疵点，在生产中需要进行衣片的调换，造成材料耗用的增加。

（4）色差损耗：为保证同一件服装的色泽一致，对于色差较大的面料，应进行色泽搭配。

（5）裁剪损耗：指铺料、段料时，因各种原因造成的损失，主要包括：机头布（织布过程中机器开始运行时织成的布段，常因张力不匀产生变形）、零头布（不够一件服装成品段长的余料）、落料不齐（因技术不熟练或工作不负责而使段料歪斜）和幅宽不齐（幅宽不同时，应按最小幅宽排料）等。

（6）残次产品损耗：在成衣生产过程中，由于生产产品的难度较大，工人技术熟练程度低等原因，出现残次品或废品，使面料和缝纫线的使用量增加。

（7）特殊面料正常损耗：表面有方向性图案、起绒、顺风条、阴阳格等特殊面料，设计中有特殊要求，造成材料使用量的增加。

（8）其他损耗：如材料测试、样品试制、成衣破坏性测试等均会带来材料使用量的增加。

企业在成衣生产过程中，应严把材料质量关，严把各环节生产质量关，通过严格的管理减少材料的浪费，降低材料的耗用。

二、面料耗用计算

面料耗用可采用计算法估算，其计算公式为

$$\text{所用面料的面积（长 × 宽）} = \frac{\text{纸样的面积之和}}{\text{面料的利用率}}$$

$$\text{长（单件定额）} = \frac{\text{纸样的面积之和}}{\text{面料的利用率} \times \text{幅宽}}$$

估算面料利用率的方法采用经验法，裁剪后面料利用率的计算采用称重法，即裁片质量／面料质量。

纸样面积之和的计算可采用以下两种方法：

（1）矩形法。矩形法即规范衣片形状，采用数学面积计算公式计算。

（2）称重法。称重法的计算公式为纸样质量之和（g）／样板纸单位面积质量（g/m²），适用于制作完样板的情况。

里料、衬料等材料可参考面料耗用的计算方法进行计算。服装 CAD 系统的广泛应用提高了面料耗用计算的速度和计算的准确率。

三、缝纫线耗用计算

缝纫线主要起连接缝料的作用，生产过程中对缝纫线耗用量进行计划、控制是产品成本核算的依据，有利于降低产品成本，提高经济效益。缝纫线耗用计算通常有两种方法。

（一）比率法估算

根据试验总结出各种条件下车缝一定长度的布料，缝纫线的消耗量与车缝布料长度的比值，利用比值估算出实际产品的用线量。

1. 缝线消耗量的计算

$$实际用线量：L = E \times C$$

式中　E——缝线消耗比，$E = l/c$；

　　　l——为缝纫线的消耗量（m）；

　　　c——试验车缝布料长度（m）；

　　　C——产品需车缝布料的长度（m）。

2. 比值 E 的求法

（1）缝线定长法：测定一定长度的缝纫线所形成线迹的长度，计算缝线消耗比 E。具体步骤如下：

1）试验准备。影响缝线消耗量的因素有面料的厚薄、面料的软硬、线迹的种类、线迹的密度、缝线张力、设备压脚压力等，试验前应选择好面料、设备和各项工艺条件。

2）量取一定长度的缝纫线（如 1 m）作为染色标记，并缠绕在线轴上。

3）实际车缝至面线染色线段。

4）计算比值 E。

注意：线迹种类不同，缝线染色方式和缝线消耗比的计算方法也不完全相同，单线线迹直接采用以上方法进行计算；面底线相同的两线线迹，只染面线，缝线总消耗量为面线消耗量的 2 倍；面底线不相同的两线或两线以上线迹，应分别染色，按缝线总消耗量计算缝线消耗比 E。

（2）缝迹定长法：测定一定长度线迹所消耗缝纫线的量，计算缝线消耗比 E。其具体步骤如下：

1）试验准备，方法同缝线定长法。

2）用规定的缝线和面料车缝线迹 0.5 m 以上。

3）量取线迹中段 20 cm，并剪此段线迹，拆下缝线。

4）量取所拆线的实际长度。

5）计算比值 E。

注意：缝纫线经过缝合有一定的伸长量，会造成耗用误差，且弹性缝纫线不能采用此法。

（二）公式法计算

根据各种线迹的形状特征，计算出一个单元线迹的用线量，并据此推导出车缝一定长度面料的实际用线量公式。其具体步骤如下：

（1）根据线迹的形状特征，将线迹的几何形状理想化，如根据面料的厚薄，每个单元的平缝线迹可以假设为长方形或椭圆形。

（2）根据假设的几何形状，计算出单元线迹的用线量公式。

（3）根据单元线迹的用线量公式及线迹密度等条件，推导出 1 m 长线迹所需用线量公式。

常用线迹缝线耗用量计算公式如下：

$\quad$101 号线迹（单线链缝）：$L = 2.785\,4 + 0.089\,27 \times D \times T + 0.018\,6 \times D \times N_t$

$\quad$301 号线迹（平缝）：$L = 1.571 + 0.078\,54 \times D \times T + 0.012\,4 \times D \times N_t$

$\quad$401 号线迹（双线链缝）：$L = 3.785\,4 + 0.089\,27 \times D \times T + 0.021\,73 \times D \times N_t$

$\quad$504 号线迹（三线包缝）：$L = 4.091\,6 + 0.189\,3 \times D \times T + 0.2 \times D \times K + 0.031 \times D \times N_t$

式中　L——1 m 缝迹耗线量（m/m）；

　　　D——针迹密度（2 cm 长度内包含的线迹单元个数）；

　　　T——缝料在压紧状态下总厚度（mm）；

　　　K——包缝的包边宽度（mm）；

　　　N_t——缝纫线号数（tex）。

第五节　样板复核与管理

在服装工业生产中，样板是裁剪与缝制的主要依据。认真做好样板管理十分重要。常见的样板有以下五种：

（1）面子样板，供裁剪划样使用，在样板制作时应计算原料的缩水率、缝份、缝缩、贴边等；

（2）里子样板，除考虑上述因素外，里子要比面子略宽松些，以免面子吊起；

（3）衬料样板，有毛样板，供裁剪用，在制作过程中再将衬料修净，也有净样板一次打准的，在制作时不需要再修正；

（4）定位样板，在缝制过程中使用，如西服省道定位、口袋定位，门襟止口、驳角、串口定位等；

（5）净样板，又称小样板，在缝制中起模具作用，如袋盖、领子、襻带等。为了避免相互混淆引起质量事故，在管理上应分门别类地在样板上予以注明该样板的名称和用途。

一、样板复核

工业生产用的样板必须十分准确，稍有忽视，必将造成无可挽回的损失。样板的检查复核主要有以下几个方面：

（1）核对款式结构。核对样板的款式结构与订货单效果图（或实样）是否相符合。核对样板块数组合是否完整、无遗漏。

（2）核对规格。规格准确，应该包括缩水率、缝份、缝缩、贴边等是否计算在内。

（3）主要部位测量。上衣主要测量衣长、袖长、袖口、领口、肩宽、胸围、腰围、下摆等；裤子主要测量腰围、臀围、中裆、脚口、裤长、直裆等。

（4）核对组合部分是否圆顺。

（5）核对主要组合部位是否吻合。核对领口与领长、袖窿与袖、前后片肩缝、前后片摆缝、袖缝、裤后裆缝、前后片侧缝、前后片下裆缝等是否吻合。

（6）核对样板各部位分档是否合理。应严格依据《服装号型》标准规定的跳档系数推档。参阅男女《服装号型》分档数据一览表。

（7）复核样板上的文字标记。复核文字标记是否完整齐全，主要有如下内容：

1）产品效果图，产品名称、型号、规格。

2）样板名称是否标明，如面子样板、里子样板、衬料样板、净样板等。

3）左、右、上、下不对称款式的样板应标明其部位。

4）样板上是否已标明经、纬、斜丝缕方向。

5）需要借用光边的部位应在样板上标明。

6）一块样板需要裁几片零部件样板，应在样板上标明所需要的裁片数。

7）样板上常用的中英文标志应尽可能用图章盖印，如只能用手写，则文字要求端正，不可潦草、不可涂改，以保持样板整洁和避免出差错。

（8）检查样板刀口、弧度。检查样板刀口是否顺直，弧度是否圆顺。

（9）核对定位标记。核对样板上的定位标记是否准确、无遗漏。定位标记主要有刀口、钻眼（或点眼）两种。

刀口起标明以下各方面的宽窄、大小、位置的作用。

1）缝份和贴边的宽窄。

2）收省的大小。

3）开衩或缝内插袋的大小及位置。

4）零部件的装配位置。

5）在缝纫装配时，应与其他刀口或省、缝、裥等相互对准的位置。

6）贴袋、袖头等的前边和上端位置。

7）折裥、缉裥、缉线的位置或抽褶的起点和止点。

8）裁片对条、对格的位置。

9）需要吃势或拔开的多少。

打刀口的深浅要注意：1 cm 的缝份处打 0.5 ~ 0.6 cm 的刀口；0.7 cm 的缝份处打 0.3 ~ 0.4 cm 的刀口。

钻眼起着标明以下各方面的宽窄、大小、位置的作用。

1）收省的长度，钻眼时一般比省的实际长度短 1 cm。

2）橄榄省收省的大小，钻眼时一般比收省的实际大小每点各缩进 0.3 cm，以防止钻眼外露。

3）装袋或开袋的位置，钻眼一般比衣袋的实际位置钻外和钻进各 0.7 cm，以防止钻眼外露。

4）打在缝份边上代替刀口的钻眼。

所有定位标记对裁剪及缝纫装配等均能起到一定的指导作用，因此，必须按照规定的尺寸及位置打准，否则非但不能起到正确的指导作用，反而会导致裁剪及缝纫装配错误，影响质量及规格。样板复核时必须注意到这一点。

二、样板管理

为节约人力、物力，积累技术资料，需要重复使用的样板，第一次使用完毕后，应收回样板库保管。

1. 样板保管方法

（1）样板使用完毕一周内，必须退回仓库分门别类登记保管。

（2）样板管理，要做到账、卡、物三相符，使用时可以立等可取。

（3）保持样板的完整性，不得随意修改、代用。

（4）保管时间较长的样板，再度领出使用时，对各档规格要复查，防止纸样收缩或变形。

（5）企业可以自行制定样板保管期，过期样板内部自行销毁。

（6）样板保管仓库要选择干燥、通风、整洁的环境。

2. 样板领用制度

工业生产用样板，在生产中占重要地位，任何样板的短缺、损坏都会给生产带来损失。为此，样板一经复核验收合格，在使用中就应保持其完好性，严格的样板领用制度是必不可少的。其主要规定有：

（1）样板登记手续要完备。样板一经复核验收合格，即予以登记。登记内容包括：

1）产品型号、名称、销往地区、合同和订货单号；

2）样板规格及面子样板、里子样板、衬料样板及净样板的块数；

3）样板制作人、复核人及验收日期；

4）样板使用记录等。

（2）样板的领用，必须经技术部门负责人同意。

（3）技术部门应设专人负责样板的发放、使用、回收等管理工作。

（4）领用样板，必须填写样板领用单，说明用途和使用日期。

（5）样板领用人在领取样板时需清点块数，经手人签字后方可领用。

（6）样板使用期间，应由使用部门妥善保管，不得损坏、不得遗失。归还时应保持原样板的块数及完好情况。

（7）样板在使用期间，如需复制或转换部门，属企业内部使用的须经技术部门负责人同意；数家工厂同时为一品牌单位加工，客户指定需要使用或复制的，须经厂长批准。

第六节　服装装箱单分配设计

服装装箱单详细记载了每一箱内所装产品的规格搭配、颜色搭配及其数量。成衣的装箱单包括单码单色、单码混色、单色混码和混色混码四种。内销产品多采用单码混色或单色混码两种装箱方法，少数采用单码单色装箱，也可根据客户指定随意装箱。外贸出口产品一般采用混色混码装箱。

一、服装装箱单分配设计

1. 单色单码装箱

单色单码装箱是装箱单设计中最简单的一种形式，一箱中只有一个颜色、一个尺码。

【例 4-1】现有一订单，尺码数量如下：

码：	S	M	L	XL
数量（件）：	144	192	192	120

试以单码 24 件一箱包装，其装箱明细表如何设计？

解：（1）先求出这份订单装箱的总箱数：

$$（144 + 192 + 192 + 120）÷ 24 = 27（箱）$$

（2）由于是单码装箱，因此每个尺码的箱数为：

$$S 尺码：144÷24 = 6（箱）$$
$$M 尺码：192÷24 = 8（箱）$$
$$L 尺码：192÷24 = 8（箱）$$
$$XL 尺码：120÷24 = 5（箱）\quad 共 27 箱$$

算出所有尺码的箱数后，把数据填入装箱明细表（表 4-16）。

表 4-16　单色单码装箱明细表（一）

箱　号	箱　数	总　数	颜　色	尺　码			
				S	M	L	XL
1 ～ 6	6	144		144			
7 ～ 14	8	192			192		
15 ～ 22	8	192				192	
23 ～ 27	5	120					120

【例 4-2】某一订单尺码与数量分配如下：

码：	S	M	L	XL
数量（件）：	96	186	189	129

试以单码 24 件一箱包装，其装箱明细表如何设计？

解：（1）总箱数 =（96 ＋ 186 ＋ 189 ＋ 129）÷24 = 25（箱）

（2）各尺码的箱数：

$$S 尺码：96÷24 = 4（箱）$$
$$M 尺码：186÷24 = 7（箱）余 18 件$$
$$L 尺码：189÷24 = 7（箱）余 21 件$$

XL 尺码：129÷24 ＝ 5（箱）余 9 件

整箱数：4 ＋ 7 ＋ 7 ＋ 5 ＝ 23（箱）

余下的总件数为：18 ＋ 21 ＋ 9 ＝ 48（件）

混码箱数为：48÷24 ＝ 2（箱）

如箱数出现小数，则只能将余数的几个码混合装箱。至于余数的分配，要取最佳的方法。如将 9 件拆成 6 件＋ 3 件，那么，18 件＋ 6 件＝ 24 件，21 件＋ 3 件＝ 24 件，故装箱明细表见表 4-17。

表 4-17 单色单码装箱明细表（二）

箱 号	箱 数	总 数	颜 色	尺 码			
				S	M	L	XL
1 ～ 4	4	96		96			
5 ～ 11	7	168			168		
12 ～ 18	7	168				168	
19 ～ 23	5	120					120
24	1	24			18		6
25	1	24				21	3

2. 单色混码或单码混色装箱

单色混码或单码混色装箱是指一箱中有一个颜色多个码号或一个码号多个颜色。

【例 4-3】 某订单尺码及数量分配如下：

码：	8	10	12	14	16
数量（件）：	100	200	400	200	100

如果以混码 24 件一箱装箱，其包装明细表如何设计？

解：（1）总箱数＝（100 ＋ 200 ＋ 400 ＋ 200 ＋ 100）÷24 ＝ 41 箱 16 件

（2）每个尺码在每箱的件数：

8 码：100÷41 ＝ 2（件 / 箱）余 18 件

10 码：200÷41 ＝ 4（件 / 箱）余 36 件

12 码：400÷41 ＝ 9（件 / 箱）余 31 件

14 码：200÷41 ＝ 4（件 / 箱）余 36 件

16 码：100÷41 ＝ 2（件 / 箱）余 18 件

整箱件数为 2 ＋ 4 ＋ 9 ＋ 4 ＋ 2 ＝ 21（件），也就是一箱只有 21 件，每箱少了 3 件。

在 1 ～ 18 箱中，将 8、10、12 码各加 1 件，即

尺码：	8	10	12	14	16	
件数：	3	5	10	4	2	＝ 24（件）
余数：	—	18	13	36	18（件）	

在 19 ～ 36 箱中，将 10、14、16 码各加 1 件，即

尺码：	8	10	12	14	16	
件数：	2	5	9	5	3	＝ 24（件）
余数：	—	—	13	18	—（件）	

在 37 ～ 41 箱中，将 12 码加 1 件，将 14 码加 2 件，即

尺码：	8	10	12	14	16	
件数：	2	4	10	6	2	＝ 24（件）
余数：	—	—	8	8	—（件）	

余下的件数作为第 42 箱，即

42 箱中，尺码：　　　　12　　　　14

件数：　　　8　　　8　　　＝16（件）

第 42 箱为扫零箱，其特点是混码混色和件数不够定值。装箱明细表见表 4-18。

表 4-18　单色混码装箱明细表

箱　号	箱　数	总　数	颜　色	尺　码				
				8	10	12	14	16
1～18	18	432		3	5	10	4	2
19～36	18	432		2	5	9	5	3
37～41	5	120		2	4	10	6	2
42	1	16					8	8
总数	42	1 000						

3．混色混码装箱

混色混码装箱是指一箱中有多个颜色和多个码号。

【例 4-4】现有订单资料如下：

尺码：　　　　　　　8　　　　10　　　12　　　14　　　16

数量：红　　　　100　　200　　400　　200　　100　　＝1 000（件）

蓝　　　　80　　100　　300　　200　　100　　＝780（件）

试以混色混码 24 件一箱包装，其装箱明细表如何设计？

解法：（1）总箱数＝（1 000＋780）÷24＝74（箱）　余 4 件

（2）每个尺码在每一箱中所占的件数：

尺码：　　　8　　　　10　　　12　　　14　　　16

红色：　　1（26）2（52）5（30）2（52）1（26）（件/箱）（余数）

蓝色：　　1（6）　1（26）4（4）　2（52）1（26）

说明：括号中的数是余数。

整箱件数为：（1＋2＋5＋2＋1）＋（1＋1＋4＋2＋1）＝20（件）

每箱少 4 件，这 4 件平均分给两种颜色，第一次分配可在 1～26 箱中，将红色的 8 码和 16 码与蓝色的 10 码和 16 码各加 1 件，即

尺码：　　　8　　　　　10　　　　　12　　　　　14　　　　　16

红色：　　2　　　　　2（52）　　5（30）　　2（52）　　2

蓝色：　　1（6）　　2　　　　　4（4）　　　2（52）　　2

在 27～56 箱中，将红色的 10 码、12 码、14 码和蓝色的 14 码各加 1 件，即

尺码：　　　8　　　　　10　　　　　12　　　　　14　　　　　16

红色：　　1　　　　　3（22）　　6　　　　　3（22）　　1

蓝色：　　1（6）　　1　　　　　4（4）　　　3（22）　　1

在 57～62 箱中，将红色的 10 码、14 码和蓝色的 8 码、14 码各加 1 件，即

尺码：　　　8　　　　　10　　　　　12　　　　　14　　　　　16

红色：　　1　　　　　3（16）　　5　　　　　3（16）　　1

蓝色：　　2　　　　　1　　　　　4（4）　　　3（16）　　1

在 63～70 箱中，将红色的 10 码、14 码各加 1 件，将蓝色的 14 码加 2 件，即

尺码：　　　8　　　　　10　　　　　12　　　　　14　　　　　16

红色：　　1　　　　　3（8）　　　5　　　　　3（8）　　　1

蓝色：　　1　　　　　1　　　　　4（4）　　　4　　　　　1

在 71 ~ 74 箱中，将红色 10、14 码各加 2 件，即

尺码：	8	10	12	14	16
红色：	1	4	5	4	1
蓝色：	1	1	4（4）	2	1

在 75 箱中，尺码： 12

蓝色： 4（件）

其装箱明细表见表 4-19。

表 4-19　混色混码装箱明细表

箱　号	箱数	总数	颜色	尺　　码				
				8	10	12	14	16
1 ~ 26	26	624	红	2	2	5	2	2
			蓝	1	2	4	2	2
27 ~ 56	30	720	红	1	3	6	3	1
			蓝	1	1	4	3	
57 ~ 62	6	144	红	1	3	5	3	1
			蓝	2	1	4	3	
63 ~ 70	8	192	红	1	3	5	3	1
			蓝	1	1	4	4	
71 ~ 74	4	96	红	1	4	5	4	1
			蓝	1	1	4	2	1
75	1	4	红					
			蓝			4		
总数	75	1 780	红					
			蓝					

说明：第 75 箱中只有 4 件，数量极少，是非常不理想的，实际中会经常遇到此情况，需灵活处理，一般处理是将 75 箱取消，多余 4 件摊到其他各箱中。

二、产品装箱明细单示例

1. 内销产品装箱明细单示例

某牛仔服装生产企业，生产女式低腰小喇叭口弹力牛仔裤，数量 6 264 条，独色混码包装，每箱 72 条，其装箱明细单见表 4-20。

表 4-20　销往某市的女式低腰小喇叭口弹力牛仔裤装箱明细单

090526 女款牛仔裤装箱明细单					
规格	150/60A	155/64 A	160/68A	165/72A	170/76 A	175/80A
颜色	湖蓝	湖蓝	湖蓝	湖蓝	湖蓝	湖蓝
数量	1 044	1 305	1 566	1 044	783	522
装箱配比	12	15	18	12	9	6
包装说明	独色混码包装，每箱 72 条					

090526 女款牛仔裤装箱明细单				
纸箱体积	60 cm×32 cm×72 cm			
共计箱数	87 箱			
总计数量	6 264 条			
重量	毛重	34.5 kg	净重	32.5kg
销往地区	某市			
产品名称	女式低腰小喇叭口弹力牛仔裤			

2. 外销产品装箱明细单示例

某外贸服装生产企业,生产女童短裤,其中橙色数量 3 010 条,根据客户要求进行独色独码包装,每箱数量不等,其装箱明细单见表 4-21。

表 4-21 M9219—#669 橙色装箱明细单

PACKING LIST											
成品装箱明细单											
TO:											
制单号:	M9219	款号:	600671	MPO:			CPO:		55113		
产品描述		女童短裤		配包比例							
颜色	箱号	件数/码								净重/箱/kg	毛重/箱/kg
		6	7	8	10	12	14	16	18	总数	
	413	173								173	27	28.5
	414		160							160	25.5	27
	415		164							164	26	27.5
	416～418			150						450	26.5	28
	419		31							31	5.5	6.5
	420～423				140					560	25.5	27
	424			55						55	10	11
	425～428					130				520	25.5	27
	429					104				104	20	21.5
	430～432						120			360	25.5	27
	433						116			116	25	26.5
	434～435							120		240	25.5	27
	436							70		70	15	16
	437								7	7	2	3
	Total	173	324	481	615	624	476	310	7	3 010	PCS	
		1	2	4	5	5	4	3	1	25	CTNS	
总件数	3 010	PCS			总箱数		25			CTNS	
纸箱规格		总毛重		303.5 kg		总净重		284.5 kg			
备注											

【思考题】

1. 什么是生产总体文件？它包括哪些内容？

2. 订货合约应说明哪些内容？

3. 服装生产用材料有哪几种？

4. 服装材料准备应符合哪些基本原则？

5. 为什么说交货延迟会增加成本？

6. 如何选择服装面料？

7. 如何选择服装里料？

8. 如何选择服装辅料？

9. 如何进行材料规格数量的复核？

10. 如何测试材料的伸缩率？

11. 如何进行材料色牢度测试？

12. 服装上的污渍主要分为哪几类？如何去污？

13. 样衣试制的目的是什么？

14. 样衣试制的基本流程是什么？

15. 如何进行样衣鉴定？

16. 如何进行面料耗用计算？

17. 如何用比率法估算缝纫线耗用？

18. 如何进行样板复核？

19. 如何进行样板领用？

第五章　服装裁剪工程技术管理

【学习目标】

（1）了解裁剪方案的内容、制定的原则和方法。

（2）掌握排料的方法和工艺技术要求。

（3）掌握铺料的方法与工艺技术要求。

（4）掌握裁剪的工艺技术要求。

（5）了解简单的验片、打号、分包与捆扎。

【能力目标】

（1）能根据裁剪方案进行人员、设施配备。

（2）能熟练进行裁剪的各项工艺技术操作。

（3）能利用合理的方法对裁剪的各个工艺过程进行现场管理。

　　裁剪工程是服装生产的第一道工序，裁剪质量是整件服装质量状况的决定性因素。裁剪工序具有批量性、不可逆性，一旦出现错裁、漏裁等，就是灾难性的质量问题，没有较好的补救方法，因此，裁剪部门的质量应严格控制，避免出现大的纰漏。另外，裁剪还决定着面料的消耗，关系到服装成本的高低，故生产中应尽可能提高面料的利用率。

　　裁剪工程包含的内容有：裁剪方案的制定、排料画样、铺料、裁剪、打号、捆扎。

第一节　服装裁剪前准备工作

一、服装裁剪方案的制定

　　所谓裁剪方案，就是有计划地把订单中的服装数量和颜色进行合理的安排，并使面料的损耗减至最低的裁床作业方案。

（一）裁剪方案的内容

　　裁剪方案的内容包括以下几个方面：

（1）床数（案数）：整个生产任务分几个裁床进行裁剪。

（2）层数：每床铺几层面料。

（3）号型搭配：每层面料裁几个规格。

（4）件数：每种规格裁几件。

　　裁剪方案是裁剪工程中其他环节的基础，只有确定了裁剪方案，才能合理利用生产条件和设备，使劳动潜能得以充分发挥，保证生产任务的顺利完成。

（二）裁剪方案制定的原则

对于同一批生产任务，可以制定出多种裁剪方案，而每一种裁剪方案适用于不同的生产条件，因此，应根据面料的特点、设备的特点、操作工人的特点等制定出最佳的裁剪方案。制定裁剪方案时应遵循以下原则：

1. 符合生产条件

（1）铺料层数的确定。铺料层数由以下几个方面决定：

1）面料的厚薄。面料的厚薄是铺料层数最直接的影响因素，面料越薄，铺料层数越多，面料越厚，铺料层数越少。

2）裁剪设备的加工能力。裁剪设备有很多种，其加工能力各不相同，以裁剪车间常用的直刃式电剪为例，其最大裁剪厚度 $H_{max} = L - 4 \text{ cm}$。

式中　H_{max}——直刃式电剪最大裁剪厚度（cm）；

　　　L——直刃刀片的长度（cm）。

铺料的最多层数 $N_{max} = H_{max}/H_m$。

式中　H_m——面料厚度（cm）。

3）面料的性能。

①面料的耐热性影响铺料层数。目前主要的裁剪方式是机械裁剪，在裁剪过程中，金属刀片与面料摩擦产生大量热量。当面料层较厚时，热量不易散发，将导致刀片温度升高。若面料的耐热性较差，势必造成面料边缘的熔化与粘连。这种现象不仅会影响服装的质量，而且会影响生产的进度和穿着的舒适性，因此，对于耐热性较差的面料应适当减少铺料的层数。各种化纤类材料的耐热性较差，在确定铺料层数时应加以注意。

②面料的软硬程度影响铺料层数。丝绸等材料薄而柔软，在推刀裁剪时易错位，造成衣片的变形，影响裁剪质量，因此，这类材料应减少铺料层数，并在铺料及推刀裁剪过程中使用面料夹固定。

③面料的光滑程度也是影响铺料层数的主要因素。里子绸等材料非常光滑，面料之间的摩擦力较小，衣片也比较容易错位变形，因此，对于光滑类材料也应减少铺料层数。

4）服装的档次。面料层越厚，衣片变形越严重，因此，档次高的服装应减少铺料层数。

5）推刀工人的技术水平。推刀工人的技术水平越低，面料层应越薄。

（2）铺料长度的确定。铺料长度影响铺料的层数和作业效率。通常长度短，铺料的层数就增多，但当铺料的层数高到某一数值时，就会影响裁剪精度；方案中件数多少会影响面料的用量，件数少，则面料的利用率较低；件数增多，面料的利用率就会提高，但到一定程度后，面料的利用率也会适当回落。件数过多，会增加铺料长度，影响铺料质量和效率，一般来说，铺料长度会受下列因素的限制。

1）裁床的长度。裁床的长度越长，容纳排料的件数就越多，但也要根据订单的数量来决定排料的件数：

2）面料因素。

①各种颜色的匹数：如果某种颜色面料的匹数较少，那么排料的长度不宜过长，否则铺料的层数会很少，这样会延长推刀裁剪和捆扎的时间。

②布匹的长度：如果布匹的长度较短，铺料的长度也不能太长，否则会出现很多问题，如大量的布匹衔接等。

③每件服装平均用料。在制定裁剪方案前，要了解该款式成衣单件大致用料，铺料长度应与之配合，单件用料少，排的件数就多，铺料的长度就长。

3）操作人员的配备。手工铺料方式中，操作人员的多少影响铺料的长度，人数越少，铺料的长度就越短。

2．提高生产效率

尽量减少重复劳动，充分发挥人员和设备的作用。如一个规格一次排完，既可减少排料工的重复劳动，又可减少推刀人员的重复劳动。

3．节约面料，排料方便

每床多排几件，大小号套排，可有效地节省面料。制定裁剪方案时，应在生产条件允许的前提下尽量在每床多排几件，以有效节约面料。但如果套排的件数太多，在排料时易造成漏片，在铺料时会加大工人的劳动强度。

（三）裁剪方案的制定

1．裁剪方案的表示方法

以上裁剪方案共分两床，第一床的层数为100层，规格件数是36规格1件，37规格2件，38规格1件；第二床的层数为80层，规格件数是38规格2件，39规格1件，40规格1件，如图5-1所示。

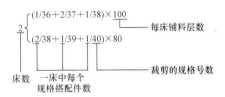

图 5-1　裁剪方案的表示方法

2．裁剪方案制定的方法

（1）裁剪方案规格数量的编制。生产单中，根据尺码和颜色的分配比例，规格数量的编制有均码和不均码两种分配情况，均码是各尺码数量相同，如：

XS	S	M	L	XL
1	1	1	1	1

不均码是各尺码数量不同，这在内销和外销生产单中均比较常见。我国服装号型系列中，以中间体的人数为最多，因此生产商在编制各规格数量时，中间号的数量也是最多的。外销产品在确定订单尺码和数量时，和内销产品的确定方法相同，一般来说，订单中以中码M居多，小码S和大码L则较少，特小码XS和特大码XL就更少，依次类推。如：

XS	S	M	L	XL
1	2	3	2	1

平均颜色：	XS	S	M	L	XL	总数（件）
红：	100	200	300	200	100	900
黄：	100	200	300	200	100	900
蓝：	100	200	300	200	100	900

不平均颜色：	XS	S	M	L	XL	总数（件）
红：	100	200	300	200	100	900
黄：	100	100	200	200	100	700
蓝：	100	150	300	100	100	750

（2）裁剪方案制定的常用方法。裁剪方案制定的方法很多，根据生产任务的特点，主要有比例法、分组法、并床法、加减法、取半法等。

1）比例法。比例法适用于某批服装各规格件数之间具有某种比例关系的情况。

【例5-1】某厂接到生产西服上衣的任务，生产任务单见表5-1。根据生产条件得知，铺料层数不能超过**300层**，每层最多可排**5件**，试制定裁剪方案。

表 5-1　西服上衣生产任务单

规格	30	31	32	33	34	35
件数	300	600	600	600	600	300

根据表 5-1 中数据，各规格之间服装件数的比例关系是 1 ∶ 2 ∶ 2 ∶ 2 ∶ 2 ∶ 1，适合采用比例法进行裁剪方案的制定。裁剪方案如下：

方案 1：

$$2\begin{cases}(1/30 + 1/31 + 1/32 + 1/33 + 1/34) \times 300\\(1/31 + 1/32 + 1/33 + 1/34 + 1/35) \times 300\end{cases}$$

方案 2：

$$2\begin{cases}(1/10 + 2/12 + 2/32) \times 300\\(2/33 + 2/34 + 2/35) \times 300\end{cases}$$

以上两种方案都满足了生产任务单的要求，但方案 2 中套排的组合是较小的号排在一床，较大的号排在另一床，这对于节省面料是不利的。一床中应大小号穿插套排才能有效节省面料。另外，方案 2 中，每床都有两个规格的衣片需要排两件，如果使用一套样板，很容易漏排；而用两套样板，既增加了制板人员的工作量，又增加了生产成本。

2）分组法。分组法适用于某批服装规格件数间虽不成比例关系，但经适当分组，可转化为具有某种比例关系的情况。可以用例 5-2 生产任务解释此种方法。

【例 5-2】某批服装生产任务单见表 5-2，根据生产条件，每床最多可排 5 件，铺料不超过 100 层，只有两个裁床可用，试确定其裁剪方案。

表 5-2　某批服装生产任务单

规格	10	12	14	16	18
件数	40	80	90	25	25

表 5-2 中各规格件数不成比例，用比例法制定裁剪方案显然不行。但仔细分析发现规格 14 共 90 件，可分为（40 + 50）件，这样便可分别与其他规格的件数成比例关系，再采用比例法进行分床。根据生产条件：最多允许铺 100 层，每层不超过 5 件，表 5-2 所示的任务单，其裁剪方案可确定为：

$$2\begin{cases}(1/10 + 2/12 + 1/14) \times 40\\(2/14 + 2/16 + 1/18) \times 25\end{cases}$$

3）并床法。并床法用于当某批生产单中出现一种或几种规格数量较少甚至只有几件，或经过前述方法分床后，某规格只剩下很少数量的情况。若将这些数量较少的规格单独排料进行裁剪，则铺料、裁剪效率较低。如果裁床足够长，且铺料层数不超过要求，则可将这些数量较少的几种规格与其他两床或两床以上的合并在一起进行铺料、裁剪。如表 5-2 所示，也可按如下方案进行裁剪。

$$2\begin{cases}(1/12| 1/10 + 1/14) \times 80| 40\\(1/14| 1/16 + 1/18) \times 50| 25\end{cases}$$

式中竖线前的规格 12 与竖线后的规格 10 和 14 分别排料，铺料层数按竖线前后规格号型一一对应，即 12 规格铺 80 层，10 和 14 规格铺 40 层。铺料时，竖线前后的面料不剪开，形成阶梯形式的面料，如图 5-2 所示。

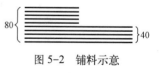

图 5-2　铺料示意

4）加减法。加减法用于当生产任务单中几种规格的件数之间没有任何规律可循的情况。遇到这种生产任务单，可对其中某些规格的件数做适当调整，即多加几件或减少几件，便能找出其中的规律，再运用前述方法制定裁剪分配方案。

对生产任务单中的某几种规格件数稍做改动后，虽与订单略有出入（一般以增加数量为宜），但从排料来看，不仅不会浪费面料，还有可能节省面料，而且使裁剪方案的确定较为方便。增加的成衣可留作样品或自销，有时多出的成衣客户也能接受。但这一方法的首要条件是面料应有足够的保证。国际上通常能接受的情况是，实际产品数不超出订单数 ± 5%，且多是在中号规格中进行件数的加减。

【例 5-3】某批服装生产任务单如表 5-3 所示，生产条件为：铺料层数不超过 150 层，每层最多套排件数不超过 5 件，试确定此批生产任务的裁剪方案。

表 5-3 某批服装生产任务单

颜色\\数量\\规格	34	36	38	40	42	44
白	3	19	29（＋1）	30	28	9
红	0	2＋3	6（＋1）	7	6	1
蓝	0	5	7	7	7（＋4）	6
橙	4	13	17	15（＋2）	16（＋4）	7
黄	3	12	14（＋1）	15	10（＋6）	4
黑	2	33	59（＋2）	61	51（＋1）	19

根据表 5-3 可知：34 规格数量很少，可单独裁剪或与其他规格并床；38 和 40 规格数量较接近，可以利用加减法使两者数字相同，再利用比例法分床；36、42、44 三个规格之间，经分析发现 36、44 两规格数量之和接近或等于 42 规格的数量，也可采用加减法使 36＋44＝42（规格），再利用分组法进行分床。

按上述分析，在各规格处加减相应件数后，实际共生产 552 件成衣，原来的总订货件数为 527 件。实际生产数量比订单多出 25 件，多出的比例为：（25/527）× 100％＝4.7％，符合国际上可接受小于 5％ 的比例。

如果其中某规格加减数量多，通常以均码加减为好，即多出或减少的件数均匀分配，这样客户乐于接受。

5）取半法。取半法用于小块衣片且每件服装所需该衣片数恰为偶数的情况，如袖口等部位衬料的裁剪方案制定便可采用取半法。

【例 5-4】某款服装袖口衬生产单见表 5-4，试确定其裁剪方案。

表 5-4 某款服装袖口衬生产单

规格	38	40	42	44	46	48
件数	112	196	252	252	224	140

表 5-4 中袖口衬各规格的实际裁片应为所列件数的 2 倍，如 40 规格 196 件，实际应裁出 392 片袖口衬。因每件服装的袖口都为 2 个，所以需袖口衬 2 片。这一点在排料时要注意。

由于袖口衬的片数均为偶数，因此可用取半法进行分床。如 38 规格每层可排 2 件，即 4 片衬，40 规格每层可排 3.5 件，即 7 片衬。这样，铺 28 层，各规格件数比例为 4：7：9：9：8：5。但采取取半法制定裁剪方案时，铺料必须采用往返折叠铺料法，即以面对面的方式将衬料一正一反地铺放，保证裁出的衬料是对称的，具体的铺料方式将在本章第三节介绍。

由以上分析可知，同一个订单资料，裁剪方案有许多种，需根据裁剪方案制定的原则选出最优方案。

（3）裁剪方案示例。

【例 5-5】现有一单色混码订单资料见表 5-5。

表 5-5 单色混码订单资料

规格	S	M	L
件数	200	250	150

生产条件为：每床最多可铺 200 层，每张裁床最多可排 3 件，试确定最佳裁剪方案。

解：在制订单色混码裁剪方案时，不需考虑不同材料之间的影响，只需按照生产条件确定合理的层数和各规格尺码间的合理搭配。本例裁剪方案为

$$2\begin{cases}(1/S + 1/M + 1/L) \times 150 \\ (1/S + 2/M) \times 50\end{cases}$$

【例 5-6】现有一混色混码订单资料见表 5-6。

表 5-6 混色混码订单资料

规格		8	10	12	14	16
件数	黄色	60	120	180	180	60
	黑色	360	320	520	360	120
	灰色	170	190	300	240	80

生产条件为：每床最多可铺 300 层，每张裁床最多可排 10 件，试确定最佳裁剪方案。

解：在制定混色混码裁剪方案时，应考虑不同材料之间的影响，颜色差异大的材料若色牢度较低，即不能安排在一床裁剪，以防材料之间串色。本例裁剪方案为

$$2\begin{cases}(1/8 + 2/10 + 3/12 + 1/16) \times 黄 60, 黑色 120, 灰 80 \\ (3/8 + 1/10 + 2/12) \times 黑 80, 灰 30\end{cases}$$

【例 5-7】某订单资料见表 5-7。

表 5-7 某订单资料

规格	8	10	12	14	16
件数	120	360	600	240	120
单件耗料 /m	1.2	1.4	1.6	1.8	2.0

面料价格为 40 元 /m，裁床长度为 6 m，混码排料可省布 10%，布头尾消耗为 4 cm。试求面料总用量和价值。

解：根据生产条件得出最佳裁剪方案为

$$2\begin{cases}(1/8 + 1/10 + 1/12 + 1/16) \times 120 \\ (1/10 + 2/12 + 1/14) \times 240\end{cases}$$

第 1 床用布量：$(1\times1.2 + 1\times1.4 + 1\times1.6 + 1\times2) \times (1 - 10\%) + 0.04 = 5.62$（m）$< 6$ m

第 2 床用布量：$(1\times1.4 + 2\times1.6 + 1\times1.8) \times (1 - 10\%) + 0.04 = 5.8$（m）$< 6$ m

以上两床排料长度均符合裁床要求。

总用布量为：$(5.62\times120) + (5.8\times240) = 2\,066.4$（m）

总价值为：$2\,066.4\times40 = 82\,656$（元）

从以上示例可知，排料的件数直接影响面料的使用量，排料的件数增多，用布量就会减少，从而降低物料的成本。

二、裁剪部基本设施配备

裁剪工程的主要任务就是将各种面料、里料、配料、衬料等原材料按照服装样板裁剪成服装裁片，以供给缝制车间使用。裁剪工作是成衣生产过程中的第一道工序，也是生产过程中的重要环节，其质量、数量一旦出现问题，会直接影响后面的各个生产环节，给生产造成重大损失。因此，

裁剪部的工作必须严格按照生产要求作业，确保产品质量。

裁剪部的设施根据自身具体生产情况来布置。一两条生产线四五十人的规模安排一组裁剪设施即可：一张裁床、几个放活儿架、一把裁刀、一把钻眼机、一台断布机。规模大的可根据具体生产线和人员来具体安排设施。有条件的可增加裁剪设备和特种设备，如自动铺料机、计算机裁剪机等。

裁剪部的布置一般按裁床布置，裁床的宽度一般在 1.6 ～ 1.8 m，长度一般要根据车间的安排，越长越好，最短在 8 ～ 10 m。裁床布局一般四周一圈都留有能够通过一个人的距离，这样工作起来方便、快捷。

三、裁剪部工作人员的配备

1. 裁剪部主管

裁剪部主管负责编制生产单的裁剪方案、调配和督导部门员工实施工作，确保裁剪工作质量，与上级主管和各个生产部门互相联系协调。

2. 排料员

排料员负责制作和复制 1 ∶ 1 的排料图与各种排料工作。

3. 拉布员或铺料员

拉布员或铺料员负责将面料按工艺要求一层层铺放在裁床上。

4. 裁剪员

裁剪员负责将铺好的面料按排料图样裁剪成裁片。

5. 打号员与捆扎员

打号员与捆扎员负责将一沓沓裁片进行每片打号以备生产使用，最后进行分类捆扎，将一个款式、一个型号的裁片捆扎在一起。

在大型服装企业，以上裁剪人员都需配置到位，充分保障生产所需。在个体或小型服装加工厂里，也许裁剪部只配置两三名员工，有的身兼数职。如主管还负责排料、裁剪，拉布员还负责打号、捆扎、整理等工作。无论各个服装生产企业怎样安排裁剪人员，都必须考虑到是否能够保证生产车间生产的连续性，不能造成裁剪供不上生产的停工、等裁片现象。

第二节 排料画样工艺

一、排料

排料是在满足设计、制作等要求的前提下，将服装各规格的所有衣片样板，在指定的面料幅宽内进行科学的排列，以最小面积或最短长度排出用料定额。其目的是使面料的利用率达到最高，以降低产品成本，同时给铺料、裁剪等工序提供可行的依据。工业排料是成衣生产中的一个重要环节，对提高产品质量和降低产品成本具有非常重要的作用。

（一）排料图的分类

服装排料图分为实际生产纸样 1 ∶ 1 排料图和缩样排料图两种。

实际生产纸样 1 ∶ 1 排料图：是根据 1 ∶ 1 的比例绘制的实际生产用的工业样板。服装企业中 1 ∶ 1 工业纸样通常适用于产品规格多、订单数量多的产品。

缩样排料图：是将实际生产用的工业纸样按 1 ∶ 5、1 ∶ 10 或其他比例缩小，将其按照裁剪方案进行排料。

（二）排料的基本原则

1. 经济性原则

在裁剪时，提高面料利用率是排料的基本目的之一。面料利用率的影响因素可分为两大类：一是面料和服装产品本身，如织物种类、幅宽、匹长、服装款式、规格、样板数量等，这类因素是排料技术人员无法改变的，其对面料利用率的影响是固定的；二是排料形式与方法，如样板放置形式、套排件数、规格搭配等，这类因素和排料技术人员的技能水平有关，和排料软件的程序设置有关。

2. 工艺性原则

无论如何省料，都不能违背排料的工艺性要求。衣片的纱向、摆放位置等必须严格按照设计要求进行，不可为省料而随意更改。

3. 设计性原则

在实际生产中，有时样板稍做修改，可以节省一些面料，而不会对设计效果造成影响，这时排料技术人员需要及时向上级技术部门反映，以综合考虑造型效果、成本和利润等问题。

（三）排料的工艺技术要求

排料的工艺技术要求有以下内容：

1. 符合服装制作的工艺技术要求

（1）衣片的对称性。组成服装的衣片基本上是对称的，如上装的左右前片、后片、袖片，裤装的左右前片、后片等。在制作样板时，这些对称衣片通常只绘出一片纸样。排料时，要特别注意将样板正、反各排一次，确保裁出的衣片为一左一右对称，并注意避免漏排。例如，图5-3（a）、图5-3（c）所示为错误的衣片摆放，出现了"一顺"现象，图5-3（b）、图5-3（d）所示为正确的衣片摆放。

（2）面料的方向性。

1）面料的正反面：裁剪用样板上都标有"正""反"或"左""右"，在摆放样板时，应根据面料的正反面按标注摆放。

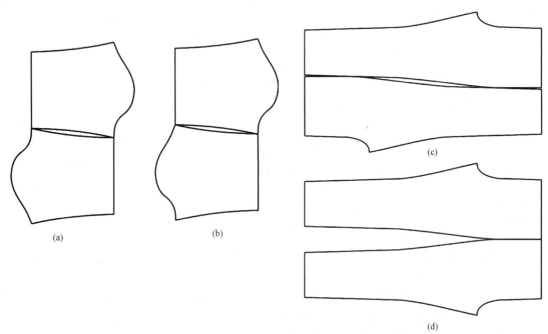

(a)　　　　　(b)　　　　　(c)

(d)

图5-3　衣片的对称性

（a）错误摆放；　（b）正确摆放；　（c）错误摆放；　（d）正确摆放

2）面料的经向和纬向：面料有经纬向之分，不同方向所表现的外观效果不同，应按裁剪样板中所标注的纱向进行样板的摆放。

3）面料的花色方向：某些条格面料、图案面料有一定的方向性，在排料时应保证一件衣服中所有衣片方向一致，人物、动物、植物、建筑物等图案保持顺向。

4）面料的表面状态：表面起毛或起绒的面料从不同方向看时，其表面呈现不同的光感和色泽，如灯芯绒类、粗纺类毛呢等面料，在排料时应保证一件衣服所有衣片的光泽一致，或按照客户的要求处理。

沿经向毛绒的排列就具有方向性。如灯芯绒面料一般应倒毛做，使成衣颜色偏深。粗纺类毛呢面料，如大衣呢、花呢、绒类面料，为防止明暗光线反光不一致，并且不易粘灰尘、起球，一般应顺毛做，因此，排料时都要一顺排。

（3）面料的色差。服装的接缝处前后片不对色、零部件与大衣片不对色为常见的色差现象。对于色差，国家标准虽对各类服装规定了明确的标准，但是许多外贸订单对于色差的要求都超出了国家标准的四级甚至五级色差标准。即使是内销产品，人们对服装档次的要求也越来越高，国家标准中的四级标准已不能满足消费者的穿着需求。排料时应坚持缝合衣片就近原则，对于边色差的面料，则同一件衣服顺一边排。对于段色差的面料，排料缝合衣片应尽量缩小纵向距离并应避免排料图过长。此外，还应首先考虑重点部位（如上衣的前片），最后将贴边、领里、贴袋等隐藏部位放在色差无法避免的地方。这样，即使面料有轻微色差，在服装成品上也不易看出。

2. 保证设计要求

有些服装有特殊的设计，如采用面料反面装饰的设计、左右片不对称的设计，对条、对格的设计和条格呈一定角度的设计等，排料中需依据特殊的款式设计摆放衣片。

对条、对格是常见的服装结构处理形式。在服装工业生产中，裁剪是成批多层进行的。要达到对条对格的目的，就需要排料、铺料、裁剪三道工序密切配合，共同完成。对条、对格的方法可分为两种：一种是准确对格法，另一种是放格法。

（1）准确对格法是在排料时，将需要对条、对格的两个部件按对格要求准确地排好位置，画样时将条格画准，保证缝制组合时对正条格。采用这种方法排料，要求铺料时必须采用定位挂针铺料，以保证各层面料条格对准。相组合的部位应尽量排在同一条格方向，以避免由于原料条格不均而影响对格，如图5-4所示。

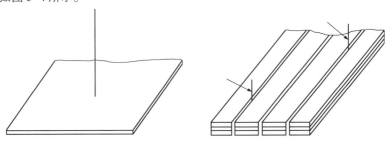

图5-4　定位挂针图示

（2）放格法是在排料时，不按原形画样，而将样板适当放大，留出余量。

裁剪时应按放大后的毛样进行开裁，待裁下毛坯后再逐层按对格要求画好净样，剪出裁片。这种方法比第一种方法更准确，铺料也可以不使用定位挂针，但不能裁剪一次成型，比较费工，也比较费料。在高档服装排料时多采用这种方法。

3. 节约面料

（1）先长后短（图5-5）。一般情况下，面料的幅宽是一定的，企业寻求最高的排料用料率，最直观的就是使面料的长度最短，由于长的纸样比短的纸样对面料长度的影响大，因此排料时一般采用先排长纸样后排短纸样的方法。

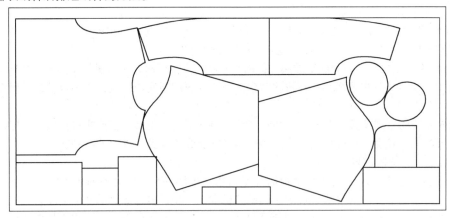

图 5-5　排料的先长后短

（2）先大后小（图 5-6）。大纸样之间容易产生一些空隙，先排大纸样后排小纸样，就可以利用大纸样间的空隙放置小纸样，即使部分小片无法在空隙中排下，需直接排，小纸样也没有大纸样对用料率的影响大。

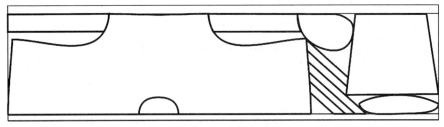

图 5-6　排料的先大后小

（3）先主后次（图 5-7）。如先排暴露在外面的袋面、领面等，再排次要的裁片。外面的袋面、领面若无特殊的设计要求，一般都是整块不允许拼接，而挂面、领里、腰头、袋布等部件的纸样通常可采用拼接的方法以节省面料。

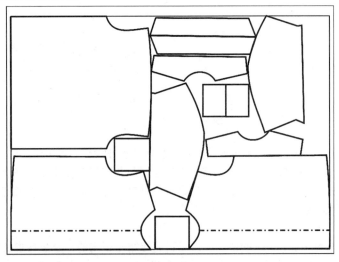

图 5-7　排料的先主后次

（4）精密排料。纸样与纸样之间要靠近画样，在不影响规格和裁剪质量的情况下，有时可以两片合用一条画线（一般指直线部位）一刀裁开，这样可以省画和省割一条画线，提高排料和裁剪面料的效率。

（5）紧密套排（图5-8～图5-10）。排料时将大中小号进行混排，并根据纸样的形状，采取直对直、斜对斜、凸对凹，尽量减少纸样间的空隙，做到排列紧密。在各个裁片形状相吻合的情况下，利用一切可以利用的面料，当两纸样不能紧密套排，不可避免地出现缝隙时，将具有凹状缺口的纸样摆在一起，使缺口增大以排放其他纸样。对外观没有影响的衣片，可以采用拼接技术，以最大限度地节省面料，降低服装成本。

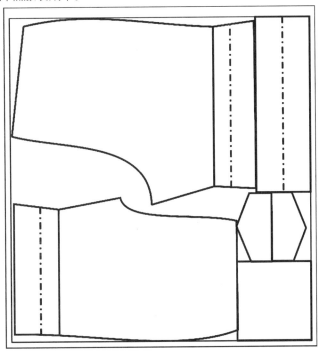

图5-8　排料的直对直

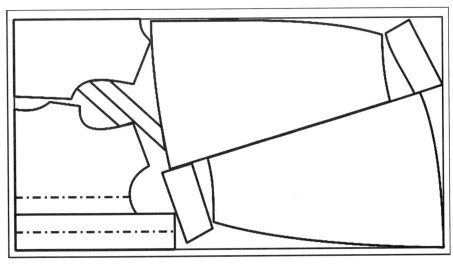

图5-9　排料的斜对斜

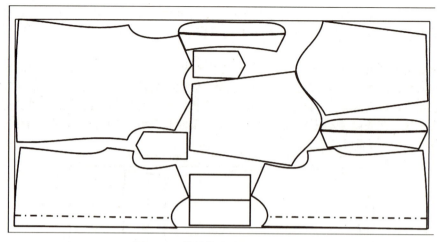

图 5-10 排料的凸对凹、缺口合并

图 5-11 所示为男衬衫排料图。

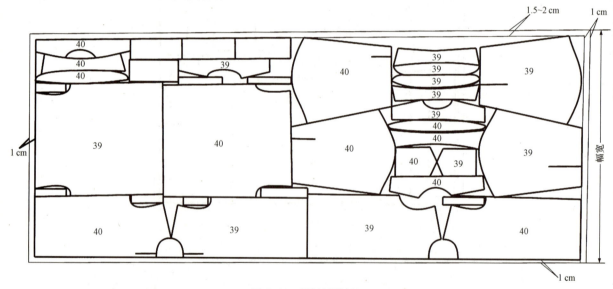

图 5-11 男衬衫排料图

（四）服装 CAD 排料的方法

服装 CAD 排料是根据数学优化原理，利用图形学技术设计而成。把传统的排料作业计算机化，把排料师丰富的经验和计算机具有的快捷、方便、灵活等特征结合起来，可快速获得较高的面料利用率。服装 CAD 排料方法有以下几种方式：

1. 交互式排料

交互式排料过程是先将所有待排纸样小样均显示在屏幕上，同时显示每个纸样的数量。可用光标取出要排的纸样，被取出的纸样可随光标移动，根据排料要求可对纸样进行平移、微量旋转、镜像等操作，还可以向所需方向进行滑动，计算机可在该方向上自动寻找合适的位置，靠拢已经排定的纸样或面料的边缘。如果该纸样与已经排定的纸样发生重叠，或者超出面料的边缘，计算机会发出警告，在排料过程中，随时可以自动报告用料长度、面料利用率、待排纸样的数目等。

在现有排料系统中，交互式排料的功能比较完善，充分利用了人工排料的经验。事实上交互式排料的过程相当于人工排料，只是用显示屏代替了面料，使操作人员无须走动，只要坐在计算机前就可以完成排料图的工作。另外，它还具有人工排料所不能实现的功能和优越性，即自动靠紧、重叠报警、微量旋转、镜像等功能，而且由于计算机管理很方便，不会像人工排料那样会出现多排及漏排等现象，因此，目前企业中一般采用交互式排料制作排料图。

2. 自动排料

自动排料是由用户将服装纸样及面料的信息提供给系统，由系统按照预先设置的数学计算方法自动进行排料。按照这种方法进行的排料，每排一次将得出不同的排料结果。由于计算机运算速度快，因此排一次料所用的时间很短，这样就可以多排几次，从中选出比较好的排料结果，最后将排料图输出。自动排料可以做到人休息，而机器正常工作，比如排料操作人员在下班之前将排料作业提供给排料系统，让系统进行自动排料，待第二天上班时就可以直接取排料图。这样可以节约等待时间，提高工作效率。

自动排料的用料率往往没有人工排料或交互式排料的用料率高。另外，自动排料不能够全面考虑服装厂的实际情况及排料的工艺要求，所以，其排料图一般只用于估料、报价及定购面料等方面。

3. 自动排料与交互式排料相结合

首先进行自动排料，然后进行交互式调整。由于目前自动排料软件不太完善，如在工艺要求和利用率等方面与人工排料相比还有一定的距离，因此，排料方案经过排料后往往再通过交互调整，以进一步提高面料的利用率。图 5-12 所示为服装 CAD 排料图。

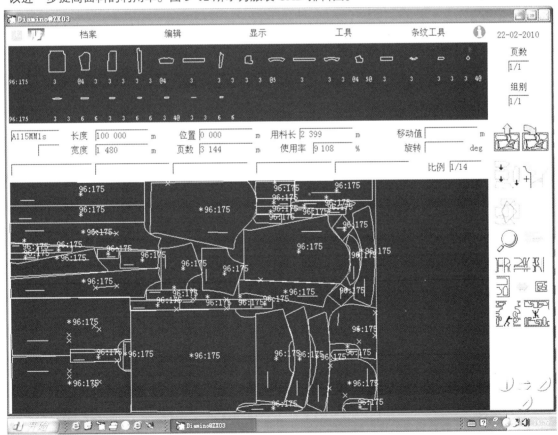

图 5-12　服装 CAD 排料图

二、画样

在裁剪工程中，将排料结果画在纸上或布上的工艺操作，称作画样。

（一）画样方法

1. 纸皮画样

纸皮画样是利用样板在一张与面料幅宽相同的薄纸上画样，然后将纸直接放在布料上开裁，适用于丝绸等薄面料的裁剪。纸皮画样操作简单，可防止面料污染，并可通过复制多次使用。但人工操作费工费时，且纸皮增加排料成本。

2. 面料画样

直接在面料上按样板排料画样，按线开裁。此方法为一次性使用，节约用纸，但较易污染面料，不适于薄面料（容易透出正面），多用于颜色较深的原料或需对条、对格的面料画样。

3. 漏板画样

先在平挺、光滑、耐用不缩的纸板上，按照衣料的幅宽，在上面排料画样，再准确地打成等距离钻孔的连线，然后将漏板覆在面料的表层上，经刷粉漏出面料裁片的画样，作为开裁的依据。其特点是速度快、效率高、可多次重复使用，特别适用于大批量生产和多次翻单的产品。缺点是不如直接画样清晰，且粉料影响缝针的上下穿刺，有时出现断针现象。

4. 喷墨法

该方法是将样板直接在面料上排好后，用金属丝框架固定，然后把颜料喷在上面，样板移走后，因放置样板处没有颜料，四周的面料上被涂满颜料，因此排料图在面料上清晰可见。这种方法多用于格子面料上，纸样可以根据格子图案来排列。其优点为效率高，衣片轮廓清晰。其缺点为需要颜料和全套的喷枪、样板，成本较高；面料和裁片易受污染。

5. 影印法

将排好的样板放在感光纸上，然后用紫外光灯照射样板，让感光纸曝光，最后用氨蒸气熏，使样板的形状在感光纸上显影。其优点是画样准确、品质好。其缺点为所需设备纸张比较昂贵，效率低，耗时多。

6. 计算机画样

用计算机排料画样，直接放在面料上按图开裁。计算机画样准确率高、效率高。

（二）画样要求

1. 线条清晰

线条要清晰明显，不能模模糊糊，特别是交叉点更要明显，如有划错或改变部位的画线，一定要做明显标记或擦去重画，以防裁错。线条要连续、顺直、无双轨线迹。

2. 画线准确

各种线条，如横、直、斜、弯曲、圆弧等线，必须画细、画准，不得有歪斜或粗细不匀，以免直接影响裁片的规格质量。特别是对松软的面料或弹性较好的面料，更要注意画线的准确性，防止线迹变形。

3. 画具要好

要根据面料选择画具。直接画样时，质地轻薄、颜色较浅、纱支较细的面料（如衬衫料）可用铅笔；面料较厚、颜色较深的套装料可用白铅笔或滑石片画样；厚重、色深、毛呢料可用画粉；薄纸画样使用铅笔。画具颜色既要明显，又要防止污染衣料，不宜使用浓艳的颜色画样，以免渗色，尤其忌用圆珠笔等极易污染衣料的画具。画具要削细、削尖，保持画线匀细、清晰。

4．做好标记

排料图中的标记一般指定位标记和规格标记。定位标记的位置和大小应准确，不能漏点、错点或多点。裁片规格也应准确标出，以免影响复制成品的规格，造成批量性错误。

排料画样工序结束后，应根据裁剪方案和排料画样结果开出铺料通知单，作为裁剪工人铺料时的依据，见表5-8。

表 5-8　铺料通知单

产品货号		09086			要货单位	××××购物中心
产品名称			男休闲风衣			
规格搭配	165/84A	170/88A	175/92A	180/96A	185/100A	
数量/件	100	200	200	200	100	
面料名称			锦棉布			
面料幅宽/m		1.45		排料图长度/m		6.3
规定层数		200		本批产品第二床		
备注		本床三种颜色一起裁，其中：蓝色50层，黑色100层，灰色50层				
排料员		×××		日期		××年××月××日

第三节　铺料工艺

铺料是指按照裁剪方案所确定的层数和排料画样所确定的长度将服装面料重叠平铺在裁床上的操作，也叫作拉布。拉布要求布端布边对齐，长度层数准确，每层布面要平整。

一、铺料的方法

（一）普通面料的铺料方法

根据各企业生产条件的不同、服装款式及面料的特点，铺料方法一般有以下四种：

1．单向铺料法

将各层面料的正面全部朝向一个方向（一般向下），每层面料之间要剪开，每层面料从起点铺起。其特点是：面料沿一个方向展开，每层之间面料要剪开，效率较低，易造成材料的浪费。单向铺料法适用于具有方向性的面料，对条、对格的面料，服装衣片左右两边不对称的情况，如图5-13所示。用单向铺料法铺料时，一般面料正面向下，以防污染，但对于对条、对格等面料，正面向上，以方便铺料时的条格对位。

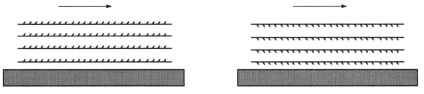

图 5-13　单向铺料法

2．双向铺料法

在一层面料铺到头后，折回再铺。这样一正一反展开，形成各层之间面与面相对，里与里相对。其特点是：铺料每层之间的折叠处不必剪开，省工时，效率高，但易产生段色差。双向铺料法适用于无花纹的素色衣料、无规则花型图案的衣料、裁片和零部件对称的产品，如图5-14所示。

3．翻身对合铺料法

一层衣料铺到头时，将衣料冲断，翻转180°，退到出发点再铺放。铺料的结果是面料正面和正面相对，反面和反面相对，而且上下层面料的方向一致。其特点是：对称位置精确度高，缝制工序取片方便，但容易出现段色差，铺料操作麻烦，且易浪费材料。翻身对合铺料法适用于需对条、对格的面料与有倒顺图案和不对称条格的面料，如图5-15所示。

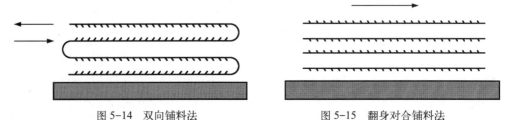

图5-14　双向铺料法　　　　　　　图5-15　翻身对合铺料法

4．双幅对折铺料法

对于幅宽为144～152 cm的毛呢面料，双幅对折正面朝里进行铺料，适用于小批量裁剪。其特点是：使对条、对格比较容易、准确，但不宜套排画样和铺料。双幅对折铺料法如图5-16所示。

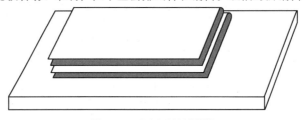

图5-16　双幅对折铺料法

（二）条格面料的铺料方法

条格面料在铺料当中最为复杂。特别满足制成的服装达到对条格的要求，在铺料时必须保证各层面料的经纬格准确定位，因此，在铺料时大多采用定位针法。在铺料时，根据面料的条格距离或每隔出一段距离，在裁床上置一定位针，将每一层面料相同的条格铺置在同一定位针上，以此保证每一层面料的条格定位准确。其形式如图5-17所示。

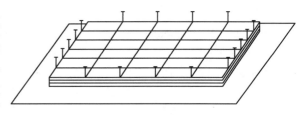

图5-17　铺料形式

二、铺料的工艺技术要求

1．布面平服

铺料时，每一层面料都必须铺平，不能有松有紧，更不能存在皱褶，对有折痕或有死褶的面料，铺布前要用熨斗烫平。当纬斜超过标准规定时，必须矫正好以后再进行铺料。铺光滑松软的面料，为了防止面料层移动倾斜，每铺完一层都要将所铺的面料在长度方向用压铁压住，有时还要在布边处（一边）用夹子夹牢，以防止面料移动、错位。对起绒类面料，因面料之间的摩擦力较大，所以拉动上层面料时，注意不要带动下层面料的错位。对涂层面料，因透气性较差，面料层中容易存有空气，应轻轻将空气挤出。一般人工铺料时采用扁平的竹片轻轻将布面掸平。

2. 布边对齐

一般情况下，面料批与批之间幅宽大小不等，在原料检验阶段已进行幅宽分档，一档幅宽允许误差为1 cm，排料图的幅宽是一档中的最小值，铺料时应对齐面料里口。面料布边往往出现过紧或过松的现象，对于布边过紧的面料，需视情形在布边处打剪口，以避免布边过紧造成布边内卷、推刀困难、裁片尺寸出现差异。对于布边过松的面料，在排料时应尽量避开布边，除此之外，只有裁完后才能按样板进行清剪，因此，排料时应尽量将小部件安排在布边处。

3. 减小张力

布料是柔性体，在拉伸力的作用下会产生一定的伸长，但是裁好后，由于解除了外力，衣片会慢慢产生一定的回缩，衣片尺寸会出现一定的误差。因此，在铺料时应尽量减小张力，使面料形变尽可能小，特别是对于弹性较好的面料，在铺布时，面料应处于自然状态。为了消除面料后处理及成卷过程中产生的张力，面料应进行自然预缩。

4. 面料方向一致

许多面料具有方向性，如灯芯绒、粗纺呢等，对于这类面料，除了在排料时要注意方向性，铺料也要注意方向性，即每层面料都保持同一方向，因此，应选择合适的铺料方法。

5. 对准图案

对于条格面料，采用准确对格法时，上下各层均要求对准，用定位挂针是有效的方法之一。铺料时，需在最底层有排料图的面料上找到工艺特别的部位，扎上针格，以后每铺一层，都在该部位找到与下层面料相同的格或条，并扎在针格上，以保证格条上下层对齐。但应注意，钉子要避开裁剪线。

6. 铺料长度

铺料长度要准确，这也是铺料质量的要求之一。若铺料长度比排料图的长度短，则无法进行裁剪；若铺料长度比排料图的长度长，则会造成面料的浪费；必须根据原料的性能、质地的软硬、缩率的大小等加放适当的长度，严防铺料长度不准。一般在排料图的基础上，两头各加长1 cm。人工断料的误差较大，应提倡采用断料机断料。

7. 保持布面清洁

排料现场应保持清洁，操作人员应注意个人卫生，为了防止裁床台面对面料的污染，同时便于裁刀的运行，每床裁床的底层需铺一层薄纸。

8. 其他

（1）铺料层数。一般要比交货数量多铺两层，一方面布料可能有疵点或严重的色差需要换片；另一方面缝制时也会出错，造成损耗，需要换片；另外，成衣的质量有可能不合格，也需要多生产几件，具体多裁的数量，要根据布料的质量、工厂的管理水平、工人技术素质等确定。

（2）铺料衔接。铺料衔接又称布匹衔接或驳布。在铺料过程中，每匹布铺到末端时不可能都正好铺完一层，或者面料有严重疵点需要断开，为了充分利用原料，铺料时布匹之间需要在一层之间进行衔接，这就称为铺料衔接。铺料衔接适合于薄面料，厚面料一般不采用。

1）铺料衔接的原则。

①保证衣片的完整。

②保证该层同一件服装的所有衣片符合色差要求。

③从降低成本方面考虑，衔接部位应尽可能多，在纬向交错较少的部位进行衔接，衔接长度应尽可能短。

2）铺料衔接部位及长度的确定。

①将画好的排料图平铺在裁床上，观察各衣片在排料图上的分布情况。

②找出衣片间在面料纬向交错较少的部位，作为铺料衔接的部位。

③按衣片交错长度标出衔接部位的长度。

④在裁床边缘标出衔接长度，撤去排料图，进行铺料。衔接部位及长度如图 5-18 所示。

铺料设备

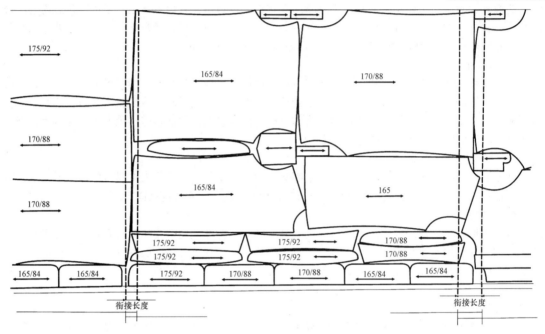

图 5-18　铺料衔接

第四节　裁剪工艺

裁剪是根据排料图，用裁剪机械把所铺布料切割下来，成为符合缝制要求的裁片。裁剪在整个生产过程中，具有承上启下的作用，不论对工艺技术还是加工设备都有很高的要求。

一、裁剪工艺技术要求

1. 做好裁剪前准备工作

裁剪前要仔细核对排料图，检查衣片数量、定位标记有无遗漏，画样线迹是否清晰，如看不清要及时与技术人员或排料人员联系，一定做到收中有数，准确无误。

2. 保证裁剪精度

裁剪精度包括三个方面：一是裁出的衣片与样板之间误差小；二是各层衣片之间误差小；三是定位标记位置准确。要保证裁剪精度，裁剪的工艺要求有如下几点：

（1）裁剪顺序：一幅完整的排料图，纵横交错的线条很多，裁剪时采用"三先三后"的方法，即先横裁后直裁，先裁外口后裁里口，先裁部件后裁大片。

（2）刀要垂直于台面：对于电动手推式裁剪机，要使底盘滑轮紧贴台板滑行。因此，在铺料前要将台板上的布屑、杂物清除干净，防止电剪在进刀时，由于高低不平或触上杂物，发生刀片倾斜或断刀事故，造成上下层衣片尺寸不一致。

（3）刀始终要保持锋利、清洁：应根据材料的性能，设置磨刀时间。

（4）手要用力适当：握电剪的手要稳，裁剪时要一气呵成，使衣片线条圆顺整齐，没有重茬和锯齿现象。按布的手用力要适当，按力太重会进刀不畅，遇有松软原料，还会使原料向手按处涌皱；按力太轻，则裁剪易移动，易造成规格误差或裁片变形。手用力要垂直，否则会造成面料之间的滑移，影响产品质量。

（5）裁拐角时应从两个方向进刀：电剪刀片有一定的宽度，在转角时，易把尖角裁掉，不能确保裁片质量。

（6）刀眼要正确：刀眼不要太深，也不宜太浅，一般掌握在离边缘 2 ～ 3 mm 处。

（7）钻孔要准确、垂直：钻孔的位置要准确，孔要小而直，不准错位，严防钻孔热量过高，粘住眼孔。

3. 降低裁剪温度

服装工业生产中，铺料层数少则几十层，多则几百层，而目前所进行的裁剪属于高速化的机械裁剪方式，在裁剪过程中，裁刀与面料摩擦产生大量的热量，热量不易散失，致使裁刀温度急剧上升，造成裁片边缘熔融粘连，影响服装质量与穿着的舒适性。

对于耐热性较低的面料，应采用以下措施降低裁剪的温度：

（1）选用速度较低的裁剪设备，进行低速作业。

（2）采用间断作业，在不影响服装质量的前提下，可以在刀片上涂上一层硅酮润滑剂，减小刀片与面料之间的摩擦，从而减少热量的产生。

（3）减少铺料层数，使产生的热量易于散失。

二、裁剪加工的方式及设备

裁剪设备不同，裁剪加工的方式也不相同，常见的裁剪设备及其相应的加工方式有以下几种。

1. 手工裁剪

手工裁剪一般指手工剪刀，其特点是效率低、精度差，适用于单件或少数几件的裁剪。

2. 电动手推式裁剪

电动手推式裁剪方法使用的设备是电动裁剪机，简称电剪。裁剪时，手推电动裁剪机使之在裁床上沿排料画样轮廓运行，利用高速运转的裁刀将面料裁断。电剪分直刃式与圆刃式两种。

（1）直刃式裁剪机。刀片为直线形，切割时刀片除按进刀方向运动外，还沿刀刃方向做上下往复运动。

1）特点。直刃式裁剪机可以对各种材料和各种形状（直线或曲线）进行自如切割，是我国服装厂应用最广泛的一种裁剪设备，如图 5-19 所示。其特点是：生产效率高，多层面料一次裁剪；适应性强，可用于各种面料，能满足一般精度的裁片要求；容易操作，方便携带。但裁片精度不高，尤其是小片裁剪，裁刀有一定宽度，裁剪曲率大的弧线有一定困难，并且结构上"头重脚轻、身子细"，刀鞘支柱容易变形，影响裁剪精度。

为改善直刃式裁剪机的操作，悬臂式裁剪机在产量大的服装厂有所应用。悬臂系统担负整部直刃式裁剪机的重量，其底座可以设计得很薄，裁剪刀的宽度窄，刀片垂直度好，曲率大的裁片也可适应，提高了裁剪精度，且操作人员操作时较为省力。

2）裁剪能力。直刃式裁剪机的裁剪能力由刀片长度决定，裁剪厚度＝刀片长度 -4 cm，常用的刀片长度为 6"、7"、8"、9"、10"、11.5"、13"，裁剪厚度约为 11 ～ 29 cm。

（2）圆刃式裁剪机。配备圆形裁刀，裁刀以逆时针方向转动裁剪布料。

1）特点。圆刃式裁剪机一般沿直线裁剪衣料，但在少层面料时可裁剪一些急转的弯位，常用于一般制衣厂的样衣间，主要应用圆刀代替剪刀，在我国应用相对较少，如图 5-20 所示。圆刃式裁剪机的特点是：体积小、灵活、方便，裁剪时能进行连续切割，因此速度较快。但裁剪厚度较小，刀片较宽，因此，不适于裁曲率大的部位。

2）裁剪能力。圆刃式裁剪机的裁剪能力由刀片直径决定，裁剪厚度小于刀片的半径，常用的刀片直径为 6 ～ 25 cm，裁剪厚度一般小于 10 cm。

3. 台式裁剪

台式裁剪又称带式裁剪，是将宽度为 10 mm 左右、厚度小于 0.5 mm 的带状裁刀安装在一个裁剪台上，由电动机带动做连续循环运动。裁剪时，由操作者用手将面料层推入正在运动的刀片处，并沿衣片边缘轨迹移动面料层。为使操作者推送面料更加容易，而且在移动时面料层不会错位变形，裁剪台上有许多小气孔。裁剪时，沿气孔向上喷吹空气，在面料层和裁剪台面之间形成一层气垫，减少裁片与裁板之间的阻力，便于推送面料。

台式裁剪用于精确裁剪弯曲度大的裁片及小裁片，是裁剪车间的辅助裁剪设备，如图 5-21 所示。其特点是：生产能力大，裁剪精确度高，特别适用于小件、凹凸比较多、形状复杂的衣片。与直刃和圆刃相比，台式裁剪占地较大，使用范围小，同时裁剪时需用面料夹将面料夹住，以防错位变形。

图 5-19 直刃式裁剪机

图 5-20 圆刃式裁剪机

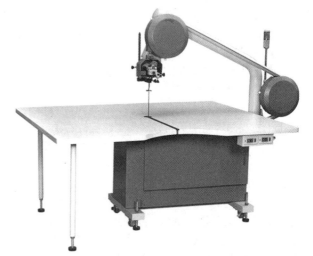

图 5-21 台式裁剪机

4. 冲压裁剪

冲压裁剪是利用安装在相应机器上的模具，对面料进行冲压获得衣片的裁剪加工。其特点是：精确度非常高，可以非常准确地一次裁剪出若干衣片，但需要模具，加工成本比较高，适用于款式固定、生产量多的产品，常用于衣领、衣袋、袋盖、帽檐、鞋底等弧度较大、精确度较高的小型裁片的加工，如图 5-22 所示。

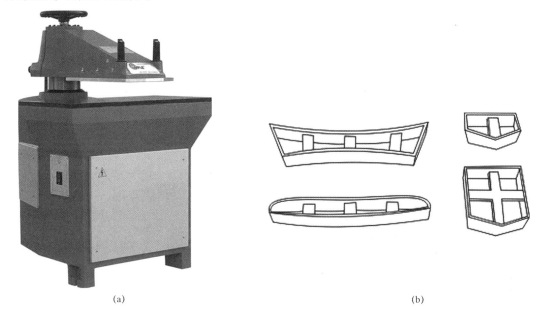

图 5-22　冲压裁剪
（a）冲压裁剪机；　（b）冲压裁剪模具

5. 自动裁剪

自动裁剪是由计算机控制，直接接收服装 CAD 的衣片设计与排料数字化信息，并与自动生产制造系统联机作业，制成 NC（数字控制）加工指令，控制自动生产制造系统，精确、高效地对衣片进行裁剪。其生产自动化程度高；产品质量好且稳定，不会受人为因素影响；布料利用率高，节约成本；裁剪速度快，生产周期短。

服装自动裁剪系统又称服装 CAM 系统，由电脑控制中心和特制的裁床组成。

（1）电脑控制中心。由小型电脑、主控面板、刀架刀具变速控制及定位伺服装置、电源设备等组成，主要有以下功能：

1）读入磁盘上的排料资料或和服装 CAD 系统联机，直接接收服装 CAD 的衣片设计与排料数字化信息。

2）按照工作指令或排料图资料自动计算刀架及刀座位移并控制订位。

3）按裁片轮廓复杂程度，自动计算刀具下刀角度并控制速度。

4）伺服机构可依刀侧所受阻力，自动计算并控制刀具补偿，使裁刀始终保持垂直状态。

5）依设定的时间和距离自动控制刀座磨刀间距。

（2）裁床。以法国 Lectra 公司的一款电脑裁床进行分析，其构造由以下几部分组成。

1）机器支架：支架上表面是裁剪平台，长度为 2.5 m，宽度为 2.2 m，平台上放置针床，下面安装真空吸附装置。可以通过调节地脚螺钉来调节裁剪平台的高度和平面度。

2）真空吸附装置：利用变频控制吹气机在针床上产生真空吸布，压实布料，并将布料固定在针床上，防止裁剪时移位，提高裁剪精度。根据布料种类，有多种吸布方式可供选择，采用覆片技术，极大地减少了漏气。

3）导轨：精密的滚轴丝杆导轨，带动裁剪执行机构做平面二维运动。长度方向（X 轴方向）行程 2.3 m，宽度方向（Y 轴方向）行程 2.2 m。

4）裁剪执行机构：电机的旋转运动通过凸轮传动机构转化为刀片夹具的上下运动，从而带动刀片做上下切割运动。凸轮电机每转一圈，刀片上下运动一次，刀刃方向可旋转调节。当裁剪一定距离的布料或进刀阻力较大时，就会停止裁剪，自动启动磨刀装置。

5）控制电路部分：通过 X 轴导轨、Y 轴导轨、裁剪执行机构上的凸轮电机带动刀片做三维运动。裁剪时，根据已经排好的样片进行路径规划，计算优化裁剪路线，在裁剪过程中计算机上有实时提示功能，随时显示出目前的刀位、裁剪路线，自动监控裁剪过程。在裁剪时如果出现异常状况，可以马上停机，并显示故障代码和位置，同时启动计算机中断处理程序，保存相关信息，在排除故障以后可以在原中断点继续操作，可确保裁床上的布料能够按照设计顺利完成裁剪，如图 5-23 所示。

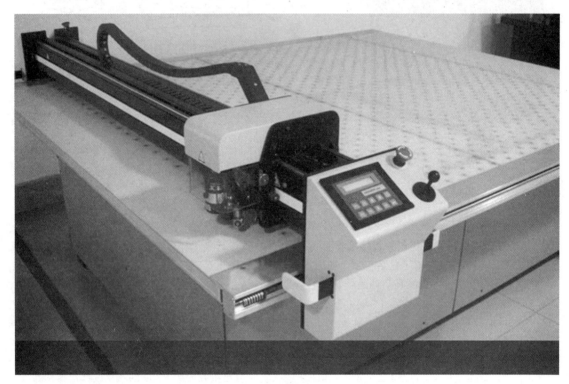

图 5-23　计算机自动裁床

6. 非机械裁剪

（1）激光裁剪。这种裁剪是利用激光器发出的强度很高、方向集中的一束光作为切割工具，对面料进行裁剪，具有精确度高、速度快的优点。激光裁剪机可以与电子计算机构成自动裁剪系统，使裁剪实现自动化、连续化、高速化，非常适用于多品种、小批量、短周期的服装工业生产。激光裁剪除用于切割面料外，还可用于切割纸样，提高样板的质量。激光裁剪温度高，容易使面料切割部位变色、熔融，同时还有烟尘污染等问题。化纤制品因易熔融，不宜采用。但利用激光裁剪形成熔接边缘的特性，其面料边缘可以不加处理，无须修剪止口和折边，是一种新型的制作工艺，如图 5-24 所示。

（2）喷水裁剪。这种裁剪是采用喷射高压水来切割面料，喷嘴直径约为 0.2 mm，水速约为 900 m/s。其特点是：切割中不产生热量，对面料无损伤，无粉尘污染，切割过程中，锋利度不发生变化等，最适于粘合衬、无纺布、化纤面料等用机械、激光裁剪易熔融的材料。但由于设备较大，投资费用较高，而且还存在水流浸湿面料、水流的回收等问题，在服装工业中没有得到大规模推广应用。

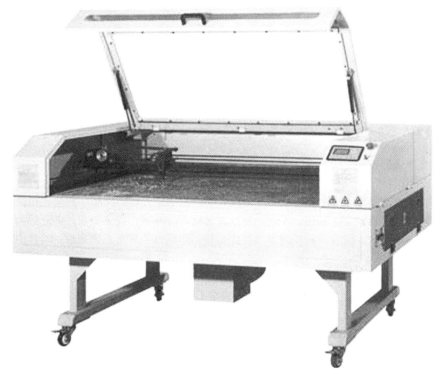

图 5-24　激光裁剪机

7. 钻布机

钻布机是裁剪车间常用的一种定位设备，如口袋定位、省尖省宽定位等，钻布机能在一定范围内对钻针加热，并根据材料的不同调节钻针温度，加温后的钻孔定位能使面料在钻针周围熔融永久的孔洞，因此，对于里料覆盖不住的中高档服装不宜采用，对于耐热性较差的面料、针织面料一般也不宜采用，如图 5-25 所示。

8. 热切口机

热切口机是一种裁剪定位辅助装置，用以在衣片边缘做剪口标记，以显示缝份大小、褶裥位置与大小、省的大小等。热切口机上装了一块很薄的刀片，刀片加热至适当的温度时，就可以在衣片边缘烫切出笔直的切口，如图 5-26 所示。

图 5-25　钻布机

图 5-26　热切口机

第五节　打号与分扎

裁片裁出后需要进行规范处理才能交付到缝纫车间，这些工序包括验片、打号、分包、捆扎。

一、验片

验片是为了保证下一道缝制环节的正常运行，检验出不合格的裁片，及时修正或更换，避免不合格产品的出现。

验片时首先应检验裁片的规格，将第一层裁片和最底层裁片进行比较，检验规格是否一致，因为在裁剪过程中面料容易发生错位，发现问题须及时修正。其次，在主要衣片中逐层翻验，检验衣片有无疵点，及时更换。再次，检验对条、对图案和倒顺毛是否符合工艺要求。验片的主要内容有以下几个方面：

（1）检查裁片的规格尺寸是否无误。

（2）检查裁片是否齐全，是否符合工艺单的要求。

（3）检查裁片面料使用是否正确。

（4）检查裁片的花型方向、丝缕方向是否符合工艺单要求。

（5）检查裁片的四周裁剪是否顺直。

二、打号

打号是把裁剪好的衣片按铺料层次由第一层至最后一层打上顺序数码。

1. 打号的目的

（1）防止混淆正反面，有的面料正反面区别不明显，但仔细观察，其色泽、手感等有一定的区别，为了便于缝制，要打号区分。

（2）避免同一件服装中出现色差。批面料中出现色差是正常的，而一床面料层中会使用多批面料，每一件服装中的大小衣片之间的色差应符合国家标准规定或客户要求，因此，每一件服装中衣片上的号码应一致。

（3）避免衣片混乱，保证同规格衣片的缝合。

2. 打号的方式

（1）打印法。打印法一般采用打号机打号，由七位数字组成。自左至右前两位表示床号，第三、第四位表示规格，最后三位表示层数。打印法打号应用于普通面料，在服装企业有广泛的应用。对于衬料与絮填料，只在衣片上打出号型或规格。

（2）手写法。用适当的工具，如铅笔、画粉等在裁片反面手写标记。

（3）粘贴法。在裁片某部位粘贴有编号的标签，缝制后将标签去掉。起绒类面料采用此法。目前，在自动化裁剪车间采用标签机在裁片上粘贴标签，标签机通过一定的温度和压力，自动将标签粘贴在相关的裁片上，标签在加工过程中不会脱落。标签粘贴机的温度可调节，可适应不同材质的面料。

3. 打号的原则

（1）打号的颜色：清晰，不浓艳，以防污染面料。

（2）打号的位置：要求在制作过程中，既能看到号，又不影响成衣外观。面料和里料裁片一般在正面边缘处，按不同品种工艺要求，打在统一规定的位置上，如图 5-27 所示。

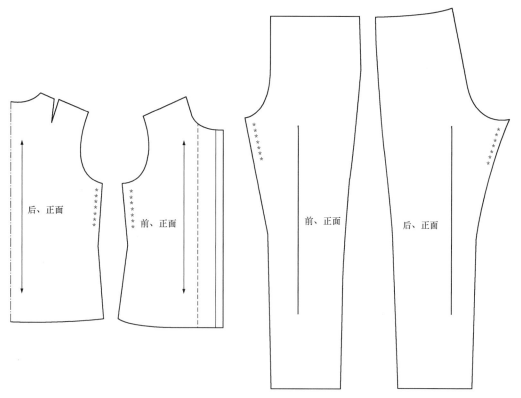

图 5-27　打号位置示意

（3）打号应保持准确，避免出现漏打、重打或错号等现象，打完后复核。缝制时同一号码的各裁片组成一件服装。

三、分包、捆扎

将裁片分类，按打号顺序，配齐服装每个部位缝合所需的主、辅件，按适当的数量进行捆扎。分包捆扎时应注意以下内容：

（1）同一件服装每个部位的裁片必须从同一层布料裁出。

（2）每一扎裁片只能有一个尺码、一种颜色。

（3）配料、拉链、商标、带条和衬布等配料，通常应与裁片捆扎在一起。

（4）分包的数量依据布料的厚薄、服装的种类、流水线能力、企业分包习惯等内容，一般适量即可。

（5）每包裁片应用布条捆扎，捆扎松紧适度，过紧会令裁片起皱，过松易造成裁片的丢失。

（6）捆扎好后，系上标记，如数量、规格等，放置在储存架上。

【思考题】

1. 裁剪方案的内容包括哪几个方面？

2. 如何确定铺料长度？

3. 裁剪方案制定的常用方法有哪些？

4. 裁剪部应配备哪些基本设施？

5. 什么叫作排料？排料的基本原则是什么？

6. 如何保证服装设计要求？

7. 节约面料要注意哪些细节？

8. 如何使用 CAD 进行服装排料？

9. 什么是画样？画样的基本方法有哪些？

10. 如何用单向铺料法进行铺料？

11. 条格面料如何进行铺料？

12. 铺料工艺有哪些技术要求？

13. 电力移动式拖铺设备的主要功能有哪些？

14. 如何保证裁剪精度？

15. 如何降低裁剪温度？

16. 如何进行验片？验片的主要内容有哪些？

17. 什么是打号？为什么要打号？打号的方式有哪些？

18. 分包捆扎时应注意哪些事项？

第六章　服装粘合、缝制工程技术管理

【学习目标】

（1）了解粘合衬的种类、作用和质量要求，掌握粘合过程及其工艺参数。

（2）了解缝针的型号、构造和性能。

（3）了解缝纫线的种类、特点、质量及选用原则。

（5）掌握缝口强度的破坏形式和影响因素。

（6）掌握工序的表达和工序的分析方法。

（7）掌握缝制流水线的组织设计。

（7）了解缝制车间布置的原则及形式，掌握缝制流水线平面布置的形式。

（9）掌握产品在工序间的移送方式。

【能力目标】

（1）能针对不同面料和服装的不同部位选择合适的粘合衬，并确定合理的工艺参数。

（2）能根据缝制物正确选用机针，能根据生产需要正确选用线迹和缝型。

（3）在充分了解产品生产工艺的基础上，能进行产品工序流程分析。

（4）能根据所给工艺参数进行缝制流水线的组织设计。

（5）能根据服装生产类型进行缝制流水线的设计和车间平面布置。

第一节　服装粘合、缝制工程概述

一、粘合衬的种类及质量要求

粘合是指利用粘合衬的胶面和面料的反面相覆合，在一定的温度、时间、压力下粘合在一起，使服装挺括、不变形。

粘合衬的开发起源于欧洲。1952 年，英国人坦纳（K.Tanner）采用聚乙烯为原料，以撒粉的方法涂布在织物上制成粘合衬，并于 1958 年进行工业化生产，但由于聚乙烯手感较硬，粘合衬仅用于衬衫领衬。1965 年以后，粘合衬的品种和质量均有了新的突破。从 1968 年起，粘合衬首先在西欧发展，以后又在北美、日本等也迅猛发展，20 世纪 70 年代后期，中国和东南亚地区也开始使用粘合衬。目前粘合衬的使用量已占衬料总使用量的 90% 以上。粘合衬的开发和应用是纺织、化工、机械、服装行业联合开发的成果，是高新技术在服装工业上应用的一个典范，是服装工艺的一次革命，是服装工业现代化的一个重要标志。

（一）粘合衬的种类

1. 按热熔胶的涂布方式划分

（1）撒粉粘合衬。撒粉粘合衬是使用最早和最简单的粘合衬涂层方法。它是将粉状热熔胶喷洒在基布上，形成大小及分布不规则的涂层。该方法涂布不均匀，在相同剥离强度下耗粉量高。用于较低档的衬料，如无纺衬、皮革用衬、鞋帽用衬、装饰衬等。

（2）粉点粘合衬。粉点粘合衬将粘合剂微粒撒在滚筒上的凹坑内，以一定的花纹压印在基布上，微粒的分布较均匀且有规则。此法目前应用最广。用于各种服装直接粘合的衬布，不适用于无纺织物。

（3）浆点粘合衬。浆点粘合衬先将热熔胶调制成浆状，然后通过圆网将树脂微粒粘在基布上，微粒的大小和分布较均匀。此法适用于各类衬布，尤其适用于热敏感材料（如无纺织物）和不易粘合织物的涂层加工。

（4）双点粘合衬。它是在以上三种方法的基础上发展起来的，其基本原理是弥补热熔胶粒分布的不均，并考虑到底布与面料的粘合性能不同，在底布上涂上两层重叠的热熔胶，下层与底布粘合，上层与面料粘合，以便获得理想的粘合效果。它适用于各类衬布，尤其适用于质量要求高和难粘合的服装衬布。

（5）薄膜涂布粘合衬。以上几种粘合衬都存在涂布不均匀的情况，影响其剥离强度。薄膜涂布粘合衬是在基布上覆盖一层预先制造好的特别的热熔粘合裂纹薄膜，既解决了热熔胶分布不均匀的弊病，又不影响服装的透气性。粘合强力高，但手感较硬。

2．按基布种类划分

基布的种类从外观上容易区别，基布按纱支、质量、密度及纤维成分可形成不同系列的产品。

（1）机织粘合衬。机织粘合衬是由梭织物做底布的粘合衬。按纤维成分分为纯棉、涤棉混纺、粘胶和涤粘混纺等几类。纯棉热缩率小，涤棉混纺弹性好，粘胶纤维织物手感柔软。按织物组织分为平纹和斜纹组织。平纹经纬向一致，斜纹手感较软，有较好的悬垂性，常用作外衣衬。

（2）针织粘合衬。针织粘合衬是由针织物做底布的粘合衬。针织衬布分为经编衬和纬编衬两种类型。经编衬的性能类似于机织衬，常用作外衣的前身衬。纬编衬的弹性好，多用于女衬衫等薄型面料。

（3）无纺粘合衬。无纺粘合衬是由无纺布做底布的粘合衬。无纺布是直接利用高聚物切片、短纤维或长丝将纤维通过气流或机械成网，然后经过水刺、针刺或热轧加固，最后经过整理后形成的无编织的布料，具有柔软透气的特点。

3．按热熔胶涂层种类划分

（1）聚乙烯（PE）粘合衬。聚乙烯粘合衬的特点是价格低廉，耐水洗性好，耐干洗性差，压烫粘合温度较高（160 ℃～190 ℃），粘合强度低于聚酰胺、聚酯类粘合衬，手感稍硬。适用于衬衫领衬，不适用于对热较敏感的面料，如裘皮、丝绸。

（2）聚酰胺（PA）粘合衬。聚酰胺粘合衬的特点是价格较高，耐干洗性极好，不耐热水洗涤，粘合强度高，弹性、悬垂性优良，低温手感柔软，热压温度为100 ℃～120 ℃，涂层量较低。适用于耐干洗的高档服装，耐久性好，低熔点聚酰胺适于毛皮、丝绸等面料的粘合，用家用电烫斗为95 ℃～120 ℃即可使衬布与面料牢固粘合。

（3）聚酯粘合衬（PET）。由于共聚酰胺热熔胶对涤纶织物的粘合强度较低，耐水洗性能较差，因此人们用聚酯来克服上述问题。其特点是价格低廉，粘合强度适中（对涤纶织物较好），具有中等程度耐水洗、耐干洗性，热压温度为120 ℃～140 ℃，手感较好。适用于外衣粘合衬，也可用于衬衫粘合衬，特别适用于女装以及涤纶长丝织物的衣料。

（4）聚氯乙烯（PVC）粘合衬。聚氯乙烯粘合衬有很好的粘合强度和耐洗性能，但手感较差，目前主要用作雨衣粘合衬。

（5）聚乙烯醋酸乙烯（EVA）及其改性（EVAL）。EVA和EVAL的特点是价格适中，粘合性较好，手感柔软，EVA耐水洗性较差，压烫温度为100 ℃左右，EVAL耐水洗性较好，压烫温度为120 ℃～150 ℃，适用于皮革、裘皮、鞋帽和装饰用衬，以及对热敏感的织物用衬，EVAL可用于真丝面料，应用较广。

4．按用途划分

（1）衬衫粘合衬。要求耐水洗，缩水率小，硬挺而富有弹性。底布用梭织物，使用 PE 或 PET 热熔胶。

（2）外衣粘合衬。要求耐干洗及水洗，手感柔软，富有弹性。底布可用梭织物、针织物、无纺织物，用 PA、PET 或 PVC 热熔胶。

（3）皮革粘合衬。要求压烫温度低，手感柔软，耐洗性能差。底布可采用梭织物、针织物，用 EVA 或 PA 热熔胶。

（4）鞋帽及装饰用粘合衬。要求压烫温度低，价格低廉，耐洗性差。底布可采用无纺织物、梭织物等，可用 EVA、PE 或 PVC 热熔胶。

（二）粘合衬的质量要求

（1）衬布上热熔胶涂布均匀，能与面料粘合，能达到一定的剥离强度，在使用期限内不脱胶。

（2）衬布能在适宜的温度下与面料压烫粘合，压烫时不会损伤面料，不影响织物的手感。

（3）衬布的热压收缩与面料相一致，压烫粘合后，具有较好的保形性，压烫粘合无正面或背面渗料现象。

（4）衬布的缩水率要与面料相一致，粘合后与面料配伍良好，水洗后保持外观平整，不起皱，不打卷。

（5）永久粘合型粘合衬必须具有良好的耐洗性能，耐干洗或耐水洗，洗后不脱胶，不起泡，能耐蒸汽熨烫加工。

（6）有较好的随动性和弹性，具有适宜的手感，能适应服装各部位软、中、硬不同手感的要求。

（7）有较好的透气性，保证穿着舒适，具有抗老化性能，在衬布储存期和使用期，粘合强度不变，无老化泛黄现象。

二、服装用粘合衬的作用

粘合衬在服装成衣工艺中的作用有以下几个方面：

1．缝制的合理化、省力化

粘合衬是为了解决服装工人的缝制技术而开发的，采用粘合衬以粘代缝，使服装成衣工艺发生了根本变革，缩短了工艺流程，降低了工时消耗，提高了工作效率，使缝制作业更趋合理化、省力化。如驳头衬的应用，改变了传统的驳头敷衬工艺。

2．形成优美的外形

粘合衬与面料粘合后增强了面料的尺寸稳定性和弹性，改善了手感并提高了服装档次，对形成服装优美的外观起了很大作用，能充分体现人体的线条美，在服装上起造型作用。如服装折边部位粘合衬的应用。

男西服上衣各部位用衬方法及应用

3．防止穿着变形

粘合衬把面料的活动控制在合理范围内，防止织物伸长与收缩，防止织物松散，消除省尖窝形，改善明线皱缩，可起到加固补强作用。防止服装因穿着和洗涤而变形，保持衣服长时间的高品质，对服装有保形作用。

4．改善面料和服装的服用性能

现代服装向轻、薄、软、挺括及穿着感和尺寸稳定感方向发展，粘合衬可弥补面料性能的不足，改善服装的服用性能。

三、服装缝制的概念与流程

服装缝制是服装成衣的重要工序之一。服装缝制主要是运用相关的缝制设备，将服装的裁片按照工艺的要求，进行缝合的一种方式，使平面的裁片立体化。

以女衬衫缝制为例，其主要工序工艺流程可以分为样板制作、面料裁剪、缝制三大步骤。具体如图 6-1 所示。

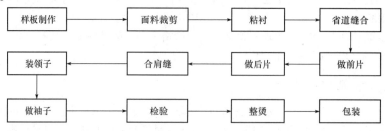

图 6-1　女衬衫缝制工艺工序流程图

第二节　服装粘合

一、粘合过程

压烫加工过程是热熔胶与纤维粘合的过程。在这一过程中，由于温度、压力和时间的作用，热熔胶发生了一系列物理形态变化。整个过程可分为升温、粘合、固着三个阶段。

1. 升温阶段

压烫机通过热压板或烘房将热量经过织物传给热溶胶，使热溶胶升至熔融温度 T_m，并开始熔融，这一段所需时间为升温时间 t_1。t_1 与压烫机的温度、压力、面料的组织结构、纤维的导热性能、热熔胶的熔融温度 T_m 等因素有关。

2. 粘合阶段

随着温度的升高和外加的压力，热熔胶的流动性增加，表面张力降低，热熔胶由固态变为液态，润湿织物表面并渗透到纤维毛细空隙，形成扩散界面层，与面料发生粘合作用。这一阶段所需时间为粘合时间 t_2。t_2 与织物的表面状态、热熔胶的表面张力、熔融粘度或熔融指数和扩散速率系数有关，其中热溶胶的熔融指数影响尤为重要。

各类热溶胶的熔融粘度与温度呈线性关系，温度越高，熔融粘度越小，热溶胶的流动性越好。因此，在粘合阶段对温度有一定的要求，温度有一个最高值和最低值，在此范围内粘合效果最佳，此温度范围称为胶粘温度 T_a，各类热熔胶的 T_a 见表 6-1。高于此范围，粘合面料就会手感变硬并有渗胶现象。低于此温度范围，粘合强度就会降低甚至不粘合。

表 6-1　常用热熔胶性能

热熔胶名称	胶粘温度范围 /℃	熔点范围 /℃	熔融指数范围 /（g·10 min^{-1}）
HDPE	150～170	125～136	8～20
PA	130～160	90～130	15～80
EVAL	100～120	70～90	20～150
PET（PES）	140～160	115～125	18～30

3．固着阶段

压烫结束后，压力消除，热熔胶逐步冷却到熔点温度以下，胶体结晶并固着在织物上，这一阶段所需时间为固着时间 t_3。固着需要较长时间，一般要存放 4 小时以上才能完全固着，但由于固着阶段衬布和面料已离开压烫机，故实际操作时不把这一段时间看作压烫时间，但压烫后必须存放一段时间后再进行下一道工序的操作，以保证粘合质量。

二、粘合方式

粘合压烫的方式通常有以下几种：

1．单层压烫

单层压烫是一层面料和一层粘合衬进行粘固的方式。受热熔融的热熔胶自然流向热源方向，因此确定热源方向后，对于粘合衬的位置就有所要求。当热源来自下方时，面料应在下方，粘合衬在上方，如图 6-2（a）所示。当热源来自上方时，面料应在上方，粘合衬在下方，如图 6-2（b）所示。

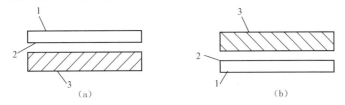

图 6-2　单层压烫粘合方式
（a）粘合衬在上方；（b）粘合衬在下方
1—粘合衬；2—胶面；3—面料

2．多层压烫

多层压烫有以下几种情况：

（1）两层面料在外，两层衬布在内的压烫。两层面料相对并分别与外层的粘合衬胶面相叠加。适合于热源来自上下两个方向的粘合方式，主要应用于服装的对称部位。在定位时，应保持位置的准确。如图 6-3（a）所示。

（2）两层衬料在面料的上方或下方进行压烫，如图 6-3（b）、图 6-3（c）所示。

（3）一层双面涂胶的粘合衬夹在两层面料之间进行压烫，如图 6-3（d）所示。

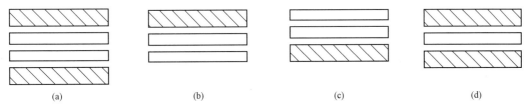

图 6-3　多层压烫粘合方式
（a）两层面料在外，两层衬布在内；（b）两层衬料在面料的下方；
（c）两层衬料在面料的上方；（d）一层双面涂胶的粘合衬夹在两层面料之间

三、粘合设备

常用的粘合设备有熨斗、平板式粘合机、连续式粘合机、全自动连续粘合机和高频粘合机等，这些设备分别适用于各种批量生产和特定的使用要求。

1. 熨斗

熨斗适合小面积、低熔点的粘合衬布的加工，主要应用于单件制作和小部件的粘合加工。

2. 平板式粘合机

平板式粘合机是将衬布和面料置于两层压板之间，压板用电热丝加热，利用压缩空气或液压使压板紧压。如图 6-4 所示，平板式粘合机属于间歇式加工方式。其主要应用于小部件的粘合加工，如衣领、门襟、袖头等。转台平板粘合机的粘合效率更高。

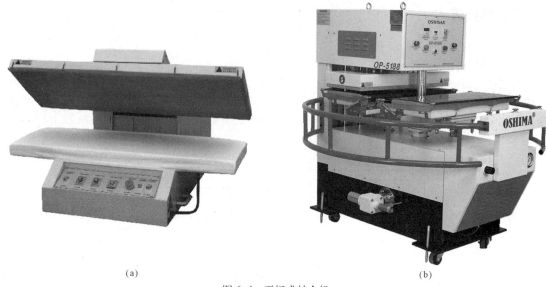

(a)   (b)

图 6-4   平板式粘合机

（a）全自动平板粘合机；（b）转台平板粘合机

3. 连续式粘合机

连续式粘合机的粘合面是运输带，运输带带动衣片和衬布移动，经烘房加热，经轧辊加压进行粘合。连续式粘合机属于连续式加工方式，可连续进料，生产效率高，适合于各个部位的粘合加工，如图 6-5 所示。

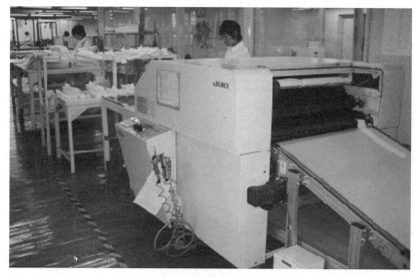

图 6-5   连续式粘合机

4. 全自动连续粘合机

全自动连续粘合机分预粘合和主粘合两个粘合区，可分段进行压力和温度的控制。压力可连续调节，温度可按预先设定的程序进行自动控制，难加热或难粘合的材料可在初始阶段迅速升温，热敏感织物可缓缓升温，防止面料和衬布的收缩。

5. 高频粘合机

高频粘合机是一种新型的粘合机，其利用微波辐射进行粘合加工，可在较低温度下进行多层粘合（穿透能力强），手感好而且有较高的生产效率，不会产生渗胶现象。

四、粘合工艺

粘合工艺的参数有温度、时间和压力三项。为满足各种粘合衬布的需要，粘合机对温度、时间、压力具有足够的调节范围，但如何选择三个参数的最佳值，是有效利用粘合机、保证服装质量的关键。如温度过高易引起衣料变质、热缩性大、粘合剂老化、粘合后脆裂；如温度过低，则达不到粘合强度，效率低。

压力过大，粘合剂浸透面料、破坏手感且影响质量；压力过小，影响粘合强度。时间选择不当也易造成不良后果。

1. 粘合温度

粘合温度对剥离强度、面料的手感和外观影响都较大，是选择衬布时需首先考虑的问题。粘合温度是由热熔胶的熔融温度和熔融指数决定的，常用热熔胶的性能见表6-1。

在选择热熔粘合衬时应考虑面料的耐热性，粘合温度不应对面料的理化性能、手感和外观产生影响。在选择热熔粘合温度时，应进行试验，寻找最佳的粘合温度。

粘合工艺的先决条件是粘合温度需大于热熔胶的熔点，在压力、时间一定的条件下，剥离强度开始随着温度的升高而升高，当超过熔融温度后就慢慢减小。原因是粘合温度过高时，热熔胶透过织物纱线浸润到织物表面，产生渗胶现象，剥离强度有所下降。渗胶同时会影响服装外观效果，并使面料与衬料脆化。剥离强度随温度变化的曲线如图6-6所示。

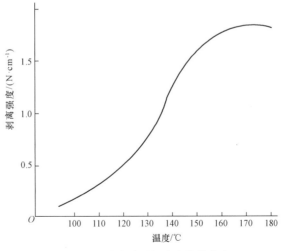

图6-6 剥离强度随温度变化的曲线

工业化生产大多在粘合机上粘合，通常所指的粘合温度 T 是粘合机温度表读数，不是实际作用于面料和衬料的温度 T_s，熔压面温度 T_s 需要用测温纸测定。粘合机温度表读数 T 大于熔压面温度 T_s，$T = T_s + \Delta T$，ΔT 为加热器到织物的热损耗，设备不同，热损耗的数值也不相同，对于同一台粘合机，ΔT 的数值为定值。

2. 粘合压力

粘合压力的作用有三点：一是使面料和衬料紧密贴合，便于热传导；二是使热熔胶较易嵌入面料反面的纤维内，有利于热熔胶分子在纤维分子链间的扩散，提高粘合强度；三是提高热熔胶的流动性，加速热熔胶的浸润和扩散。

粘合压力与剥离强度的关系是：随着粘合压力的提高，剥离强度也随之提高，但压力过大，会造成渗胶现象，影响服装的外观和手感，剥离强度也有所降低。一般外衣用 PA 衬的压烫压力为 0.1 ～ 0.5 MPa，衬衫用 HDPE 衬的压烫压力为 0.2 ～ 0.35 MPa。

3. 粘合时间

粘合时间是指自开始加温到热量和压力去除的这段时间间隔。压烫时间由衬布热熔胶的熔融指数、织物组织、压烫温度和压烫压力等因素决定，PA 衬的压烫时间一般为 12 ～ 20 s，HDPE 衬的压烫时间一般为 15 ～ 25 s。压烫时间与温度相关，提高温度可缩短时间，延长时间可降低温度。但是都是在一个限度内。

粘合时间与剥离强度的关系是：随着粘合时间的增加，剥离强度也随之提高，但时间过长，会造成面料脆化现象，并影响生产效率。

第三节　服装缝制前测试

一、面料缝缩率测试

1. 测试的目的

面料缝缩率测试试验的目的有以下几个方面：

（1）了解面料缝制后的实际缩缝情况，便于计算缝缩率数据。

（2）了解成品尺寸的实际缝缩损耗情况，使大货面料裁剪时加放的缩缝量更加合理。

（3）可以分析造成缝缩率的原因，利于大货生产时对成品尺寸的控制。

（4）可以了解和建立不同面料的缝缩率信息数据库。

2. 测试的条件

面料缝缩率测试试验主要由设备型号、缝线规格、针距密度、缝针型号、面料的品种这几个方面因素所决定。面料缝缩率试验的条件测试表见表 6-2。

表 6-2　面料缝缩率试验的条件测试表

编号	设备型号	缝线规格	针距密度	缝针型号	面料品种	备注

制表人：　　　　　　　　　　　　　　　　　　　　　　　　　日期：

3．试验的步骤

（1）准备工作：裁剪 10 cm×100 cm 大小的面料 3 块，并在试样上做好编号和标记，如图 6-7 所示。

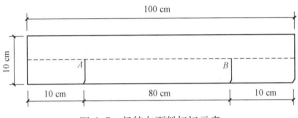

图 6-7　经纬向面料标记示意

（2）缝制要求：将两块丝缕方向相同的面料试样重叠，在正常的缝制状态下，在试样的中间缉一条直线，并将缝好后的测试结果填在表中，见表 6-3。

表 6-3　面料缝缩率试验测试记录表

订单号			颜色			年　月　日			
面料色卡									
	洗水前	洗水后			加温前	加温后			
匹号	规格	经缩	纬缩	备注	匹号	规格	经缩	纬缩	备注

（3）测量计算公式为

$$缝缩率 = （洗水后尺寸 - 洗水前尺寸）/ 洗水前尺寸$$

或

$$缝缩率 = （加温后尺寸 - 加温前尺寸）/ 加温前尺寸$$
$$平均值 = 3 块试样的缝缩率之和 / 3$$

二、服装缝制前缝纫线消耗比值 E 测试

缝纫线消耗比值 E 测定是为了测试缝纫线迹在正常情况下缝线的实际使用率，主要以预测单件产品的缝线使用量和控制缝线的使用情况，减少缝线的损耗、节约成本为目的。

缝线消耗比值 E 主要采用缝迹定长法和缝线定长法。

1．缝迹定长法

缝迹定长法的试验数据表见表 6-4。

表 6-4　缝迹定长法的试验数据表

cm

测试项目	线的名称	测量数据			平均值	备注
		第一次	第二次	第三次		
线迹的长度 /C	面线					
	底线					
拆出线的长度 /L	面线					
	底线					
缝线消耗比值 /（E=L/C）	面线					
	底线					

记录人：　　　　　　　　　　　　　　　　　　　复核人：
日　期：　　　　　　　　　　　　　　　　　　　日　期：

2．缝线定长法

缝线定长法的试验数据表见表 6-5。

表 6-5　缝线定长法的试验数据表

cm

测试项目	线的名称	测量数据			平均值	备注
		第一次	第二次	第三次		
标记线段的长度 /L	面线					
	底线					
标记线段缝制的 线迹长度 /C	面线					
	底线					
缝线消耗比值 /（E=L/C）	面线					
	底线					

记录人：　　　　　　　　　　　　　　　　　　　复核人：
日　期：　　　　　　　　　　　　　　　　　　　日　期：

第四节　服装缝制工艺

一、缝针

（一）缝针的分类

1．按用途进行划分

缝针按用途进行划分可以分为家用缝针和工业用机针两种类型。

（1）家用缝针。家用缝针又分为手针和家用缝纫机针，主要完成手工和家用低速运转缝纫机的缝制加工。家用缝针的结构比较简单，对缝针的质量要求不高。

（2）工业用机针。工业用机针是工业缝纫机专用钢针，是工业化缝制生产的主要工艺件，其使用功能是穿刺面料，引导缝线形成需要的线环。在缝纫加工过程中，机针的性能对服装成品的质量、生产的效率有直接影响。机针性能差不仅影响服装生产效率，而且会产生针洞、缝料或缝纫线烧损等缺陷，降低服装产品的档次。

2. 按针体外形进行划分

缝针按针体外形进行划分可以分为直针和弯针两种，大多数缝纫机使用直针，弯针多用于暗线迹的加工，如缲边机等。

（二）工业用机针型号

1. 针型

针型是某缝纫机种所使用机针的代码，是对缝纫机的种类而言的。目前，各个国家的针型不统一，但对同型机针，其针杆直径和长度是一致的。机针型号对照表见表6-6。

表6-6　机针型号对照表

缝纫机种类	中国针型	日本针型	美国针型	机针全长 / mm	针柄直径 / mm
平缝机	88×1	DA×1	88×1	33.4～33.6	1.6
	96×1	DB×1	16×231		
包缝机	81×1	DC×1	81×1	33.3～33.5	2.0
	DM13×1	DM×13	82×13		
锁眼机	71×1	DL×1	71×1	37.1～39	1.6
	136×1	DO×1	142×1		
钉扣机	557×1	DL×5	71×5		
	DP×5	DP×5	135×5		
	566	TQ×7	175×7	40.8～50.5	1.7
	566	TQ×1	175×1		

2. 针号

针号是机针针杆直径的代码，是对缝制物种类而言的。薄厚不同的缝制物需选用不同的针号。常用的针号表示方法有以下三种：

（1）公制：以百分之一毫米作为基本单位量度针杆直径，并以此作为针号，一般从55每隔5单位递增，到100为止。如55号针，针杆直径为 $D = 55 \times 0.01 = 0.55$（mm）。

（2）英制：以千分之一英寸作为基本单位度量针杆直径，并以此作为针号，一般从022～040。如022号针，针杆直径 $D = 22 \times 0.001 = 0.022$（英寸）。

（3）号制：机针代号，一般为6～16号，号数越大，表明针杆直径越粗。针号对照表见表6-7。

表6-7　针号对照表

号制	6	7或8	9	10	11	12	13	14	15	16
公制	55	60	65	70	75	80	85	90	95	100
英制	022	—	025	027	029	032	034	036	038	040

（三）缝纫机针的结构与性能

机针是缝纫机的主要成缝构件，其种类繁多，从外形看也有很大区别，但基本结构有共同之处，现以生产中应用最多、最普遍的平缝机针为例介绍其构造和性能。

1. 平缝机针的结构

平缝机针的结构如图6-8所示。

（1）针尖。针眼至针尖端较纤细的部分，其作用是穿刺面料。针尖有不同的造型，其形状主要有圆形和异形。圆形针尖的尖端呈半圆形，主要用于梭织物、针织物和其他纺织类织物的缝合。异形针尖又分为椭圆形、三角形及菱形针尖等，主要用于人造革和皮革类面料的缝制。

（2）针杆。针杆与针尖相连，呈细长状，是缝针的主体，其作用是运线，携带缝线穿过面料。当针穿越缝料时，此部位承受的摩擦力最大。

（3）针梢。针杆由细变粗的部位，其作用是增加针的强度。

（4）针柄。针的尾部，呈圆柱状，是针直径最大的部位，是机针工作时的支撑点。相同型号机针的针柄长度和直径均相同。

（5）针顶。针顶部的椎体，其作用是确保机针安装到位，不在顶部产生空位，使针稳固。

（6）容线槽。容线槽分为长短两部分。长容线槽的作用是针杆在携带缝纫线穿过面料时，使缝线容卧其中，减小线与面料之间的摩擦，减少缝线的断裂率，如图6-9所示。短容线槽位于针孔附近，比针孔大约长一倍，在机针穿刺面料时导引面线。在机针回升时由于面线部分露出槽外，会产生较大摩擦力，阻止面线随针上升，起促进线环形成的作用，可有效减少对面料的损伤。

（7）曲挡。曲挡是在针杆上针眼附近凹陷的部分，其作用是构成一个形成线圈的理想部位，使梭尖准确无误地勾取线圈。机针在工作时，当它由最低点上升时，缝纫线形成一个线环，这时梭钩将伸进线环中，带缝纫线绕梭体形成线迹。如果机针没有曲挡，线环与针体之间的空隙则比较小，梭钩不易准确地深入线环中，因而会形不成线迹，产生"跳线"现象，如图6-10所示。

（8）针孔。针孔在针尖与针杆的交界处，其作用是使缝线穿过并将线带过面料。在缝制过程中，缝线在针孔中快速地重复滑动，因此，针孔的光滑度应比较好，并且在不影响机针强度的情况下，针孔应尽可能地大。

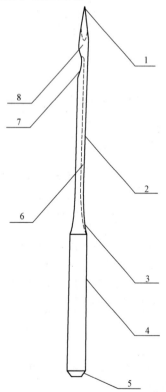

图6-8　平缝机针的结构

1—针尖；2—针杆；3—针梢；4—针柄；
5—针顶；6—容线槽；7—曲挡；8—针孔

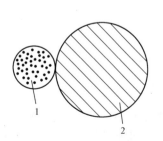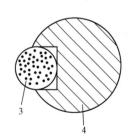

图6-9　长容线槽

1，3—缝线；2，4—针杆

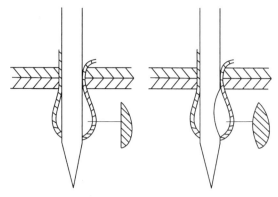

图 6 -10 曲挡

2. 缝纫机针的受力分析

在缝制过程中，机针受到的作用力主要有以下两个方面：

（1）正常缝纫所受的作用力令机针偏斜，产生弯曲应力。缝纫时，机针所受的作用力有以下几个方面：一是布料重叠或不均匀的分布造成作用力的增加；二是在缝纫接口位置时力的增加；三是缝纫线张力太大；四是在缝制过程中，手对布拉动的作用；五是缝制完毕，从设备上移离布料时没有放松针线张力器。该作用力可以使机针弯曲，弯曲的机针可能会碰撞压板、针板和梭钩而产生破坏。

（2）机针穿越布料的屈曲应力。当机针穿越布料时，机针会受到屈曲应力的作用，力的大小根据布料种类、厚度、布料的表面处理方式、针号和针尖形状的不同而有所改变。当机针进入布料时，作用力达到最大值，这种刺进和退出的动作，使机针和布料产生摩擦，因而使机针温度升高，高速平缝机的机针温度可达到 400 ℃。当机针的强度因高温而受影响时，机针只能报废。

二、缝纫线

缝纫线是指在服装、室内装饰、气撑织物结构和土工布等产品成型过程中，通过接缝使不同的部件连接在一起的纱线。缝纫线是主要的线类材料，用于缝合各种服装材料，兼有实用与装饰双重功能。缝纫线质量的好坏，不仅影响缝制效率，而且影响所缝服装和制品的外观质量及加工成本。

缝纫机针的性能

（一）缝纫线的分类与特点

服装用缝纫线，按原料通常分为天然纤维缝纫线、合成纤维缝纫线及混合缝纫线三大类。

1. 天然纤维缝纫线

常见的天然纤维缝纫线有棉缝纫线和蚕丝线两类。

（1）棉缝纫线：以棉纤维为原料，经炼漂、上浆、打蜡等工序制成的缝纫线。棉缝纫线又可分为无光线（或软线）、丝光线和蜡光线。棉缝纫线有较高的拉伸强力，尺寸稳定性好，不易变形，耐热性好，能承受 2 000 ℃以上的高温，适于高速缝纫与耐久压烫。但其弹性和耐磨性较差，难以抵抗潮湿和细菌的危害。主要用于棉织物、皮革及高温熨烫衣物的缝纫。

（2）蚕丝线：用天然蚕丝制成的长丝线或绢丝线，有极好的光泽，其强度、弹性和耐磨性能均优于棉线，适于缝制各类丝绸服装、高档呢绒服装、毛皮与皮革服装、绣花等。

2. 合成纤维缝纫线

（1）涤纶缝纫线：涤纶缝纫线是目前使用最多、最普及的缝纫线，以涤纶长丝或短纤维为原料制成。

涤纶缝纫线具有强度高、弹性好、耐磨、缩水率低、化学稳定性好等特点，多用于一般衣物的缝制。其缺点是：涤纶缝线熔点低，在高速缝纫时易熔融，堵塞针眼，导致缝线断裂，故需选用合适的机针。

（2）锦纶缝纫线：锦纶缝纫线由纯锦纶复丝制造而成，其分为长丝线、短纤维线和弹力变形线三种，目前主要品种是锦纶长丝线。锦纶缝纫线的优点在于延伸度大、弹性好，其断裂瞬间的拉伸长度高于同规格的棉线三倍，因而适合于缝制化纤、呢绒、皮革及弹力服装等。锦纶缝纫线最大的优势在于透明；由于透明，和色性较好，降低了缝纫配线的困难，发展前景广阔。不过限于目前市场上透明线的刚度太大，强度太低，线迹易浮于织物表面，加之不耐高温，缝速不能过高等缺点，目前主要用作贴花、扦边等不易受力的部位，没有用于普通缝制。

（3）维纶缝纫线：维纶缝纫线由维纶纤维制成，其强度高，线迹平稳，主要用于缝制厚实的帆布、家具布、劳保用品等。

（4）腈纶缝纫线：腈纶缝纫线由腈纶纤维制成，主要用作装饰线和绣花线，纱线捻度较低，染色鲜艳。

3. 混合缝纫线

（1）涤/棉缝纫线：采用65%的涤纶短纤维和35%的优质棉混纺而成，兼有涤和棉两者的优点。涤/棉缝纫线既能保证强度、耐磨、缩水率的要求，又能克服涤纶不耐热的缺陷，适合高速缝纫，可用于全棉、涤/棉等各类服装的缝制。

（2）包芯缝纫线：以长丝作为芯线，外包覆天然纤维而制得的缝纫线。包芯缝纫线的强度取决于芯线，而耐磨与耐热取决于外包纱。因此，包芯缝纫线适合于高速缝纫和需要较高缝纫牢固的服装的缝制。

（二）缝纫线的质量要求与选用原则

1. 缝纫线的质量要求

优质的缝纫线应具有足够的拉伸强力和光滑无疵的表面，条干均匀，弹性好，缩率小，染色牢度好，耐化学品性能好，具有良好的可缝性。国家标准对缝纫线的技术指标有严格的规定和要求，其项目包括特数、股数、捻度、单纱强力及强力变异系数、染色牢度（特别是耐洗与耐摩擦色牢度）、沸水缩率、长度及允许公差、结头允许数及外观疵点（表面接头、油污渍、色差、色花、珠网等）限度等。根据国家标准规定，缝纫线按等级划分为一等品、二等品和等外品。

评定缝纫线质量的综合指标是可缝性。可缝性表示在规定条件下，缝纫线能顺利缝纫和形成良好的线迹，并在线迹中保持一定机械性能的能力。可缝性的优劣，将对服装生产效率、缝制质量及服用性能产生直接影响。为了使缝纫线在服装加工过程中具有最佳的可缝性，良好的缝纫效果，正确选择和应用缝纫线是十分重要的。

2. 缝纫线的选用原则

缝纫线的选用应遵循以下原则：

（1）与面料特性相配。缝纫线应与面料的原料相同或相近，这样才能保证其缩率、耐热性、耐磨性、耐用性等和面料的统一，避免因线与面料之间的差异而引起外观皱缩，一般化纤衣料应选用化纤或其混纺的缝纫线，特殊功能服装需选用经过特殊处理的缝纫线。缝纫线的粗细应取决于织物的厚度和重量，在缝口强度符合要求的情况下，缝纫线不宜过粗，以防对面料造成损伤。缝纫线的颜色应与面料相同或相近，若需特殊装饰，可采用异色，以产生装饰效果。

（2）与服装种类相一致。选择缝纫线时应考虑服装的用途、穿着环境和保养方式。对于特殊用途的服装，应考虑特殊功能的缝纫线，如弹力服装需用弹力缝纫线，消防服需用耐热、阻燃和防水处理的缝纫线。

（3）与线迹形态相协调。服装不同部位所用线迹不同，缝纫线也应随其改变，如包缝需用蓬松的线或变形线，链式线迹应选择坚牢和延伸性大的线，缲缝线应选择高纱织或透明线，裆缝、肩缝线应坚牢，扣眼线则需耐磨。

（4）与质量、价格相统一。缝纫线的质量与价格应与服装的档次相统一，高档服装应选用质量好、价格高的缝纫线，中、低档服装选用质量一般、价格适中的缝纫线。一般缝纫线的标牌上都标有缝纫线的等级、使用原料、纱支细度等，有助于我们合理地选择和运用缝纫线。

三、线迹

服装的成形技术有缝合、粘合、编织等多种，其中缝合是最主要的一种。组合部件由缝纫线所形成的各种线迹组合在一起形成服装。

（一）线迹的概念和作用

1．基本概念

（1）针迹：缝针穿刺缝料时，在缝料上形成的针眼。

（2）线迹：缝制物上两个相邻针眼之间所配置的缝线形式。线迹是由一根或一根以上的缝线采用自链、互链、交织等方式在缝料表面或穿过缝料所形成的一个单元。

1）自链：缝线的线环依次穿入同一根缝线形成的前一个线环，如图6-11（a）所示。

2）互链：一根缝线的线环穿入另一根缝线所形成的线环，如图6-11（b）所示。

3）交织：一根缝线穿入另一根缝线的线环，或者围绕另一根缝线，如图6-11（c）所示。

（3）缝迹：在衣片上形成的相互连接的线迹。

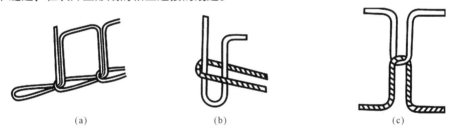

图6-11　线迹形成方式

（a）自链；（b）互链；（c）交织

2．作用

缝合作用——线迹的主要作用是缝合，是将不同的衣片连接在一起形成服装。

保护作用——保护面料的边缘不脱散，如各种包缝线迹。

加固作用——对服装某些部位进行加固，以保持该部位形状的稳定。

装饰、美化作用——各类明线使服装结构特征明确，既起到缝合的作用，又起到加固和美化的作用。

其他作用——如完成钉扣、锁眼等特定作业。

（二）线迹的要素

线数：线迹是由几条缝线组成的。

结构：线迹的状况（线和线之间的关系、形状、特征等）。

密度：单位长度内所包含的线迹的独立单元个数。如《女西服、大衣》

线迹的分类和性能

（GB/T 2665—2017）中规定，女西服明暗线针迹密度为每3 cm 11 ～ 13针，包缝线每3 cm不少于11针，细线锁眼每1 cm 12针，粗线锁眼每1 cm不少于9针。

四、缝型

服装缝口是指各裁片相互缝合的部位。缝型即缝口的结构形式，指一定数量的裁片和线迹在缝制中的配置形式。

（一）缝型的构成要素

缝型的构成要素包括布料的数量和配置方式、线迹的种类、缝针的穿刺部位和形式，以及三者间的相互配置形态。简单地说，缝针、缝料和缝线是构成缝型的三大要素，要设计理想的缝型，不仅要分别掌握针、料、线的知识与性能，而且要了解三者相互之间的配合。

（二）缝纫型式分类

缝纫型式的国际标准代号为 ISO 4916，我国纺织行业标准为《纺织品与服装 缝纫型式 分类和术语》（FZ/T 80003—2006），标准根据形成缝纫型式的线迹形式和缝料的最少层数，把缝纫型式分为 8 类。其中按布料布边缝合时的位置分为有限和无限两种，缝线直接配置其上的布边称为有限布边，以直线表示；远离缝迹的布边称为无限布边，以波纹线表示。缝纫型式的分类及各类缝型的特点如下：

第一类：本类缝纫型式至少要由两层缝料组成，并且两层缝料至少在同一侧均为有限边，两层以上缝料的缝纫型式类似于这两层缝料或两侧均为有限边。

第二类：本类缝纫型式至少由两层缝料组成，两层缝料各有一条有限边，其中一层缝料的有限边在一侧，另一层缝料的有限边在另一侧，两层缝料不在一个平面上，有限边相向相互重叠。两层以上缝料的缝纫型式类似于这两层缝料或两侧均为有限边。

第三类：本类缝纫型式至少由两层缝料组成，一层缝料的一条有限边在一侧，另一层缝料两侧都为有限边，并包夹前一层的有限边上，两层以上缝料的缝纫型式类似于这两层缝料。

第四类：本类缝纫型式至少由两层缝料组成，一层缝料的有限边在一侧，另一层缝料的有限边在另一侧，两层缝料处于同一平面上相对接，两层以上缝料的缝纫型式类似于这两层缝料或两层均为有限边。

第五类：本类缝纫型式至少由一层缝料组成，缝料两侧均为无限边，一层以上缝料可以有一条有限边或有两条有限边。

第六类：本类缝纫型式仅由一层缝料组成，并只在一侧为有限边，可以在左侧或右侧。

第七类：本类缝纫型式至少由两层缝料组成，其中一层缝料的一侧为有限边，任何其他缝料两侧均为有限边。

第八类：本类缝纫型式至少由一层缝料组成，缝料两侧都为有限边，其他缝料的两侧也为有限边。

缝纫型式分类见表 6-8。

表 6-8　缝纫型式分类

项目	缝纫型式分类							
	一类	二类	三类	四类	五类	六类	七类	八类
缝料构成形态								
缝料最少层数	2 层或 2 层以上	2 层或 2 层以上	2 层或 2 层以上	2 层或 2 层以上	1 层或 1 层以上	1 层	2 层或 2 层以上	1 层或 1 层以上

（三）缝纫型式标示

缝纫型式的标示有数字标示法和图形标示法两种。

1. 数字标示法

每个缝纫型式由一组5位数表示：×.××.××

第一位：从1到8表示缝纫型式的类别；

第二位、第三位：从01到99表示缝料的不同构成形状；

第四位、第五位：从01到99表示机针不同穿刺点的位置、刺穿途径及缝料构成形状的横截面。

2. 图形标示法

（1）图示通常以形成缝型所需缝料的最少层数表示。

（2）缝料层以粗实线表示。

（3）缝料无限边以波浪线表示。

（4）缝料有限边以直线表示。

（5）机针穿刺缝料以直线表示，穿刺形式有三种：一是穿过所有缝料；二是未穿透所有缝料；三是成为缝料的切线，如图6-12所示。

（6）嵌线横截面用大圆黑点表示，如图6-13所示。

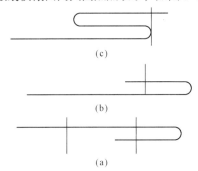

图6-12 机针穿刺缝料的三种形式

（a）穿过缝料由302线迹缝纫；
（b）未穿透缝料由103线迹缝纫；
（c）与缝料相切由503或505线迹缝纫

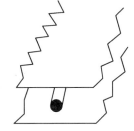

图6-13 嵌线横截面表示

（7）所有缝纫型式以缝纫机完成的形式来显示，如有多种缝纫动作，则以最后缝合完成所得的形式来表示。缝纫型式示意举例见表6-9。

表6-9 缝纫型式示意

1.01.01	8.02.01	3.03.01	6.03.04
合缝	缝裤袋环	滚边	折边
2.04.04	3.05.01	5.06.01	4.07.02
双包边	光滚边	扒条	装拉链

续表

7.15.02	1.23.03	5.31.02	7.75.01
缝单道松紧带	合肩(加肩条)	订口袋	缝双道松紧带

【例 6-1】男西裤款式图及各缝制部位标号如图 6-14 所示,各部位缝纫型式见表 6-10。

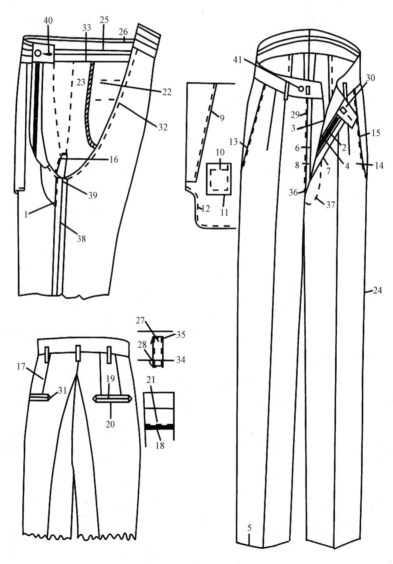

图 6-14 男西裤款式图

表 6-10　男西裤各部位缝纫型式

序号	部位名称	缝型图示	缝型代号	序号	部位名称	缝型图示	缝型代号
1	缝小档垫底			11	缝内袋布		5.31.02
3	里襟暗缝			15	缝斜袋口明线		1.06.02
6	里襟与拉链缝合			16	缝侧袋布		1.06.03
7	缝门襟			37	缝门襟明线		1.06.03
9	缝侧垫布			17	缉后省		6.02.01
12	斜袋布暗缝			20	自动开后袋		5.39.01
21	勾后垫袋布		1.01.01	22	封后袋门字线		2.45.01
24	包侧缝			23	包后袋布	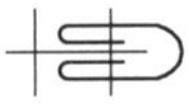	3.05.05
29	缝腰头			25	腰里暗缝	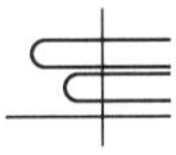	7.44.01
32	合后档缝			14	缝斜袋口内缝		
34	缝裤袋环			26	缝制腰里		2.02.01
38	包下档缝			35	缝裤袋环上口		
39	缝十字缝			27	缝制裤袋环	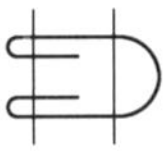	8.06.02
2	缝门襟拉链		5.30.01	28	订裤袋环	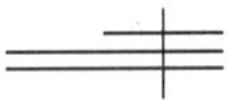	1.23.21
4	门襟包边			30	敲裤钩	—	—
18	后袋垫布包边		6.01.01	31	袋口缝口	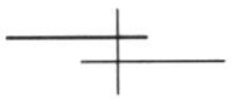	2.01.01
19	后袋嵌线包边			33	撩缝腰身	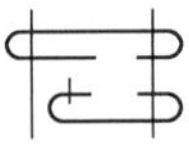	7.72.01
5	裤脚口		6.02.02	36	缝里襟线		2.05.02
8	缝里襟		1.11.01	40	锁眼	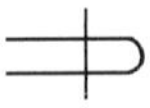	6.05.01
13	缝斜袋口		1.11.01	41	钉扣	—	—
10	缝内袋布上口		7.26.01				

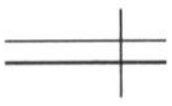

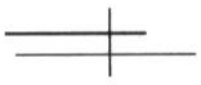

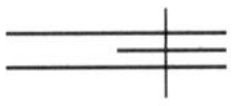

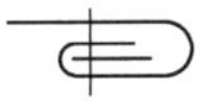

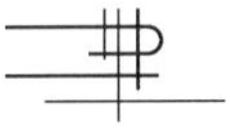

五、缝制性能

（一）缝口强度

1．基本概念

缝口强度：缝口的牢固程度。其是指缝口所能经受的最大拉力，一般指垂直于缝口的作用力，针织服装沿缝口方向的强度比垂直方向更为重要。服装缝制质量的好坏，集中表现在缝口的性能上，而缝口强度是缝制性能中非常重要的指标。

缝合效率：指缝口强度与构成缝口的面料强度之比。一般要求85%左右，强力较低的面料如棉、丝、部分人造纤维的缝合效率一般控制在75%左右。

2．缝口破坏形式

缝口的破坏形式有以下两种：

（1）缝纫线断裂型。缝纫线断裂型的缝口破坏发生在构成缝口的面料具有较高强度的情况。由于面料的强度较高，而缝纫线的强度相对较低，因此缝口受到拉力作用时，首先断裂的是缝纫线，然后是面料的破损。

（2）面料破损型。面料破损型的缝口破坏发生于用高强度的缝纫线缝合强度比较低的面料的情况。在这种场合，当缝口受到拉力时，缝纫线一般不会被拉断，而是缝口附近的面料被拉破，使缝口遭到破坏。实际过程是，缝口受到拉力作用，面料被拉破之前，首先是平行于缝口的纱线（经纱或纬纱）发生位移，或者叫作纱线的滑脱。这时缝口附近会出现许多裂口，严重影响服装的外观。这种情况下缝口已经受到了破坏，因此，在缝口的这种破坏形式中，测定缝口强度有两个试验值，一个是缝口附近的纱线开始发生位移，缝口出现裂口时的拉力大小；另一个是缝口处的面料被拉破时的拉力大小。从实用方面考虑，前者较为重要。

3．影响缝口强度的因素

缝口强度的大小，受许多因素的影响，其主要的影响因素有以下几个方面：

（1）缝口形式。同样的两个衣片能以不同的形式形成缝口，缝口形式不同，其强度也不相同，如压缝缝口的强力大于合缝缝口的强力。

（2）线迹形式。各种线迹由于结构不同，因而具有不同的强度。如双线链式线迹（401线迹）的强度大于平缝线迹（301线迹）。

（3）面料性能。面料强度是决定缝口强度的基础，而面料强度又与面料的组织结构、纱线性能、组成面料的经纬纱密度、纱线之间的摩擦系数的大小等因素有关。

（4）缝纫线性能。缝纫线是使衣片构成缝口的纽带，它的性能，特别是它的强力大小，是影响缝口强度的重要因素。通常所指的缝纫线强力，是指缝纫线在顺直状态下所测得的强力。两根缝线在环套情况下进行强力测试，所得的强力值就称作缝线的环套强力。由于缝线在弯折部位应力集中，因此缝线的环套强力一般小于普通强力。为了测试简便，通常可以测量缝线的结扣强力。结扣强力一般与环套强力近似，如图6-15所示。

缝纫线经过缝制，在缝口中受到外力作用时大都处于环套状或结扣状，因此，影响缝口强度的是缝纫线的环套强力或结扣强力。而且直接影响缝口强度的不是缝纫线环套或结扣强力的平均值的大小，而是它们之中最小的强力值，因为缝口的破坏都是从这些强力最小的部位开始的。

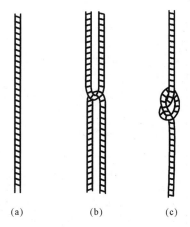

(a)　　　　　(b)　　　　　(c)

图6-15　缝纫线强力
（a）顺直强力；（b）环套强力；
（c）结扣强力

缝纫线最小结扣强力的测试方法如下：将 50 cm 长的缝纫线每隔 5 cm 打一个结，共打 10 个结。将此缝纫线在强力机上拉伸，此时各个结受到的拉力是相等的，最终缝纫线在最弱的打结处断裂。如此测量 10 次，找出记录中的最小值，便可以得到 100 个结中最小的结扣强力。

（5）面料在缝制中的损伤。缝纫机针刺穿面料时往往会将面料中的纱线刺断，使面料的强度降低，影响缝口的强度。

（6）线迹密度。线迹密度与缝口强度有密切关系，改变线迹密度的大小，会影响缝口强度的大小。

在缝纫线断裂型缝口破坏中，随着线迹密度的增加，缝口强度显著增大，它们之间几乎成正比关系。面料断裂型缝口强度随线迹密度的增加而明显增大，但当线迹密度达到一定程度时，随着线迹密度的增加，缝口强度不再继续增大，反而逐渐减小。原因是：在面料断裂型中，缝口破坏是由缝口处的纱线滑脱引起的，增大线迹密度，会使缝口处纱线之间的摩擦力增大，加大纱线滑脱的阻力，缝口强度随之增大。但由于机针在缝制过程中对面料有一定的损伤，因此随线迹密度的增加，针对面料的损伤加大，使面料本身的强度下降，缝口强度不再随之增加，反而有所下降。

实际生产中应根据具体情况，选用合适的线迹密度，以提高缝口的强度。

（二）影响缝制质量的因素

服装作为一种特定的商品，人们在购买时除了注重其款式、面料、色彩及穿着舒适合体外，还要求其制作精细，特别是服装的缝制质量。因此，应正确认识影响缝纫质量的因素并合理运用各种要素以达到最佳的缝纫效果。

1. 缝口缩皱

缝口缩皱是指服装面料经过缝制加工后沿缝口产生的变形现象。例如，缝口凹凸不平、缝口长度缩短、缝口起皱、产生波纹、上下两层面料移位等。缝口缩皱是缝制中经常出现的问题，它对服装产品的外观质量有很大的影响。

（1）缝口缩皱的形成。

1）缝制过程中产生。机械因素中送布牙形状及动程大小不规范、压脚压力太大均易造成上下层面料之间的滑移。缝纫线张力太大，易造成缝口的凹凸不平、波纹、长度的缩短和起皱等，影响缝制质量。

2）穿用过程中产生。虽然缝制后没有明显的缝口缩皱，但在穿用过程中或洗涤过程中，由于缝纫线和面料都具有缩水性，因此当两者的缩水率有较大差异时，便会产生缝口缩皱现象。

3）由于面料性能差异而产生。当被缝合的两片面料性能有显著差异时，或者两片面料的缝合方向不一致时，由于各向异性（如缩率等），缝合后会产生缩皱现象。

（2）缝口缩皱的测定与评价。

1）目测分级法。这是一种定性的测定方法，多用于服装成品质量评定。具体做法是将被检验的缝口剪为 9 段，放在灯光下分别与标准照片进行对比，由有经验的检验人员进行观察，与缝口状态一致的标准照片比较，其等级即为此缝口缩皱等级。9 段缝口分别由 3 名检验人员观测，每人观察 3 段，最后取平均值作为测定结果。标准照片共分为 5 级，缝口缩皱最严重的为 1 级，没有缩皱现象的为 5 级。

目测分级法属于视觉主观评价，易受各种主、客观因素影响，结果准确性差，也不精确。

2）测量计算法。这是一种定量的测定方法，多用于缝制质量的分析与技术管理。缝口缩皱既然是面料在缝口方向上的变形，则必定可以测量出其物理量的变化。其中最简单的物理量是缝口的长度。把缝口长度的变化量作为缩皱大小的标志，可用下列公式计算缝口的缩率大小：

$$SP（\%）=（L-L'）/L\times100\%$$

式中　SP——缝口缩率（%）；

L —— 缝合前缝口长度；

L' —— 缝合后缝口长度。

（3）造成缝口缩皱的因素。缝口的缩皱是由多种因素造成的，其中主要因素是缝纫机械的影响、面料性能的影响以及缝制者操作技能的影响等。

1）缝纫机械的影响。在生产中，缝口是依靠缝纫机进行缝制的。因此，缝纫机的性能和工作状态对缝制质量有直接影响。例如，上下线张力大小、送布牙形状及动程大小、针板形状、针的粗细、针尖造型、压脚的摩擦力和压力大小、机器转速、线迹密度等，都是使缝口产生缩皱的因素。只有根据缝制面料的性能和缝口的特点，把这些因素调节到适合的状态，才能保证面料具有良好的可缝性，避免缝口缩皱的产生。

2）面料性能的影响。不同性能的面料经过缝制后产生缩皱的情况不同。一般情况下，轻薄柔软的面料缝制时容易产生缩皱与上下层位移现象。另外，同一面料的纱向不同，其尺寸稳定性就不相同，因此，车缝方向不同时，产生缩皱的程度也不同。通常面料沿经向车缝缩皱较大，而沿纬向车缝缩皱较小。

为了减少缝制中产生缩皱现象，除了在产品设计和制定工艺过程中合理选择面料和加工工艺外，也可采取必要的措施减少缩皱现象的产生。如车缝薄软面料时选用细机针和孔径小的针板，线的张力不宜太大。

3）缝制者操作技能的影响。随着服装工业的迅速发展，服装机械行业竞相推出用途各异、种类繁多、性能优良的缝纫设备。但是由于加工对象是柔性的服装面料，并且目前的缝制作业一般都需要手工加以辅助，操作时，双手的手势动作与机械配合等都会影响缝制质量，因此即使是最先进的设备，操作者技术素质的差异仍然会在缝制质量上呈现出显著的差异。要生产高质量的服装，前期对工人的严格培训并要求他们严格遵循工艺规程无疑是一个重要因素。

2．材料热损伤

目前缝制加工使用的高速缝纫机，速度均超过 5 000 r/min。在这样高的速度下，针与加工材料之间的剧烈摩擦会产生大量热量，使机针的温度明显升高。据测定，当缝速为 1 200 r/min 时，机针温度达 217 ℃～239 ℃；当缝速为 2 200 r/min 时，机针达 275 ℃～285 ℃。在这样的高温下，许多服装材料将会受到严重损伤。一些耐热性差的面料，如涤纶织物，在这样高的温度下将会熔融变质。如浅色涤纶面料，经过车缝，针孔周围会变成黄褐色，出现面料炭化现象，严重影响外观质量。而一些缝纫线也会由于高温出现大量断线，影响生产的正常进行。

防止热损伤的主要方法是减少摩擦，加速散热。一是改进机针的构造设计，如采用抛物线针尖、变径机针等；二是缝制耐热性差的化纤面料时适当降低车速；三是采取柔软剂、润滑剂对缝针、缝线进行处理，减小摩擦系数，增加耐热性。

3．材料机械损伤

缝制过程中材料的机械损伤，主要是指机针穿透面料时将面料中的经纬纱线刺断而造成面料损坏。

对于梭织面料，少数纱线被刺断，除影响缝口强度以外，一般不会造成十分严重的后果。然而对于针织面料，少数纱线被刺伤会发展成很大的破洞，后果就会很严重。因此，缝制针织面料时，更需特别注意防止机针刺伤的问题。

根据经验，机针刺伤面料多发生在以下方面：

（1）缝制比较硬板的面料。

（2）组成面料的纱线较细，密度较高。

（3）缝合面料的层数较多。

（4）缝合层数突然变化的部位。

（5）使用的机针较粗，针尖锋利。

（6）缝纫机速度很高。

（7）在面料局部反复进行车缝。

除了前两项属于面料本身的问题外，其他因素都需要在生产中加以调节控制，使各种因素达到适宜状态，以防止缝制过程中机针对面料的损伤。

第五节　缝制工序分析

工序是组成生产过程的基本单位。工序分析是按照工艺流程，从第一个工作地到最后一个工作地，全面分析有无多余、重复、不合理的作业流程、搬运和停滞，以改进现场的空间配置和作业方法，提高工作效率。工序分析有以下目的：

（1）明确产品加工工序的内容、顺序、所用时间及需要的工具和设备，使生产有条不紊，便于生产指导和管理。

（2）作为工序编制、生产计划与安排等工作的基础资料，有利于生产线平衡。

（3）找出加工工艺的不足，进一步完善工序。通过对以往产品加工工序的改进，提高工作效率。

一、服装缝制生产工序的类型

各种工序在性质上不是完全相同的，一般可以分为以下几类：

（1）工艺工序。直接改变加工对象的性质、形状、大小等的过程，是生产过程最基本的部分。如服装生产中的裁剪工序、缝制工序等。

（2）检验工序。对加工的原材料、零部件、半成品、成品等进行检验的过程。

（3）运输工序。车间与车间之间、车间内部各工艺工序之间或在工艺工序与检验工序之间运输原材料、零部件、半成品和成品的过程。

（4）储存、等待工序。由于组织管理等原因而安排的储存、等待过程。

二、工序分析的表达

工序分析主要通过工序流程图和工序工艺分析表来表达，工艺流程图是最主要的表现形式，它一般由三部分组成：一是用图形符号来表明该工序的操作性质和所使用的设备情况；二是用文字进一步说明该工序的名称、使用设备和标准作业时间等；三是用数字表示该工序的序号。

1．图形符号

（1）一般工序符号。一般工序符号包括工艺加工、检验、搬运、停滞等，见表6-11。"内容说明"中所涉及的物品指与服装生产有关的面料、辅料、半成品、成品等。

表 6-11　一般工序符号

符号	内容说明	符号	内容说明
⬤（圆）	平缝作业	◯	搬运作业
⬤（斜线圆）	特种机械作业	◇	质量检验
◎	手烫、手工作业	△	裁片、半成品停滞
◎（斜线）	机器熨烫作业	▲	成品停滞

（2）缝制符号。缝制是服装生产中最主要、最复杂的部分，其工序多，使用设备广，可用不同的符号表示不同的作业内容，见表 6 -12。

表 6-12 缝制符号

工序分类	符号	内容说明
加工	◯	按作业目的，物品受到物理或化学性变化的状态，或者为了下段工序准备的状态
搬运	◯	把物品由一个位置移动到另一个位置的状态
检验	□	测定物品，把其结果跟基准比较而做好与不好的判定时的状态
停滞	△	物品既不加工，也不搬运和检验，处于储存或暂时停留不动的状态

2. 单元工序图示

从投料到第一个工序图示标记如图 6-16 所示，图中符号应显示该工序工艺内容，符号中工序顺序号为工序先后顺序的标号，右边横线上下标明该道工序的名称和设备名称，左边横线上标明该工序的标准作业时间。

3. 工序相互间的配置关系

工序相互间的配置关系包括大物品与小物品的配置、同样大小物品配置以及主流和支流的配置等，如图 6-17 所示。

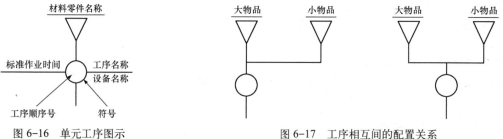

图 6-16 单元工序图示   图 6-17 工序相互间的配置关系

4. 工序分析表示方法举例

典型男式裤装工序表示方法如图 6-18 所示。

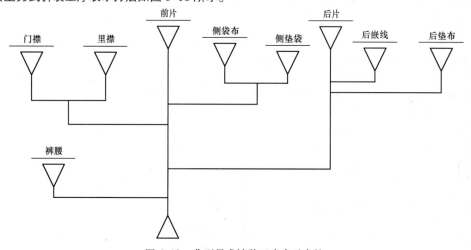

图 6-18 典型男式裤装工序表示方法

三、工序分析的方法

工序分析的方法通常有以下两种：

（一）产品工序流程分析

产品工序流程分析是指合理分析和安排从衣片部件到组装成服装产品的整个生产工序流程，一目了然地表达作业顺序、使用机器或工具、加工时间等作业要素。

1．分析的方法与步骤

（1）划分不可分工序。不可分工序是指不变更操作技术和不更换生产工具时，不能再进行细分的生产工序，如果对这些工序再进行细分，势必造成浪费和操作上的不合理。

划分不可分工序是在了解产品结构、加工方法和所使用的机器设备等前提下，通过对产品全部操作内容的分析与研究，以加工部件和部位为对象，按照加工顺序进行划分。划分不可分工序时应遵循：一是使划分工序既不影响制作规格，又要便于操作；二是既要保证产品质量，又要考虑生产效率；三是既要考虑传统的加工方法，又要尽可能多地采用新的技术成果和新的机械设备。

（2）确定工序技术等级。工序技术等级是根据工序在操作上的难易程度、该工序在产品质量上的主次地位等情况确定的。一般可参考有关工种既定的技术等级内容，确定某工序应由哪个级别的技术工人来完成。

（3）确定机器设备的配置。机器设备的配置直接影响产品的操作方法，影响产品工序流程的分析。先进的机械设备可以合并工序，可以简化操作。如在男衬衫做袖头工序中，采用带切刀的平缝机勾袖头，合并了普通平缝机的勾袖头和修缝份两道工序，成为一道不可分工序。

（4）确定工时。工时的测定可在样品试制阶段进行。在测定时，应严格测定程序和测定方法。

2．分析技术

分析技术通常采用"5W1H"法（六何分析法）和"四种技巧"。

"六何分析法"是一种询问考查方法，如对每一道工序或每一项操作都是从原因（WHY）、对象（WHAT）、地点（WHERE）、时间（WHEN）、人员（WHO）、方法（HOW）6个方面提出问题进行思考。这种看似很可笑、很天真的问话和思考办法，却可使思考的内容深化、科学化。具体见表6-13。

表6-13　六何分析表

项目	第一次提问	第二次提问	第三次提问	结论
	现状	为什么	能否改善	新的方案
原因	干的必要性	理由是否充分	有无新的理由	新的理由
对象	干什么	为何要干它	能否干别的	应该干什么
地点	在什么地方干	为何在此地干	能否在别的地方干	应该在什么地方干
时间	在什么时间干	为何在此时干	能否在别的时间干	应该在什么时间干
人员	由何人干	为何由他干	能否由别人干	应该由谁干
方法	怎样干	为何这样干	能否用别的方法干	应该如何干

在对上述六个方面经过认真考虑后，在构思新的工作方法时，可以运用"取消""合并""重排""简化"四种技巧，考虑改善的可能性。

（1）取消（Elimination）。取消一切不必要的工作。任何一项工作或活动如能取消的，当然是最大的改善，取消工序如图6-19所示。

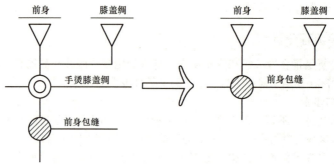

图 6-19　取消工序

（2）合并（Combination）。合并必须且可能合并的工作。如不能取消，则应考虑可否将两个或更多活动项目合并，尤其在缝制流水线生产上，合并的技巧能立竿见影地改善并提高效率，合并工序如图6-20所示。

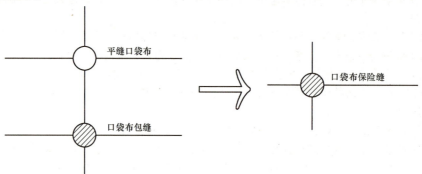

图 6-20　合并工序

（3）重排（Rearrangement）。重排所有必需的工作程序。通过改变工作程序，使工作的先后顺序重新组合，达到改善工作的目的，重排工序如图6-21所示。

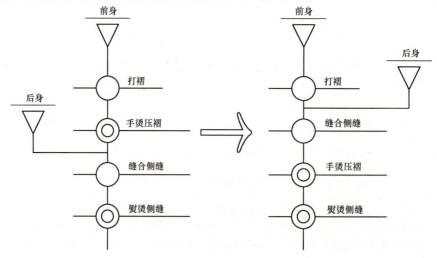

图 6-21　重排工序

（4）简化（Simplification）。简化所有必需的工作。在经过取消、合并、重组之后，再对该项工作进行深入的分析研究，使方法和动作尽量简化，使新的工作方法效率更高，成本最低，简化工序如图 6-22 所示。

无论对何种工作、工序、动作、布局、时间、地点等，都可以运用取消、合并、重排和简化四种技巧进行分析，形成一个新的人、物、场所结合的新概念和新方法，如图 6-23 所示。

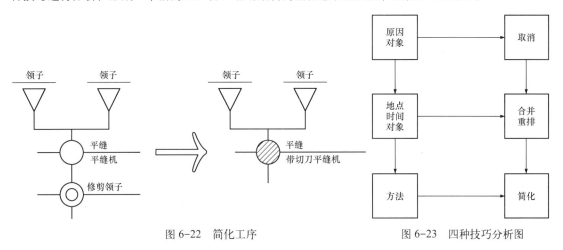

图 6-22　简化工序　　　　　　　　　　　图 6-23　四种技巧分析图

（二）产品工序工艺分析

产品工序工艺分析是指使用规定格式的表格，通过对加工、搬运、检验、停滞四种工序工艺的调查分析，研究并提出改进方案。它有利于掌握和改进整个企业的生产进度（从原材料入库到成品出厂的整个期间）、机器设备的配置以及在线产品项目的管理和控制。

进行分析时，工序工艺分析表是工序分析最基本、最重要的分析工具，它可以清楚地标出所有的加工、搬运、检验、停滞或延迟等项工作，可以设法减少工序或作业的次数、所需时间和距离。分析与改进的内容包括以下几点：

1. 加工分析

对工艺流程表上的加工工序进行分析，考虑是否存在徒劳的加工或可省去的工序；考虑合并工作地或改换作业顺序，以减少搬运次数或等待时间；考虑能否将手工作业改为机械作业；考虑有无其他更好的方法。

2. 搬运分析

搬运尽量减少，一般常从数量、距离、时间三方面考虑。如有没有无效搬运，能否使搬运轻松简便；能否缩短搬运距离；能否使搬运机械化；能否使拿取裁片、衣片部件更为方便。

3. 检验分析

质量问题产生的原因是否明确；检验的时间、地点及检验方法是否正确。采用中间检验还是最终检验，能否将全部检验改为抽样检验，能否省略某些检验项目等。

4. 停滞分析

停滞一般属于浪费，应设法将其降低到最低限度。因此，应分析是否有不必要的停滞，停滞过程是否会发生变色、破损、丢失等现象；保管地点、放置方法是否正确等。

第六节　服装缝制过程管理

服装缝制过程管理是依据生产任务设计工艺流程、合理配置作业人员和工艺装备、组织缝制流水线，使生产过程能以较少的投入，生产出尽可能多的、符合品质要求的产品，从而获得较好的经济效益。

一、缝制生产组织的原则

服装企业要获取较好的经济效益，必须合理组织生产过程，使生产过程始终处于最佳的运行状态。为了做好生产过程的组织工作，必须努力遵循以下原则：

1. 生产过程的连续性

生产过程的连续性指产品在各工艺阶段、各工序之间的流动，在时间上紧密衔接，产品在生产过程中始终处于运动状态，不发生或少发生不必要的停顿和等待时间。保持生产过程的连续性，便于生产时间的有效利用，可充分提高生产效率。

提高生产过程的连续性，需采取多项措施，如按照工艺顺序合理布置各车间和车间内各道工序、选用先进的生产设备、合理布置车间内的各种生产设备、采用科学合理的工艺技术和生产组织形式等。

2. 生产过程的比例性

生产过程各阶段、各工序之间要保持工人人数、机器设备和生产面积等生产能力有适当的比例关系，使各项因素互相协调。保持生产过程的比例性，便于充分利用企业的人力和机器设备。

随着产品品种、产量和原材料、工艺方法的改变，生产过程的比例会不断发生变化。因此，要及时采取措施，建立新的协调的比例关系，以保证生产的正常进行。

3. 生产过程的均衡性

企业及其各生产环节的生产进度均匀，负荷充分，不出现时紧时松、先松后紧的现象，可以保证在相当长的一段时间内所完成的产量大致相等或稳定上升。

保持生产过程的均衡性，取决于基本生产过程的管理。除此之外，辅助生产过程和服务生产过程的质量和水平对生产均衡性的影响也比较大。只有这些工作有效配合，才能保证生产过程的均衡性。

4. 生产过程的平行性

生产过程中各阶段、各工序的生产活动，在时间上实行平行作业，这是生产过程连续性的必然要求。

平行性表现在以下两个方面：一是产品生产过程中各工艺阶段，如裁剪、缝纫、整烫、包装等的平行生产；二是组成产品的各个零部件的平行生产，如衣袖、衣领、口袋、前后片的缝制生产。在生产过程中实行平行交叉作业，可以大大缩短产品的生产周期。

5. 适应性

适应性指适应变化的性能，包括产品设计、人员素质结构、生产设备和生产组织形式等。

服装产品设计应紧随潮流、季节的变化而变化；企业针对具体情况，采取科学合理的方法进行人员培训，使人员素质不断提高，适应产品的不断变化和社会的需求；生产设备和生产车间的布置应适应这种需求的变化。

6. 清洁生产

清洁生产将综合预防的环境策略持续地应用于生产过程和产品中，以便减少对人类和环境的风险性。对于生产过程而言，清洁生产包括节约原料和能源，淘汰有毒原料，并在全部排放物和废料离开生产过程之前减少它们的数量和毒性。

二、缝制流水线的生产组织

流水线生产是指劳动对象按一定的工艺过程，有规律地通过各个工作地，并按统一的节拍完成工序作业的一种生产组织形式。在流水生产中，材料或零部件从第一道工序流进，经过若干道工序的加工完成产品的生产，是劳动分工较细、生产效率较高的一种生产组织形式。

（一）缝制流水线的特点

缝制流水线作为一种生产组织形式，具备以下主要特点：

（1）流水生产过程中，各个工作地专业化程度高，每个工作地固定完成一道或几道工序。

（2）生产具有明显的节奏性，劳动对象在各道工序上按一定的时间间隔投入和产出。

（3）工作地按工艺顺序排列，生产过程高度封闭，劳动对象某一工艺阶段的全部或大部分工序都在同一条生产线上完成。

（4）被加工对象按节拍在工序间单向流动，节奏性强，连续性高，各工序间的生产能力平衡、成比例。

（5）被加工对象如同流水一样从一道工序转到下一道工序，生产具有高度的连续性。

（二）缝制流水线生产的条件

流水线生产方式的主要优点是：可以提高劳动生产率，降低生产成本，同时有利于稳定产品质量，简化生产管理。流水生产方式的主要缺点是：灵活性较差，不能方便地适应市场对产品产量和品种变化的要求；流水线的建设、改组和调整都需花费较多的人力、物力和财力。因此，组织生产流水线必须具备以下条件：

（1）产品结构和工艺具有一定的稳定性，使专用设备和专用工艺装备能充分发挥效用。

（2）产品要有一定的批量，以保证流水线达到经济合理的负荷率。

（3）原材料、协作件必须是标准化的，并能按时供应。

（4）工艺过程既能划分为简单的工序，又能根据工序同期化的要求把某些工序适当合并和分解，使各道工序的工时差距不大。

（三）缝制流水线生产的主要参数

（1）标准产品单位时间的产量。标准产品单位时间的产量是指产品在规定生产时间内的产量，如日产量、周产量、月产量、季产量、年产量等。

（2）工序的标准作业时间。工序的标准作业时间是指在规定的技术条件下，完成某一工序所需的时间。影响标准作业时间的因素有很多，如操作人员的熟练程度、机器设备的先进程度及产品的缝制要求等。在组织流水生产时要把这些因素考虑进去。

（3）轮班方式。轮班方式是指工作时机器设备的有效运转时间，通常有一班制、两班制和三班制。服装产品的缝制加工需要设备与人的协同作业，因此，大部分服装企业实行一班制生产，个别工种实行两班制或三班制生产，主要使用价值较高的生产设备的工序，如净眼机、绣花机等。

（4）生产设备的种类和数量。生产设备的种类和数量是指现有的设备是否能满足流水线生产的要求。

（5）生产人员。生产人员要具有一定的流水线生产的能力或具有一定的操作技能水平。

（6）服装生产的流程和标准工艺。服装生产的流程和标准工艺是指服装生产的流程符合流水线生产的规划，工艺的分解和合并能较好地适应流水线的生产。

（四）缝制流水线的组织设计

缝制流水线的组织设计又称缝制流水线的编制，它是将各工序分解组合成为符合生产线要求的，具有一定生产节奏的计算、编排过程。一个合理的流水线编制方案，能够实现均匀的作业负荷，同时还能有效地减少企业各种资源的消耗。

1. 流水线编制工艺条件和方案评价指标

（1）流水线节拍。流水线节拍指流水线上生产前后两件产品的时间间隔，通常用 S.P.T（Standard Pitch Time）表示。

$$S.P.T（秒/件）=计划期内的有效工作时间/计划期内的产品产量$$
$$=单件产品标准总加工时间/流水线作业人数$$

其中，计划期内的有效工作时间是指实际生产时间除去法定休息时间、早晚生产准备时间和生产线停顿时间等，计划期内的产品产量（日产量、月产量、季产量、年产量等）包括计划出产量和预计废品数。平均节拍是理想节拍，可以作为流水线作业编排的约束条件，引导各工作地的作业量尽量向平均节拍靠拢。

"瓶颈"节拍 P_t：流水线上加工时间最长，即时间负荷最大的工序。"瓶颈"节拍是现实条件约束下的实际节拍，是作业方案实际的生产状况反映，真正影响流水线的生产速度。

节奏 P_m：节奏 P_m 指一个批次产品的传递间隔时间。在流水线上通常用节奏代替节拍，因为通常流水线半制品都是采取的批量传送，总是等于流水线节拍与传送批量的乘积。

（2）节拍界限。组合工序的加工时间虽然以平均节拍为标准，但一般不可能与节拍正好相等或完全成整数倍，因此在组合计算时要确定一个适合实际操作的组合节拍界限（节拍上限、节拍下限）来决定作业编排中工序的组合取舍。

企业对工序编排效率的要求一般不低于85%，因此，节拍上限＝平均节拍÷85%，节拍下限＝2×平均节拍－节拍上限。

在进行流水线编制时，各工作地的组合工序作业时间应该控制在节拍上下限之内。

（3）编制效率 η。流水线的编制效率又称负荷系数，是用来表示作业分配平衡度的一个系数。其值越大，流水线的同步化程度越高，生产效率也就越高。一般服装企业要求流水线编制效率达到85%以上，编制效率低于该值的工序安排方案在实际中应该被否定。

流水线编制效率的计算公式为

$$\eta（\%）= S.P.T/P_t = T/（N \cdot P_t）$$

式中　S.P.T——流水线的平均节拍（s/件）；

　　　P_t——流水线实际节拍，即"瓶颈"节拍（s/件）；

　　　T——单件产品标准总加工时间（s）；

　　　N——流水线平衡后实际采用的工位数量（个）。

（4）作业时间方差 $D(t_i)$。作业时间方差指各工作地作业时间与平均节拍的偏离程度，计算公式为

$$D(t_i) = \sum_{i=1}^{N} \frac{(t_i - S.P.T)^2}{N}$$

式中　N——编制后的实际工位数；

　　　t_i——编制后各工位组合工序作业时间（s）。

在不同的流水线中，即使平均节拍与"瓶颈"节拍都相同，也就是编制效率相同的流水线，其编排方案和表现出来的实际运作效果还是有一定差异的，这个差异是由各工作地作业时间与平均节拍的偏离程度引起的，所以，采用作业时间方差这个评价指标在比较同一产品不同作业编排方案的优劣情况时，可以对比各方案的组合工序作业时间方差的大小进行优选。$D(t_i)$ 越大，说明工序组合的时间结果越分散；相反方差值越小，则说明作业时间分布越集中，流水线的同步效果越好。因

为 $D(t_i)$ 值不像编制效率那样有绝对的定量数值参考，所以只适用于有相同作业任务的不同编排方案之间的比较。

2．缝制流水线平衡

流水线平衡又称工序的同期化，是指通过技术组织措施，调整流水线各工序的加工时间标准，使之等于流水线的生产节拍或节奏。缝制流水线平衡是保证生产连续性的前提，也是提高设备负荷、提高劳动生产率和缩短生产周期的重要措施。

（1）流水线平衡的基础。流水线平衡的基础是工序的拆分与组合。

1）拆分工序。作业量被拆成若干份后，布置给不同工作地的一道单独工序称为拆分工序。这里工序的拆分不是指把大工序拆分成小工序，也不是根据平行工位的数量进行平均拆分的工序，如图6-24所示，C是拆分工序，B不是拆分工序。

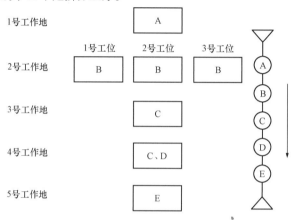

图6-24　拆分工序和组合工序

2）组合工序。组合工序是指编排缝制工序时，某一工作地内分配到的作业内容集合。它可以是一道最简工序，也可以是合并起来的多道工序，甚至是组合的多道拆分工序。图6-24中，4号工作地的组合工序是C和D。

（2）流水线平衡的原则：

1）工序组合应尽量符合流程顺序，以避免工序之间和半成品再加工过程中出现逆流现象或跳跃交叉现象。

2）工序组合应尽量在同类和具有相容性的工序之间进行。

3）每个工作地的实际作业时间要尽量接近流水线节拍或流水线节拍的倍数，以保证流水线生产的均衡性。

4）为使流水线物流传递通畅，编制时间即节奏一般不超过节拍的3倍，某工序与节奏的倍数是该工序的工位数。

5）机工与辅工组合时，以机工为主，以提高加工设备的利用率。

6）工位数的安排要考虑到产品的复杂程度，工艺过于复杂时可根据企业的设备、场地、人员等实际情况调整工位数。

7）对于难度极高的工序（工时超过流水线节拍3倍以上），应设法改进工艺或单独安排。

3．工位数

流水线上各道工序的工位数计算公式为

$$S_i = \frac{t_i}{\text{S.P.T}}$$

式中　S_i——第 i 道工序所需的工位数，实际工位数应取大于等于 S_i 的最小正整数（S_{ei}）；

t_i——第 i 道工序的单件时间定额（s）；

S.P.T ——流水线节拍（s/件）。

流水线上的工作位总量计算公式为

$$S = \frac{T}{\text{S.P.T}}$$

式中　S——流水线上的工作地总量；

　　　T——单位产品总加工时间（s）。

设 S_i 的小数为 x，当 $x < 0.2$ 时，工位数不需要增加，只需将工位数或设备台数取整，该工位应配备技能水平高的工人；当 $0.2 \leqslant x < 0.5$ 时，增加工位数，不增加工人人数，增加的工位数设为机动工位；当 $0.5 \leqslant x < 1$ 时，增加工位数，同时增加工人人数。

4．操作工人的配备

（1）生产单元工人的配置。生产单元的工人配置应保持一定的稳定性，以便于互相配合。工人配置包括工人数量和工种配置。工人数量应根据工位数进行配备，机工和辅工的划分一般保持固定，机工中应培养出能操作不同设备的人以增加流水线的灵活性，技能程度不同的员工可以搭配组织在一条生产线中完成难度不同的工序。

（2）流水线工人总数的配置。在以徒手劳动和使用手工工具为主的流水线上，不需要考虑后备工人，故整条流水线所需要的工人总数为各道工序工人人数之和，其工人人数可由下列公式计算：

$$P_i = S_{ei} \cdot g \cdot W_i$$

式中　P_i——第 i 道工序工人人数（人）；

　　　S_{ei}——第 i 道工序每一工作地同时工作台班人数（人/台·班）；

　　　g——每日工作班次（班）；

　　　W_i——第 i 道工序每一工作地同时工作机台数（台）。

在以设备为主的流水线上，不仅要考虑后备工人，而且要考虑工人设备看管定额，所以整条流水线工人的总数为

$$P = （1+b） \sum_{i=1}^{N} \frac{S_{ei}g}{f_i}$$

式中　P——流水线操作工人的人数（人）；

　　　b——后备工人的百分比（%）；

　　　f_i——第 i 道工序每个工人的设备看管定额（台/人）。

5．流水线平衡实例

【例 6-1】一家新开设的制衣厂，生产目标为每天 **1 000 件**，每天工作时间 **8 h**（即 **480 min**）。A 产品生产工序和每道工序的产量见表 6-14，试计算各工序的工位数。

表 6-14　A 产品生产工序和每道工序的产量

工序号	工序名称	8 h 产量/件
1	装袋	320
2	合肩缝	1 000
3	缝领	500
4	缝袖	950
5	绱袖和合侧缝	400
6	绱领	480
7	做下摆	1 050
8	开扣眼	900
9	钉扣	950

解：用每道工序的产量除生产目标，计算出每道工序所需要的工位数。

第一道工序需要的工位数为：1 000÷320 = 3.1

第二道工序需要的工位数为：1 000÷1 000 = 1

用这种方法，依次计算出每道工序所需的工位数，按照小数点位的大小，计算出实际所需工位数，见表6-15。

表6-15　A产品各生产工序所需岗位数

工序号	工序名称	8 h产量/件	所需工位数	实际所需工位数
1	装袋	320	3.1	3
2	合肩缝	1 000	1	1
3	缝领	500	2	2
4	缝袖	950	1.05	1
5	绱袖和合侧缝	400	2.5	3
6	绱领	480	2.1	2
7	做下摆	1 050	0.95	1
8	开扣眼	900	1.1	1
9	钉扣	950	1.05	1
合计				15

按照以上计算，各工序在相同时间内的产量大致相同，工序按顺序不断进行，便可得到一条平衡的生产线。

【例6-2】一家运作多时的制衣厂，拥有固定的操作工人30名，每天工作8 h，生产流程和每道工序的生产量与例6-1相同，见表6-15，试计算每道工序的工位数并合理分配每道工序的工人。

解：（1）计算每道工序的标准工时。

在计算每道工序所需的工位数之前，必须计算每道工序的标准工时。计算的方法是：每天的有效工作时间（制度工作时间扣除浮余时间，通常按制度工作时间的90%计算）除以每道工序每天的生产数量。

以第一道工序为例，其标准工时是：480×90%÷320 = 1.35（min）

第二道工序，其标准工时是：480×90%÷1 000 = 0.43（min）

用同样方法，计算其余工序的标准工时，总标准工时为6.41 min，见表6-16。

（2）计算各工序所需工人人数。

平均每道工人完成一项工序所需的时间，称为生产循环时间（Cycle Time）。计算的方法是将一件服装的总标准工时除以工人总人数。因为企业有30名工人，所以其生产循环时间为：6.41÷30 = 0.214 min/（人·件）。

各工序所需工位数是用各工序的标准工时除以生产循环时间：

第一道工序所需工位数为1.35÷0.214 = 6.3

第二道工序所需工位数为0.43÷0.214 = 2

各工序所需工位数计算见表6-16。

按照小数点位的大小，计算出实际所需工人人数，见表6-16。

表6-16　各工序合理分配人数

工序号	工序名称	8 h产量/件	各工序标准工时/分钟	各工序所需工位数/人	各工序实际所需人数/人
1	装袋	320	1.35	6.3	6＋1机动

工序号	工序名称	8 h产量/件	各工序标准工时/分钟	各工序所需工位数/人	各工序实际所需人数/人
2	合肩缝	1 000	0.43	2	2
3	缝领	500	0.86	4	4
4	缝袖	950	0.45	2.1	2
5	绱袖和合侧缝	400	1.08	5	5
6	绱领	480	0.90	4.2	4＋1机动
7	做下摆	1 050	0.41	1.9	2
8	开扣眼	900	0.48	2.2	2＋1机动
9	钉扣	950	0.45	2.1	2
合计			6.41	29.8	29＋1机动

三、缝制生产过程的空间组织

缝制生产过程的空间组织是指在空间上合理地确定缝制车间内部各生产单位和各生产阶段的设置和运输路线，以及劳动者、劳动资料等生产要素在空间上相互结合的方式。

（一）缝制加工方式

服装生产企业的缝制加工方式是缝制车间布置的基础，大致可以分为以下 3 种：

1．单独整件生产

一件服装除特殊工序，如锁眼、钉扣等机缝及熨烫外，只需一名熟练工人即可完成整件服装的缝制过程。

（1）单独整件生产的优点：

1）设备投资少。在缝制时，一般只需要 1 台平缝机和 1 张手工台。

2）灵活性高。适应款式变化的能力较强，市场应变能力较强。

3）生产管理较容易。对产品质量、在制品量及生产工人的管理较容易。

（2）单独整件生产的缺点：

1）操作工人的成本较高。单独整件生产需要工人有较高的技能水平，因此在雇用工人和工人培训方面的投资较大。

2）质量稳定性较差。该生产方式下，专用设备和工具较少，服装质量对工人的技能水平、熟练程度、态度等因素的依赖性较大，因此产品质量的稳定性也较差。

3）生产效率较低。工人单独完成整件服装缝制的效率较低。

此生产方式只适应于款式多而批量很少的成衣制作，定制服装和样衣加工普遍使用此法生产。

2．粗分工序生产

粗分工序生产是把整个制作过程，按成衣惯用的生产程序，分成若干个工序，每个工人只负责服装的某个部分的制作。制作过程的分工可依据作业的性质（如手工、机械等）和裁片类别等条件进行。图 6-25 所示为西服裙粗分工序加工流程，在西服裙自前后片缝制至锁钉工序中，按照裁片类别和作业性质对缝制过程进行了划分。每一名操作工人完成完整部分的缝制加工，如缝前后片面料工序中，工人完成的工作是缉前后片省、熨烫省、合侧缝、熨烫侧缝，整件服装各个部位的缝制和组合需要数名操作工人完成。

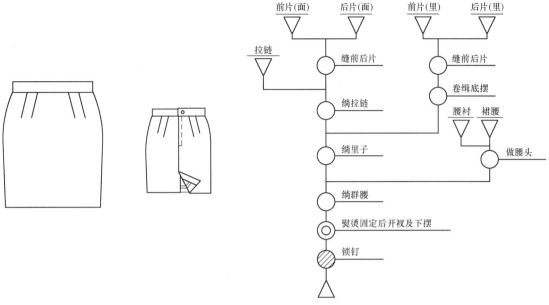

图 6-25　西服裙粗分工序流程图

（1）粗分工序生产的优点：

1）具有一定的灵活性，能适应款式的变化；

2）生产管理相对较容易，在分配任务和进度控制上容易进行。

（2）粗分工序生产的缺点：

1）很难达到设备和工具的高度专业化，生产效率偏低；

2）生产周期较长，因此占用资金的时间也较长。

3．细分工序生产

细分工序生产分工更细，每个工人都要从事专业化操作，机器和工具都是为特定的工序而设定。图 6-26 所示为西服裙细分工序加工流程，按照缝制加工的不可分工序进行了划分。按各工序加工时间的长短将工序分配给相应的作业员，整件服装的缝制需要多位操作人员组成流水线完成。

（1）细分工序生产的优点：

1）机器的专业化程度高，生产效率高，产量大；

2）产品质量好、质量稳定；

3）生产成本低，工艺简单的工序可以由不太熟练的工人担任。

（2）细分工序生产的缺点：

1）分工细致，需要较高的管理技巧进行生产线的管理；

2）应变能力较低，灵活性差；

3）生产线节拍性强，服装款式变换时，需重新调整设备和工人，否则生产线负荷不平衡，出现"瓶颈"现象，造成生产率下降；

4）所需的人员、设备数增多，投资成本较高。

此生产方式适用于批量大、款式变化少的成衣加工。

质量是服装生产的基础，工序划分要以保证产品质量、提高设备加工比例为原则。在实际生产中，细分工序的目的主要是灵活编排工序，但分工过细，取放作业时间、半制品传递时间就会增加；而分工过于粗略，再合理的编排也达不到理想的同步平衡状态。所以，企业应针对具体服装品种，根据其工艺内容的要求、难易程度、企业生产人员的技能水平以及生产结构、加强配置等一系列因素来决定工序的具体划分方法。

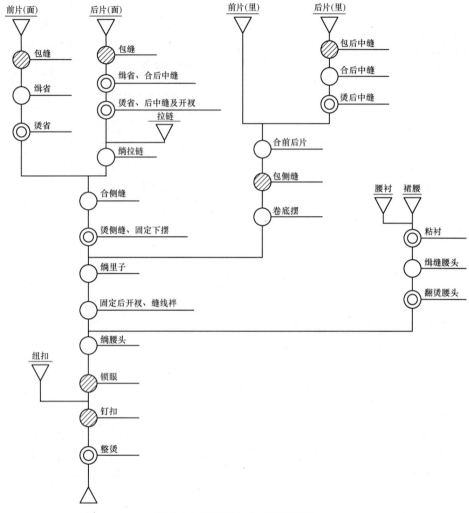

图 6-26　西服裙细分工序流程图

（二）缝制车间布置

缝制车间布置是指对车间各缝制工艺部门、辅助部门、服务部门、设备、储存、通道等在空间和平面上的相互位置进行统筹安排。

车间布置是设计工作中很重要的一环。车间布置旨在最有效地利用厂房空间，便于生产操作，避免生产设备的过度拥挤；使辅助部门和服务部门更好地为生产服务，确保生产的正常运行；注意厂房的通风和防火防爆，确保安全生产。

1. 车间布置的目的

科学合理的车间布置可以达到以下目的：

（1）减少物料的运送时间，保证在制品的快速运转，使生产流程更顺畅；

（2）可有效地利用车间的空间，使车间的空间得到最大限度的利用；

（3）文明生产，更好地利用人力，给工人提供一个方便、安全和舒适的工作环境，使其有效地工作，进一步提高生产效率。

2．车间布置的类型

缝制车间布置的类型主要有 2 种：

（1）产品种类布置。产品种类布置是依据产品种类排列机器和工作场地。

如衬衫生产车间的布置是依据衬衫生产流程和所需设备进行缝制、整烫和包装各个环节的布置，在一个固定的区域内完成整件服装制作流程。按照某产品种类布置的生产车间如图 6-27 所示。

1）产品种类布置的优点：

①车间专为一种产品的工序流程而设计布置，处理和运送物料的时间和距离可降至最低。

②整个生产流程所需的时间较少，可缩短生产周期。

③产品比较单一，所需储存空间较小。

2）产品种类布置的缺点：

①车间中缝制流水线按照某种产品而设计，当款式变化大时，需要对流水线进行较大的调整，因此不适应经常变换款式的服装生产作业。

②流水线按照一种产品的流程进行设计，任何一个工作位的操作中断，都会造成整个生产线速度下降或停滞、待工。

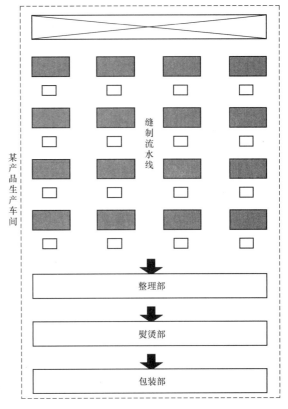

图 6-27　按照某产品种类布置的生产车间

③在不同的生产车间，可能需要多部同样的机器，所以会增加设备上的投资。

④平衡工序比较困难，生产管理较为复杂。

（2）工序分类布置。工序分类布置是把类似工序所需的设备集中在一起。如按照常见工序可分为平缝部、包缝部、锁钉部、手工部、打结部等。按照工序分类布置的生产车间如图 6-28 所示。

1）工序分类布置的优点：

①设备可同时供不同款式的工序使用，设备利用率高；

②类似的机器集中在一起，便于专业化管理；

③管理较为集中，可以加强对一些复杂或精细工序的控制；

④生产管理和工艺组合灵活，无须为转换款式和品种而重新编排机器。

2）工序分类布置的缺点：

①在制品流量大，需要较多的储存空间；

②生产周期长，物料常需等待一段时间才可继续送到下一道工序；

③流程线路长，会出现迂回、交叉现象；

④工序之间大量物料需要处理和运送，使生产控制复杂。

3．车间布置的原则

缝制车间布置设计是工艺设计的一部分内容，它既要以工艺为主体，又要兼顾其他各方面的要素，其布置设计应遵循以下原则：

（1）原辅材料的入口应靠近设备、裁剪车间，成品出口应靠近成品仓库。

（2）各车间的相对位置应使运输路线最短，避免人流与货流交叉，以利于安全生产和采用机械化、自动化设备。

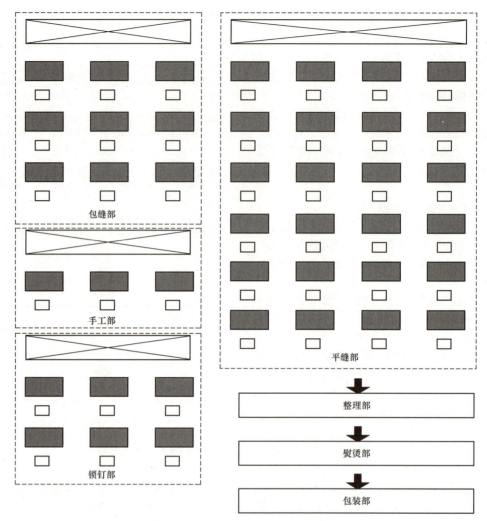

图 6-28　按照工序分类布置的生产车间

（3）机器设备应按产品加工顺序布置，机器设备之间、机器设备与墙（柱）之间，应留有适当距离和空出必要的通道及存放原辅材料与在制品所需的空间。在保证运输通畅，操作安全、方便的前提下，使车间面积得到最有效的利用。

（4）生产附房通常布置在厂房周围，靠近它所服务的车间和机台，生活附房应位于人流集中或经常来往的通道旁。

（5）车间布置应在适当范围内留有余地，为扩大生产和技术改造提供方便。

（6）车间内物料应单向流动，避免交叉、迂回现象的发生，以缩短传递的距离，减少传递的时间，提高生产效率。

（7）采用合适的流水生产系统，尽可能有效地利用车间空间，使其利用率达到最大。

（8）车间布置时要结合机器排列，注意采光和照明要求，以保证机台工作面的采光均匀。

（9）车间平面图尽量布置成矩形，以使外观整齐；尽量使用水、用电、用气较多的车间集中并靠近锅炉旁、变电所和空压站，以节约能源，缩短供应距离，也便于集中供给和管理，但应注意防火安全。

（10）车间布置要有一定的灵活性，以适应不同款式的服装制作。

服装企业缝制车间生产计划表见表 6-17。

表 6-17　服装企业缝制车间生产计划表

订单号：　　　　　　　　　　　客户名称：　　　　　　　　　　　交货日期：

产品名称	颜色	规格	订单数量	当日完成数量	预计完成日期
备注：					

制表人：　　　　　　　　　　　缝制组长：　　　　　　　　　　　复核人：
日　期：　　　　　　　　　　　日　　期：　　　　　　　　　　　日　期：

服装企业缝制车间日产量报表见表 6-18。

表 6-18　服装企业缝制车间日产量报表

订单号：　　　　　　　客户名称：　　　　　　　缝制车间：　　　　　　组：

产品名称	颜色	规格	领料数量	当日完成数量	返修数量
备注：					

填表人：　　　　　　　　　　　　　　　　　　日　期：

（三）缝制流水线的平面布置形式

在服装工业生产中，由于产品的批量、品种及工艺要求不同，缝制流水线的形式也不相同，因此，流水线的平面布置形式也不相同。从保证产品质量和提高生产效率考虑，流水线的形式及其布置有以下几种：

1. 捆扎式流水作业

捆扎式缝制流水线是把在制品以一定的数量（数量的多少根据产品而定，棉制品数量较少，内衣和儿童单服装数量较多）扎成一捆，集中放置于容器中，按产品各部位的加工顺序进行缝制。捆扎式按产品的传输方式，可以分为传统捆扎式和传送带捆扎式两种形式。

（1）传统捆扎式流水作业。这种作业形式设有一个存储中心，由专人收发裁片和半成品，裁片由存储中心发送到第一个工位，第一个工位完成后，半成品被送回存储中心，收发员再分发到第二个工位，以此类推。存储中心分发员负责捆扎、分发、检查在制品的数量和质量。其作业程序是：领取→作业→送回，如图 6-29 所示。

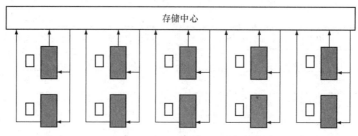

图 6-29 传统捆扎式流水作业

1）传统捆扎式流水作业的优点：

①具有灵活性，能适应款式的经常变更，工人在熟悉工艺要求与质量标准的情况下，一条流水线上可生产几种产品；

②每次收发，收发员即可对在制品的数量和质量进行验收，因此，对流水线上在制品的数量及质量控制较为容易。

2）传统捆扎式流水作业的缺点：

①在制品每次加工完成都要送回存储中心，导致半成品往复传递多，生产效率降低；

②在制品数量多，需要较大的储存空间。

该作业形式的设备排列往往是把同机种布置在一起，缝制加工方式多采用单独整件生产和粗分工序生产，以降低在制品的传送量。除款式变化频繁和管理水平低下的服装企业外，目前一般不采用此生产形式。

（2）传送带捆扎式流水作业。传送带捆扎式流水作业是利用传送带作为衣片或半成品的传输工具，将衣片或半成品在各工位间和工位与控制中心之间进行传输的一种方式。根据传送装置的结构，该系统又分为直线式布置和环形布置两种形式。直线式布置的作业程序是分发员→工人→工人，即分发员把裁片或半成品传送到第一个工位，第一个工位完成所做工序后，工人再将半成品传送到下一个工位，所有工序完成后，成品才被送回到分发员。

直线式布置又有单列直线式流水线和双列直线式流水线两种形式，如图 6-30 所示。

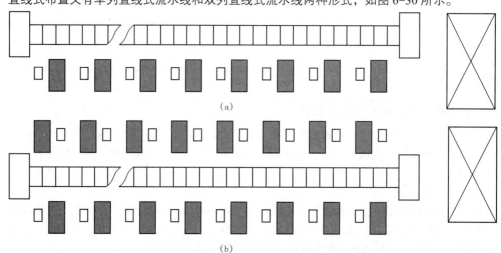

（a）

（b）

图 6-30 直线式传送带流水作业

（a）单列直线式流水线；（b）双列直线式流水线

在环形传送带流水线中，操作位布置在回转的皮带输送机的两旁，分发员把裁片或半成品传送到第一个工位，第一个工位完成所作工序后，便把半成品送回给分发员，分发员再将半成品传送给下一个工位，布置图如图 6-31 所示。

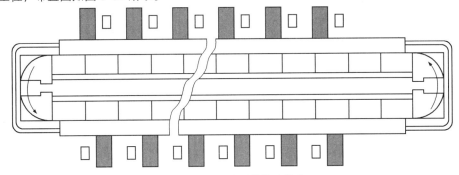

图 6-31　环形传送带流水作业

1）传送带捆扎式流水作业的优点：
①具有较好的灵活性和产品适应性，适用于款式多的服装车缝加工；
②传送带代替人工传递，节省了传递物料的时间，使产品的生产周期缩短；
③每一个工作位的工作质量可随时控制，该系统使质量控制比较容易；
④车间布置整齐，环境好，文明程度高。
2）传送带捆扎式流水作业的缺点：
①设备投资成本大，保养维修费用也高；
②占地面积大，不适用于面积较小的企业；
③捆扎式作业使流水线上出现大量的在制品，产品的流通周期延长。
（3）捆扎同步式流水作业。每个工作地配置一种类型的单台加工设备，裁片或半成品在工位之间按照成衣加工流程进行传递和加工，每个工作位保持时间基本均衡，即工作位的同步化。该流水作业以提高生产效率、提高产品质量和降低成本为目的，生产工序划分细，专业化程度高，一人操作一道或少数几道工序，专业化生产设备较多，人员较多，流水线较长，适合款式品种较固定、批量较大的服装生产。我国大部分服装企业目前仍采用这种生产形式。该生产方式设备平面布置形式以横列式、纵向课桌式和自由式为主。
1）横列式捆扎同步流水作业。在横列式平面布置形式中，机台与机台两头相互连接，横向排成一列，两列相对称，中间做成一条底部为弧形的放置槽，宽 70 ～ 80 cm，既可放置服装部件、半成品或成品，又可作为工序传送的工具，如图 6-32 所示。图中箭头所示，每一个工位有 5 个相邻工位，较多的相邻工位可减少往复传递的距离。由于在横列式设备排列形式中，工作台之间没有空隙，因此操作空间比较狭窄，目前在企业中应用较少。

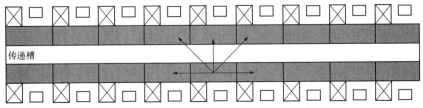

图 6-32　横列式捆扎同步流水作业

2）纵向课桌式捆扎同步流水作业。大多数缝制车间的机台采用纵列课桌形式布置，此平面布置形式外观整齐美观，便于传递裁片、半成品和成品，便于质量管理，是目前大中型服装生产企业缝制车间普遍采用的一种机台布置形式。但该流水作业形式刚性较强，在转换产品款式时，起步损失时间较长，不能满足多品种、小批量、短周期的生产要求，如图 6-33 所示。某服装企业纵向课桌式缝制流水作业如图 6-34 所示。

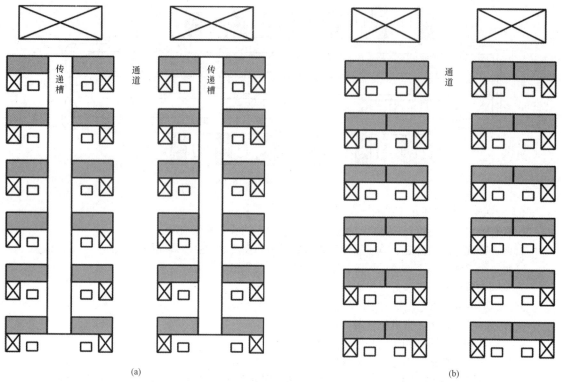

(a)

(b)

图 6-33　纵向课桌式捆扎同步流水作业

（a）单列课桌式；（b）双列课桌式

图 6-34　某企业纵向课桌式缝制流水作业

3）自由式捆扎同步流水作业。为避免工位间的往复传递和交叉，缩短产品生产周期，按照半成品传递需求，流水线可采用自由式的设备布置形式。图 6-35 所示为以烫台为中心的左循环设备布置形式。

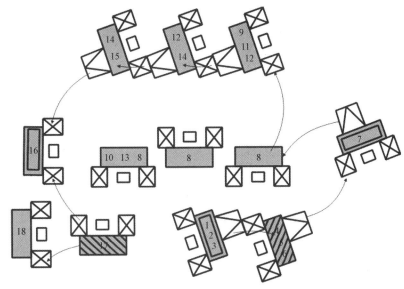

图 6-35　自由式捆扎同步流水作业

自由式捆扎同步流水作业的优点：

①生产节拍或节奏较强，生产效率高；

②工人整件服装加工的熟练程度无须很高，培训时间可缩短，生产成本可降低。

自由式捆扎同步流水作业的缺点：

①所需专业化设备较多，设备投资较大；

②完成异类型工序的混合作业难度较大，因此不适用于批量小、款式经常变换的服装厂；

③缝制过程中在制品较多、需要较大的储存空间，同时产品生产周期较长；

④平衡工序较复杂，需要较高的管理技巧来安排作业流程。

2. 集团式流水作业

按组成产品的各个部件，如领、袖、衣身等分成若干组或集团，分别进行加工，每组内配置必要的机种、熨烫工具和操作工人，其中每一个组配置一名技术较全面的工人负责部件的组合加工，最后一个组负责装配成成品。各工作地之间衣片或半成品的运输采用小车等运输工具。该生产方式成本较低，但工序划分较粗，不适合在款式差异大的产品之间进行生产转换，适宜加工品种比较稳定的产品，流水线的生产能力较强。集团式设备平面布置有多种形式，某款式服装集团式流水作业平面布置图如图 6-36 所示。

3. 单元同步流水作业

单元同步流水作业是由 2～3 人和数台服装机械组成的工作站作为一个单元，在缝制流水线中运作，并在单元内和单元之间实现同步化。该系统适合"多品种、小批量、短周期"

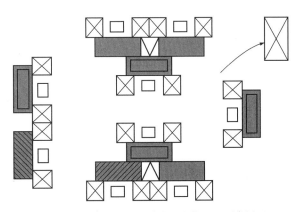

图 6-36　某款式服装集团式流水作业平面布置图

的生产要求，因此正在被越来越多的服装企业所应用。

单元同步流水作业的优点：

（1）单元内一人多个机台，转换产品无须改变车间布局，生产灵活性较高。

（2）每位操作员具有多种技能，达到一专多能的要求，提高了操作人员的整体素质。

（3）用捆扎方式进行传送，每个捆扎数量一般为 6 ～ 24 件，生产线在制品数量少，生产周期短。

（4）从缩短传递路线考虑，流水线设备布局灵活。

单元同步流水作业的缺点：

（1）管理人员管理水平要求较高，而且要求对工艺流程非常熟悉，为生产管理增加了难度。

（2）所用设备较多，特别是专用设备较多，设备投资费用较高。

（3）作业员需要较高的技能水平，培训和劳务费用较高。

某款式服装单元同步流水作业的平面布置图，如图 6-37 所示。

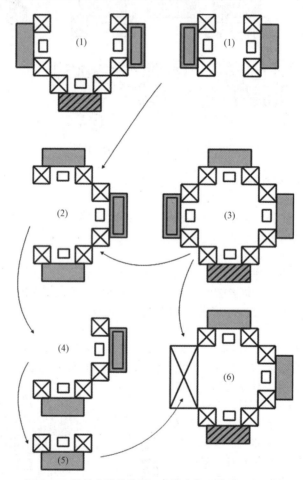

图 6-37　某款式服装单元同步流水作业的平面布置图

4. 模块式快速反应流水作业

20 世纪 80 年代以来，美国、西欧、日本等工业发达国家纷纷投入大量的人力、物力，研究适应信息社会的企业新制造战略，并提出由大批量的流水生产方式转换为多品种、小批量的快速反应生产方式。这种生产方式以模块、智能化、重组等为主要特征，设备布局灵活，辅助时间少，生产周期短，模块式快速反应流水作业就属于此类生产方式。

模块式快速反应流水作业是将工人组成一个独立的组别，负责完成整件服装的加工或一个完整体系的缝制作业。此流水作业的工位设置较少，一般为 10 个工位左右，围成一个 U 形或半圆形的工作站，每个工位称为一个模块，模块通常由 2～3 台加工设备组成，一个模块由一个工人以站立或坐式操作，如图 6-38 所示。

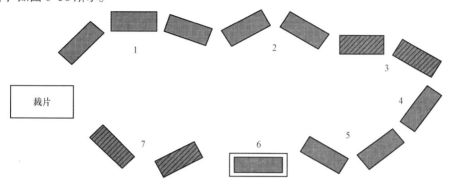

图 6-38　模块式快速反应流水作业

横块式快速反应流水作业方式具有以下特点：

（1）具有较高的灵活性和可变性，可以对不同款式服装的生产快速作出反应，可以很方便地变换模块结构及模块的机台组合，有利于产品品种和批量的转换。

（2）减少传统"捆扎"和"解捆"的工作，工时平衡简单容易，工位时间利用率高，因此，缩短了生产周期，提高了工作效率。

（3）强调群体的互助生产性，实行包产到组、责任到人，每个工人均是质检员，从而大大降低了产品的返修率，提高了产品质量。

（4）采用即时生产原则，降低了生产线在制品的负荷量，简化了生产管理工作。

模块式生产系统适用于任何款式服装的生产。由于它既具有生产周期短、产品质量高的优势，同时又有高度灵活性和快速反应性的特点，因此，更适合高质量短周期服装的生产。模块式生产系统根据工人的操作方式分为站立式操作和坐式操作，而对于多工序操作来说，站立式操作更能快速变换机台，工作效率也更高。然而站立式操作需要有便于站立操作的工作机台，传统缝纫机台已不适用，因此自动化程度高，实现多功能、多工序组合的新型缝纫设备更加适应此生产系统。另外，此种生产系统的一个模块的设备费用较高，对于生产企业来说，是一笔巨大的设备投资，因此，也限制了该生产方式的推广与应用。

5. 吊挂传输式流水作业

吊挂传输式流水作业是利用悬挂在轨道上的吊架，将预先配好的衣片，从流水线一端的起点操作台，按指令传输到下一道工序的操作台，循环加工，直到最后完成整件成衣的制作。

自动吊挂流水式生产系统适用于任何款式服装的生产。该系统的单件配套悬挂传输，避免了传输过程中的折皱、污损、错号，保证了服装的加工质量，同时有效地解决了制作过程中辅助作业时间比例大、生产周期长、成衣产量和质量难以有序控制等问题，对服装企业多品种、小批量、短周期的市场需求，形成快速反应能力具有十分重要的作用。该系统已在我国大中型服装企业中推广应用。吊挂传输式流水作业方式主要有以下特点。

（1）缝制车间采用柔性材料传输装置，由柔性吊挂线将某件服装的所有衣片按设定程序吊挂传输到指定工位。因此，如果生产款式发生变化，只要编制程序将设定的工艺流程输入控制系统，吊挂系统即可自动地按新工艺传输衣片至指定工位。

（2）若生产线需同时生产两件产品，则可通过控制系统将吊挂线工位分成两组，分别由两个工艺控制程序控制传输架的传输路线，两条生产线相互独立。

（3）系统大小可任意伸缩，通过合理选择进料臂的数量增加或减少工作台，即可实现原有流水节拍不变。

（4）可在各工位及车间办公室内设置计数装置，随时反映各载位生产产量、生产储备、积压情况，及时调节流水线生产，使之平衡畅通，减少在制品积压，通过中央主控制机荧光屏可得到实时生产状况资料，收集准确的生产数据，供管理人员做分析和计划，从而使管理工作程序化、数字化。

某服装企业缝制吊挂流水生产车间工作图，如图6-39所示。

图 6-39　某服装企业缝制吊挂流水生产车间工作图

四、缝制生产过程的时间组织

生产过程的组织不仅要求在空间上合理地设置每一个生产单位，而且要求在时间上各生产单位之间、各工序之间能相互配合，紧密协作。生产过程的时间组织就是确定劳动对象在生产过程中各车间、各工序之间的移动方式和各生产要素在时间上的衔接关系。它要求生产对象在移动上紧密衔接，以实现有节奏、连续的生产。加强生产过程的时间组织，可以提高设备、工人和工作地的利用效率，减少在制品，缩短生产周期，减少资金占用，对于加强企业管理有着重要意义。

服装生产周期是指从原材料投入生产开始，到产成品验收入库所需要的全部时间。生产周期是衡量生产管理效果优劣的重要指标，产品在各工序之间的移动方式对产品生产周期具有重要的影响。

产品在各工序之间的移动方式是指裁片或半成品从一个工作地到另一个工作地之间的运送形式。如果生产的服装只有一件，那么就只能加工完一道工序之后，再把半成品送到下一个工作地进行加工；如果生产的不是一件而是一批产品，那么就要根据情况采用三种不同的移动方式。

（一）顺序移动方式

顺序移动方式是指一批产品在上道工序的加工全部完成以后，才整批地从上道工序转入下道工序进行加工。顺序移动方式中，产品在各道工序之间进行整批移动。

1. 顺序移动方式的特点

（1）由于是整批加工，因此流水线的组织和计划工作相对比较简单。

（2）由于是整批移动，因此能保证工序内加工过程的连续性。

（3）有利于各工序减少设备的调整时间，提高设备利用率。

（4）整批运送，管理与运输比较方便。

（5）因各道工序加工不存在平行或交叉作业现象，时间没有重叠，故加工周期长，资金周转慢。

顺序移动方式适用于批量小、单件工序时间短以及采用工序分类布置原则布置的流水作业。

2. 顺序移动方式的计算

设一批产品的总件数为 n，要经过 m 道工序的加工，第 i 道工序的加工时间为 t_i，则在顺序移动方式下，服装生产周期的计算公式为

$$T_{顺} = n\sum_{i=1}^{m}t_i$$

式中　$T_{顺}$——顺序移动方式下的服装生产周期（min）；

　　　　n——批量（件）；

　　　　m——工序总数；

　　　　t_i——第 i 道工序的工序作业时间（min）。

【例 6-3】假设产品的批量为 4 件，即 $n = 4$ 件，工序数为 4 个，各工序的作业时间分别为 $t_1 = 10\ \text{min}$、$t_2 = 5\ \text{min}$、$t_3 = 15\ \text{min}$、$t_4 = 10\ \text{min}$。试计算在顺序移动方式下该批产品的生产周期。

按照顺序移动方式下服装生产周期的计算公式，计算为

$$T_{顺} = 4 \times (10 + 5 + 15 + 10) = 4 \times 40 = 160\ (\text{min})$$

顺序移动方式示意图如图 6-40 所示。

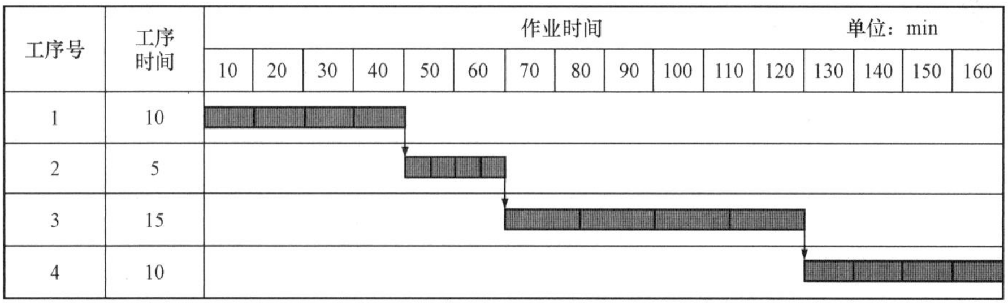

工序号	工序时间	作业时间													单位：min		
		10	20	30	40	50	60	70	80	90	100	110	120	130	140	150	160
1	10																
2	5																
3	15																
4	10																

图 6-40　顺序移动方式示意图

（二）平行移动方式

平行移动方式是指每件产品在上道工序加工完后，立即转入下道工序加工，而无须等待整批产品加工完后才向下道工序移动的一种组织生产方式。在平行移动方式中，各道工序上的加工时间是平行的。

1. 平行移动方式的特点

（1）多道工序同时对一批产品进行加工，生产周期最短。

（2）每件产品单独运输，运输工作量大。

（3）当前后工序加工时间不同时，会出现设备停歇或等待加工的现象，也就是说当各单件工序时间不相等时，时间较短的工序会出现加工中断现象，而时间较长的工序会出现产品等待加工现

象，因此时间的利用率有时反而下降。

平行移动方式适用于批量大、单件加工时间长以及采用产品种类布置原则布置的流水作业。

2．平行移动方式的计算

平行移动方式下，服装生产周期的计算公式为

$$T_{平} = \sum_{i=1}^{m} t_i + (n-1) t_长$$

式中　$T_{平}$——平行移动方式下的服装生产周期（min）；

　　　$t_长$——产品加工工序中时间最长的工序作业时间（min）。

【例 6-4】 按照例 6-3 所给条件，计算平行移动方式下该批产品的生产周期。

按照平行移动方式下服装生产周期的计算公式，计算为

$$T_{平} = (10 + 5 + 15 + 10) + (4-1) \times 15 = 40 + 3 \times 15 = 85 (min)。$$

平行移动方式示意图如图 6-41 所示。

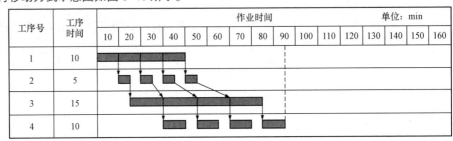

图 6-41　平行移动方式示意图

（三）平行顺序移动方式

平行顺序移动方式是指一批产品在一道工序上尚未全部加工完毕，就将已加工好的一部分产品转入下道工序加工，以恰好能使下道工序连续地全部加工完该批产品为条件。平行顺序移动方式是平行移动方式和顺序移动方式混合组织生产的方式，它是使一批产品的每道工序保持既连续又与其他工序进行平行作业的一种移动方式。可分两种情况进行考虑：一是当前道工序的单件工时小于后道工序的单件工时时，每个产品在前道工序加工完成后，可立即向下一道工序传送，后道工序开始加工后，可以保持加工的连续性；二是当前道工序的单件时间大于后道工序的单件工时时，则要等前一工序完成的件数可以保证后道工序能连续加工时，后道工序才开始加工。这样，既可以防止下道工序时开时停的现象，又可以把工作地的间歇时间集中起来加以利用，使设备和工人都有较充足的负荷，但其组织工作比较复杂。

1．平行顺序移动方式的特点

（1）既保证工序内加工不中断，又充分利用时间。

（2）在移动过程中，每次向下道工序传递的产品数量和时间各不相同，所以管理比较复杂。

平行顺序移动方式适用于批量大、单件工序时间长的产品以及采用产品种类布置原则布置的流水作业。

2．平行顺序移动方式的计算

平行顺序移动方式下，服装生产周期的计算公式为

$$T_{平顺} = \sum_{i=1}^{m} t_i - (n-1) \sum_{i=1}^{m-1} t_短$$

式中　$T_{平顺}$——平行顺序移动方式下的服装生产周期（min）；

　　　$t_短$——产品加工工序中每相邻两工序时间较短的工序作业时间（min）。

【例 6-5】 按照例 6-3 所给条件，计算平行顺序移动方式下该批产品的生产周期。

按照平行顺序移动方式下服装生产周期的计算公式，计算为

$T_{平顺} = 4 \times (10 + 5 + 15 + 10) - (4 - 1) \times (5 + 5 + 10) = 160 - 3 \times 20 = 100 \ (\text{min})$。

平行顺序移动方式示意图如图 6-42 所示。

工序号	工序时间	作业时间 单位：min														
		10	20	30	40	50	60	70	80	90	100	110	120	130	140	150	160
1	10																
2	5																
3	15																
4	10																

图 6-42　平行顺序移动方式示意图

缝制流水线设计实例与分析

在实际工作中，应该根据不同移动方式的优缺点进行合理的生产组织安排，同时为了实现生产过程组织工作的连续性、平行性、比例性和均衡性，必须对生产过程中的作业时间、多余时间和无效时间进行有效识别，确立时间管理的理念，才能更合理地安排生产时间。

【思考题】

1. 粘合衬按热熔胶的涂布方式划分可分为哪几类？

2. 常用粘合衬的质量有什么要求？

3. 服装粘合过程分为哪几个阶段？

4. 如何进行多层压烫？

5. 在确定粘合工艺参数时，应注意哪些方面？

6. 面料缩缩率测试试验的目的是什么？

7. 常用针号的表示方法有哪几种？

8. 缝纫线的质量有何要求？

9. 如何选用缝纫线？

10. 缝纫型式标示有哪几种方法？

11. 什么是缝口强度？影响缝口强度的因素有哪些？

12. 影响缝制质量的因素有哪些？

13. 如何表达工序分析？

14. 如何正确运用"取消""合并""重排""简化"四种技巧？

15. 产品工序工艺分析与改进包括哪些内容？

16. 组织缝制流水线生产应具备哪些条件？

17. 缝制流水线生产的主要参数有哪些？

18. 粗分工序生产有何特点？细分工序生产有何特点？

19. 缝制车间布置应遵循什么原则？

20. 批量生产的产品在工序间如何移动？

第七章 服装后处理工程技术管理

【学习目标】

（1）了解服装的检验整理，知道如何清理线头和污渍。

（2）了解熨烫加工的方式、原理及熨烫过程。

（3）掌握常见服装的熨烫程序及质量标准。

（4）了解服装后整理的内容和方法，掌握服装产品的包装方式及储运要求。

【能力目标】

（1）能根据污渍类型的不同选择合适的处理方法。

（2）能根据服装的种类和加工环节选择合适的熨烫方式和熨烫工艺条件。

（3）能根据产品的特性和分发要求选择合适的包装方式和包装材料。

后整理过程既是服装生产流程中的最后阶段，同样也是非常重要的环节。其对服装的整体外观与性能、保护功能起着重要的作用，同时也具有介绍、美化、识别产品等作用，便于服装的销售与消费者的使用。后整理过程主要包括检验整理、熨烫和包装几项内容。流水线生产出的成品会陆续运输到后整理车间，工作人员会对其先进行产品检验整理，再进行熨烫、包装等环节。

第一节 服装的检验整理

一、成品规格检验

成品规格检验是用软尺测量服装主要部位的规格尺寸与工艺单中的对照，是否在允许范围内。若出现大的误差应及时上报并及时修正。

二、外观质量检验

各类服装产品的外观质量检验应按"从上到下，从前到后，从面到里"的顺序进行，做到不漏验、不重复，达到既快又好的效果。外观质量检验内容包括：丢工丢序，各部位平整对称，色差，布疵，毛漏脱现象，线头，污渍，粉印等项目。

三、线头、污渍清理

1. 清理线头

线头分为死线头和活线头两种。清理线头的方法有以下几种：

（1）手剪法。将成衣平铺在台案上，然后将死线头一根根剪掉，放在盛线盒里，避免重复粘在成衣上。

（2）滚粘法。用圆滚粘胶筒或塑料粘胶纸在成衣上来回粘滚，清除吸附在成衣上的活线头。

（3）吸线法。利用吸尘器原理制成的吸线头机清除活线头。将整件成品送入吸线头机入口再从出口出来，服装在吸线头机里转一圈活线头就被全部吸掉，现代服装企业广泛应用此种方法。

（4）吹线法。利用鼓风机和60 cm的帆布管道，把成衣放在风口处，利用强大的风力将活线头吹进帆布管道中。

2．去粉印、污渍

在服装生产加工过程中，成品常常会留下画样时的粉印和机器缝制时渗进的油污等污渍，在整理过程中一定要处理干净。

粉印一般可用白湿布轻轻刷掉。对于小污渍可用毛刷蘸清水轻轻擦拭，大面积的油污渍需用除污剂去除。常见污渍的去除方法见表7-1。

表7-1　常见污渍的去除方法

污渍类型	去除方法
机油渍	用优质汽油刷洗，垫布用熨斗烫干，再用温水漂洗干净
铁锈渍	用1%温热的草酸水溶液浸泡后，再用清水漂洗干净
汗渍、霉斑	用氨水20 g兑1 L水的稀释液浸泡，再用清水漂洗
墨水渍	用热牛奶搓揉，清水浸洗
圆珠笔渍	污渍下放一块干毛巾，用毛刷蘸酒精轻轻揉擦

四、色差、布疵检验

审查服装各部位是否存在色差，不同部位的色差级别有相应的色卡表，超过级别标准的应及时换片弥补，不能弥补的对其作出相应的降级处理。

服装衣料自身存在残疵，在生产、搬运、取放过程中难免造成不同程度的残疵。应认真检验，及时修复。不能修复的也应做降级处理。

第二节　熨烫工程技术管理

熨烫是运用温度、湿度、压力和时间等来改变织物密度、形状、式样和结构的工艺过程，也是对服装材料进行预缩、消皱、热塑形和定形的过程。熨烫是服装加工工艺中非常重要的一个环节，它既可以塑造服装的立体造型，又可以在一定程度上弥补缝制工艺中的缺陷。

一、熨烫的原理和作用

（一）熨烫的原理

纤维大分子在受到热湿作用后，其相互间的作用力就会减小，分子链可以自由转动，纤维的形变能力增大，刚度明显降低，此时，在一定外力作用下强迫其变形，纤维内部的分子链便会在新的位置上重新排列。冷却和解除外力后，纤维及织物的形状会在新的分子链排列状态下稳定下来，从而达到熨烫形变的目的。

（二）熨烫的作用

要达到平面衣片向立体的完美转化，除运用缝纫工艺中的收省和打褶以外，熨烫加工对服装立体造型的塑造也非常重要，其主要作用表现在以下四个方面：

1. 原料预缩和整理

服装面料、辅料在裁剪以前，尤其是棉、麻、毛、丝等天然纤维织物，要通过喷雾、喷水熨烫等不同方法进行预缩处理，并去除衣料折皱，为排料、画样、裁剪和缝制创造条件。

2. 热塑变形

利用衣料的热塑变形原理，采用推、归、拔等熨烫技术和技巧，适当改变衣料纤维的伸缩度及衣料经纬组织的密度和方向，塑造服装的立体造型，弥补结构制图没有省道、撇门及分割设置等造型技术的不足，使服装符合人体美观和舒适的要求。

3. 定形、整形

为了提高服装的缝制质量，降低缝制时的难度，在半成品缝制过程中，衣片的很多部位要按照工艺要求进行熨烫操作，如折边、扣缝、分缝烫平、烫实等，以达到衣缝、褶裥平直，贴边平薄、贴实等持久定形。

对成品服装的整形熨烫，可使服装达到外形平整、挺括、美观、适体等要求。

4. 修正弊病

利用织物纤维的膨胀、伸长、收缩等特性，通过喷雾、喷水熨烫，修正服装在缝制中产生的缺陷。如对缉线不直、弧线不顺、缝线过紧所造成的起皱，小部位松弛形成的"酒窝"，部件长短不齐，止口、领面、驳头、袋盖外翻等缺陷，都可以通过熨烫技巧给予修正，以提高服装质量。

（三）熨烫注意事项

（1）色织物在熨烫时应先进行小样试熨，以防发生色变。

（2）尽量减少熨烫次数，以防织物耐用性降低。

（3）对提花、浮长线织物，要防止勾丝、拉毛、浮纱拉断等。

（4）注意温度对面料的影响，对吸湿性大、难以熨平的织物，应喷水熨烫。对不能在湿态下熨烫的织物，应覆盖湿布熨烫。

（5）温度要适当，防止产生极光或烫焦。

（6）烫台要平整，避免凹凸不平，熨烫时要加覆湿布，防止产生极光。

（7）压力不要过大，以防产生极光。

（8）薄织物湿度稍低，熨烫时间稍长，厚织物湿度稍高。

二、熨烫的种类

按照不同的分类方法，熨烫具有不同的内容。

（一）按加工顺序分类

1. 产前熨烫

产前熨烫是在正式生产之前，对原辅材料进行的熨烫，目的是进行预缩，消除皱褶。

2. 中间熨烫

中间熨烫（又称作小烫）是在服装缝制过程中对服装组件进行的熨烫加工，如分缝、固衬、成型等。

中间熨烫不但可以确保下道缝纫工序的顺利进行，提高缝合质量，而且还可以起到节省部分缝纫工作的作用。当然，对某些服装（如西装）来说，中间熨烫更为重要的作用是对服装进行热塑定性处理。因为有些服装仅靠省道、褶裥等结构设计手段并不能完全满足人体表面复杂的曲面要求，这时就需要依靠中间熨烫，对服装采取"推、归、拔"的熨烫工艺，使其能够美观合体。

3. 成品熨烫

成品熨烫又称大烫，是对成衣进行的熨烫处理。服装在出厂前都要进行熨烫，以消除生产过程中产生的外观缺陷，塑造服装的整体造型，保持良好的外观。熨烫是服装生产中十分重要的环节，是服装包装前的重要工序。

（二）按定型维持的时间长短分类

1. 暂时性定型熨烫

暂时性定型熨烫是指服装在平时使用过程中，受到温度及湿度的作用，定型便会消失；或在轻微机械力作用下，定型就会消失的熨烫加工。天然纤维织物的熨烫就属于暂时性定型熨烫。

2. 半永久性定型熨烫

半永久性定型熨烫是指可以抗拒一般使用过程中的外界温湿度、机械等因素的影响，但当遇到较强烈的外力时，定型就会慢慢消失的熨烫加工。

3. 永久性定型熨烫

永久性定型熨烫是指熨烫时织物纤维的结构发生变化，定型后的形状难以复原的熨烫加工。合成纤维织物的熨烫通常属于永久性定型熨烫。

（三）按熨烫采用的作业方式分类

1. 熨制作业

熨制作业是以熨斗作为主要的作业工具，在服装表面按一定的作业规程移动作业工具，使服装获得预期外观效果的熨烫加工。但在用熨斗对衣物进行熨制的过程中，由于纤维本身的特性、熨斗面的移动，或衣物各部位的不均匀受热等因素的影响，材料表面容易产生焦黄、极光或熨烫不到位等现象。为消除这些弊端，在熨烫加工时，可采用垫水布、喷水等方法。

（1）熨斗。熨斗的种类很多，其用途也各有不同。熨斗主要有以下几种：

1）电熨斗。电熨斗分为普通电熨斗和调温电熨斗两种，目前在服装企业主要用于部件的熨烫加工。

2）蒸汽熨斗。蒸汽熨斗能对面料进行均匀地给湿加热，熨烫效果较好，在服装企业广泛使用。全蒸汽熨斗使用锅炉或电热蒸汽发生器产生的成品蒸汽，将具有一定温度和压力的成品蒸汽通入熨斗中，使用时拨动气阀，蒸汽由熨斗底部的喷气孔喷出，如图7-1（a）所示。吊瓶式蒸汽熨斗水斗和熨斗分体，水斗挂于熨烫台专用的挂架上，水斗和熨斗由橡胶管相连提供滴液，如图7-1（b）所示。自身水箱式蒸汽熨斗的水箱与熨斗合体，由手控进水阀提供滴液，使用较灵活，但水箱容量有限，影响熨烫效率，一般用于家庭熨烫，如图7-1（c）所示。

(a)　　　　　　　　　　(b)　　　　　　　　　　(c)

图7-1　蒸汽熨斗

（a）全蒸汽熨斗；（b）吊瓶式蒸汽熨斗；（c）自身水箱式蒸汽熨斗

（2）电热蒸汽发生器。电热蒸汽发生器是向熨斗提供成品蒸汽的电热锅炉，通过此设备将锅炉中的水加热成为具有一定温度和压力的蒸汽，如图7-2所示。

电热蒸汽发生器的优点是：体积较小，质量较轻，机动灵活，适合与蒸汽熨斗配套使用。其缺点是：用电量较大，产生热蒸汽的时间较长，需要在上班前提前打开开关加热，否则将会影响工作效率。

（3）熨烫台。熨烫台是与熨斗配合使用共同完成服装熨烫作业的熨制配套设备之一，与不同形状的烫模组合，可组成具有各种特殊功能的专用熨烫台，如图7-3（a）所示的为多功能熨烫台，图7-3（b）所示的为双臂式熨烫台等。

图7-2 电热蒸汽发生器

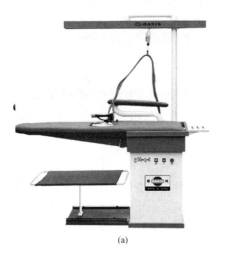

(a)

(b)

图7-3 熨烫台
（a）多功能熨烫台；（b）双臂式熨烫台

2. 压制作业

压制作业是将服装夹于热表面之间，并施加一定的压力，使服装获得平整外观的熨烫加工。压制作业多在熨烫机或压烫机上进行，它利用适当的温度、湿度，使纤维具有一定的可塑性，在一定压力作用下使熨烫部位得到压烫和塑形。

压制作业采用的设备有平板式压烫机和蒸汽烫模熨烫机两种。

（1）平板式压烫机。平板式压烫机多用于部件的压制，如压领机，用于领面的压烫。压烫时，把被烫件放在下模上，可采用抽风形成负压定位，调节合适的温度、湿度和压力值，启动上模，把被烫件夹于上下模之间进行熨烫。平板式熨烫机如图7-4所示。

（2）蒸汽烫模熨烫机。蒸汽烫模熨烫机一般应用于大衣、西装、西裤等半成品和成品的塑形。熨烫时，将被烫件吸附于已预热的下烫模上，在已预热的上下模合模时，

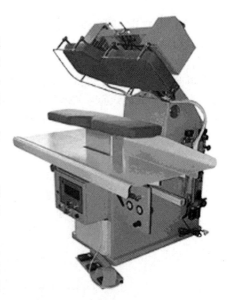

图7-4 平板式熨烫机

模内喷射出高温高压的蒸汽，在上下模合模后压力的作用下，迫使服装形成烫模的形状，而后抽湿启模，使服装冷却干燥，以便使压制好的衣片形状保持稳定。图 7-5 所示的是男西装前片熨烫机，图 7-6 所示的是肩头熨烫机。

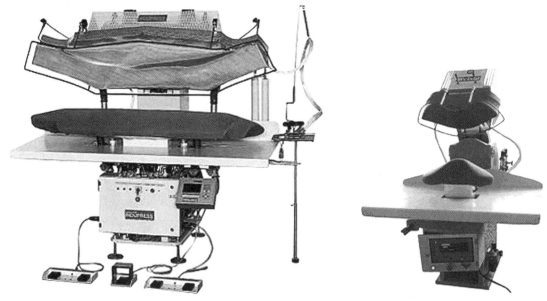

图 7-5　男西装前片熨烫机　　　　　　　　　图 7-6　肩部熨烫机

（3）蒸制作业。将服装成品覆于热表面上，在不加压的情况下，对服装喷射高温、高压的蒸汽，使服装获得平挺、丰满外观的熨烫加工。在蒸制作业中，服装是穿在人形烫模架上的，高温蒸汽从服装内向服装外喷射，使服装受张不受压。蒸制作业不仅可以达到去皱、塑形等目的，而且不会出现熨制作业和压制作业中出现的极光现象，立体度、丰满度好，尤其适合于表面特殊的面料，如羊绒衫、羊毛衫、呢绒类服装的成品熨烫加工。

较常用的蒸制设备是蒸汽人体模熨烫机，也称立烫机。按所熨烫的部位，立烫机可分为上装类立烫机和下装类立烫机。

三、熨烫的过程

熨烫定型的过程可分为三个阶段：

1. 加热给湿阶段

此阶段使面料的温度及湿度提高，具有良好的可塑性。纤维的可塑性是织物改变形态的首要条件。

服装面料是由纤维组成的，而纤维又是由链状高分子化合物通过分子之间的作用力形成的。在常温、常态下，分子之间的作用力较强，纤维高分子就会处于相对稳定状态。而当面料受到一定温度的作用时，纤维中大分子链的活动性增加，则会致使纤维发生一系列物理形态的变化。

（1）玻璃态：当纤维处于玻璃化温度以下时，由于分子间的作用力大，热运动的能量不足以使整个高分子链和链段发生形变，在外力的作用下形变能力很小，纤维的这种物理状态叫作玻璃态。

（2）高弹态：当温度升高至玻璃温度以上时，分子热运动能力就会大于分子之间的某些作用力，促使分子链段发生运动，但还不足以使整个分子链产生运动。此时由于链段已能运动，因此在外力的作用下纤维能产生较大的变形；当外力去除后，又可缓慢恢复原状，纤维的这种状态叫作高弹态。

（3）粘流态：随着温度的上升，热运动的能量不但能使分子链段运动，而且还能使整个分子链发生流动变形，变形量很大并且是不可逆的，这种状态叫作粘流态。在这种状态下，面料表面特征会出现不可修复的变化，如发黄、发焦、出现熔洞等。

在对服装进行熨烫加工时，应掌握合适的温度，根据面料品种的不同，将温度控制在玻璃化温度和粘流温度之间，使面料处于高弹态的状态。

2．施加外力阶段

本阶段使处于"塑性"状态的面料大分子链，按所施加的外力方向发生形变，重新组合定位。对织物所施加的外力是产生变形的主要手段，它加速了变形过程，并能按照人的想法塑形。

3．冷却稳定阶段

冷却稳定阶段让经过熨烫的面料得以迅速冷却，保证其纤维分子链在新形态下的稳定性。在织物达到预定要求的变形后给予冷却是很关键的，否则织物达不到预定的变形效果。

四、常见的服装熨烫程序和质量标准

（一）衬衫

1．熨烫程序

左右前襟贴边→衣领→左右袖子、袖口→肩部→后身→左前身→右前身。

2．质量标准

（1）衣领平整、挺括，整个衣领呈圆形，后领烫死。

（2）两肩平服。

（3）袖口成圆形，不起折皱，袖口纽扣部位不留印痕。

（4）衣袖沿腋下部位接缝处烫平整。

（5）前襟贴边整齐挺直，纽扣部位不留印痕。

（6）前后身挺括、平整。

（二）西裤

1．熨烫程序

里衬→劈缝→口袋→左前腰→右前腰→四条裤线对齐烫直→前烫迹线自然与褶裥相连熨烫→裤脚烫平。

2．质量标准

（1）表面平整，烫迹分明，无袋印。

（2）前烫迹线自然与褶裥相连。

（3）前后四条烫迹中线自然垂直挺括。

（4）裤脚平整无曲折。

（5）后袋盖不留印痕。

（三）西服

1．熨烫程序

领子正反面→前身衬里→左前肩部→左后肩部→右前肩部→右后肩部→左前身→左侧身→右前身→右侧身→后身衬里→后身→小翻领→左右袖。

2．质量标准

（1）衣领内外平整，领部翻转后要盖着接缝成自然定形，领子左右两边不能压死成自然分边。

（2）左右肩部自然成型，垫肩熨平，与袖子的拼缝处没有曲折感。

（3）前胸部与背部自然平整，不留纽扣印痕。

（4）口袋面不留袋盖印痕。

（5）袖子烫成圆形，袖口贴边平服，纽扣边平直整齐，袖后缝自袖口起 10 cm 起缝烫直。

（6）衣服里衬保持平整，不留皱褶。

（7）整件衣服外表自然平服，不留任何皱褶。

（8）整件衣服无极光。

五、影响熨烫效果的因素

服装熨烫效果主要受温度、湿度、压力和时间等因素的影响。服装要达到完美的熨烫效果，必须正确控制这些条件。

1. 温度

熨烫温度是影响熨烫效果的主要因素。纤维的状态随温度变化而变化，在低温状态下，纤维分子结构比较稳定，分子链间处于相对稳定的状态，但随着温度的升高，分子链间的相对运动开始变得容易。因此，织物也较易于在外力作用下按外力作用的方向产生变形。这种按工艺要求产生的变形通过冷却固定下来，就达到了熨烫定形的目的。由于各种面料的热学性能差异很大，耐热性不同，它们的最佳熨烫温度也不一样。因此，掌握好各类面料的熨烫温度是整理服装的关键，按照麻—棉—毛—丝—化纤—尼龙的顺序，熨烫温度逐渐降低。如果熨烫温度过高，超过面料允许受热温度，面料易烫黄、烫焦、变形，甚至熔化；熨烫温度过低，虽不损伤面料，但达不到熨烫效果。各种织物的熨烫温度范围见表 7-2。

表 7-2　各种织物的熨烫温度范围　　　　　　　　　　　　　　　　℃

织物纤维	熨烫温度	危险温度	织物纤维	熨烫温度	危险温度
麻	175～195	240	涤纶	120～160	190
棉	160～180	240	腈纶	120～140	180
羊毛	140～160	210	维纶	120～140	180
丝	120～160	200	锦纶	120～140	170
粘胶	120～160	200～230	丙纶	90～100	130
醋酸纤维	120～130	170	氯纶	60 以下	—

上述熨烫温度只是一个参考值，对于两种或两种以上纤维混纺或交织的服装材料，熨烫温度应按照其中耐温较低的纤维温度确定。

2. 湿度

熨烫过程中的润湿作用十分重要，其主要作用就是使分子进入纤维内部分子之间，增大分子之间的距离，对分子链之间的运动起润滑作用，使纤维膨胀伸展，变得柔软且易于变形，从而进一步改变纤维特征，给熨烫加工提供变形或定形的条件。但湿度应控制在一定范围内，过湿或过干都不利于服装定形。由于不同面料的吸湿效果不同，因此要根据面料的特征合理掌握。薄或较薄的面料，如丝绸、纯棉、涤棉等面料，在熨烫时织物纤维需要的含水量较低，熨烫时应不加水或少加水，否则会使服装产生水渍或引起严重的收缩。质地较厚的毛呢面料，熨烫时要求含水量较高，最好采用蒸汽加湿熨烫，因为高温蒸汽能够均匀地渗透到面料组织和纤维内部，使熨烫透彻，并能避免产生极光，从而达到良好的效果。

根据不同的熨烫方式，给湿的方法有所差异，如直接喷洒、垫湿布，或在加热、加压的同时喷出湿气等。

3．压力

在熨烫定形中压力也是必不可少的条件。压力可以改变物体的形状和大小，面料也是如此。但纯粹依靠压力想使服装达到定形的效果，就面料性质来说，也是非常困难的，较大的压力和较长的作用时间对于服装工业化生产是不合适的。因此，只有在一定的压力作用下，同时施以一定的温度和适当的湿度，才能发挥其应有的作用，才能使织物按要求定形。熨烫压力的大小要根据材料、款式、部位而定。如真丝、人造棉、人造毛、灯芯绒、平绒、丝绒等材料，用力不能太重，否则会使纤维倒伏产生极光；而像毛料、西裤挺缝线、西服止口等处，则应用力重压，以利于折痕持久，止口变薄。一般质地较薄、组织结构较松的衣料，熨烫压力宜小；质地较厚、组织结构较紧的衣料，熨烫压力宜大。

4．时间

熨烫操作的时间长短，取决于以上 3 个基本条件的综合作用。一般情况下，温度高，熨烫的时间就相对较短，反之，时间相对较长；面料的湿度越大，熨烫的时间就越长；压力大一些，熨烫的时间就会短一些。对一些特殊的织物可以采取一定的灵活性，如在熨烫丝绸织物时，对白色和浅色织物，其湿度、温度和压力可以有所变化，温度过高易使织物发黄，所以温度可稍低一些，相对湿度也要小一些，但压力要大一些。只有用压力加大的办法才能克服温度和水分的不足，达到熨烫定型的目的。相反，在熨烫深色丝绸织物时，温度可以稍高一些，湿度也可稍大一些，但压力相应要小一些。只有在温度、湿度、压力三个基本条件运用适当的情况下，合理延长熨烫时间，才能使服装达到较好的定形效果。

冷却时间是熨烫中不可缺少的一个条件，因为定型不是在加热过程中产生的，而是在冷却中实现的。冷却时间决定于纤维材料的结晶度，短时间内将服装去湿、降温，能够迅速定型。同时，快速冷却宜于纤维分子的结晶，提高整烫后服装的强度，但去湿不易太快、太多，否则会使材料手感粗糙，光泽不好。因此，对于熨烫后的冷却方式，要根据服装材料性能以及熨烫方式的不同而定，一般使用的有自然冷却、冷压冷却以及抽湿冷却等。

第三节　服装后整理、包装及储运

一、服装后整理

服装后整理是指服装包装之前的整理，它是保证产品质量的重要环节。服装后整理通常包括以下内容：

1．色差识别

审查服装不同部位是否存在色差，不同部位的色差级别是否超过标准等级，并对其作出相应处理。

不同部位的色差等级不同，如我国《女西服、大衣》（GB/T 2665—2017）标准中规定，袖缝、摆缝色差不低于 4 级，其他表面部位高于 4 级。套装中，上装与下装的色差不低于 4 级。

2．毛梢整理

毛梢又称为线头，分为死线头和活线头两种。死线头是缝制作业中未剪的线头，也有布纱头，是包缝不净造成的缝料纱外露；活线头是剪断但留在服装上没有去除的线头和粘在服装上的纱头。现在许多缝纫机都带有自动或半自动剪线机构，以保证缝纫线头小于 4 mm，但大部分企业仍由人工修剪。毛梢整理方法有三种：

（1）手工处理：用手将线头取掉后放入水盒或其他不易使其漂移的容器内，适于死线头处理。

（2）粘去法：用不干胶纸或胶滚轮粘去毛梢，适于活线头在工厂中经常用到这种方法。

（3）吸取法：先将活线头剪掉，再通过抽风箱吸去。

吸线头机是一种吸取活线头的高效率设备，它利用吸尘器的原理，将粘在服装成品上的线头和灰尘吸掉，已被许多企业采用，如图7-7所示。

除以上三种方法外，企业应提倡在缝制过程中消除死线头，如不留线头，把线头塞进去缝制等。

3．折皱整理

服装表面若有折皱，可用熨斗进行平整处理，以保证服装挺括、平服、圆顺。

4．布疵整理

服装衣料自身存在残疵或在生产、搬运、取放中造成不同程度的残疵，要对其进行修复，保证成衣出厂后能正常使用，以降低损耗，提高经济效益。

布疵修复原则是将大疵修成小疵或无疵，小疵修整成完好状态，以提高服装等级为最终目的。

图7-7　吸线头机

5．污渍整理

服装在生产过程中由于接触到有油、有色物质等而被污染。去污整理时应根据面料性能及污渍类别，选择合适的去污剂和去污方法。

二、服装产品包装

服装产品包装有两层含义。一是指包装产品的操作过程，即包装方法；二是指产品的容器和外部包扎，即包装器材。在实际工作中，两者往往难以分开，故统称为产品包装。

产品包装是为保持产品数量与质量的完整性而必需的一道工序。由于产品包装直接影响到产品的价值与销路，因而对绝大多数的产品来说，包装是产品运输、储存、销售不可缺少的必要条件。

（一）产品包装的作用

1．保护产品

产品在从出厂到用户的整个流通过程中，都必须进行运输和储存。即使到了用户手中，从开始使用到使用完毕，还是会有存放的问题。产品在运输中会遇到震动、挤压、碰撞、冲击以及风吹、日晒、雨淋等损害；在储存时也会受到温度、湿度和虫蛀、鼠咬、尘埃损害和污染。合理的产品包装能保护产品在流通过程中不受自然环境和外力的影响，保护产品的使用价值，使产品实体不致损坏、散失、变质和变形。

2．提高产品储运效率

包装对小件产品起着集中的作用。包装袋或包装纸上有有关产品的鲜明标记，便于装卸、搬运和堆码，利于简化产品的交接手续，从而使工作效率明显提高。外包装的体积、长宽高尺寸、重量与运输工具的标重、容积相匹配，对于提高运输工具利用率、节约动力和运费，都具有重要的作用。

3．便于使用

适当的产品包装还可以起到便于使用和指导消费的作用。产品包装上的使用说明、注意事项等，对消费者或用户使用、保养、保存产品，具有重要的指导意义。

国际和我国常用洗涤标记

4．促进产品销售

产品包装还具有识别和促销的作用。产品在包装后，可与同类竞争产品相区别。精美的包装，不易被仿制、假冒和伪造，有利于保持企业的信誉。在产品陈列时，包装是"无声的推销员"，良好的包装，往往能为广大消费者或用户所瞩目，激发其购买欲望，成为产品推销的一种主要工具和有力的竞争手段，收到广告宣传的效果。由此可见，包装能够有效地帮助产品上市进行销售，维持或扩大市场占有率，实现产品包装化，提高产品质量，丰富产品品种，方便销售，有助于推广自动售货和自我服务售货。

5．促进企业收入的增加

优良、精美的包装，不仅可以使好的产品与好的包装相得益彰，避免"一等产品，二等包装，三等价格"的现象，而且还能够抬高产品的身价，使消费者或用户愿意出较高的价格购买，使企业增加销售收入。另外，包装产品的存货控制，也比较简单易行。实现产品包装化，还可使产品降低损耗率，提高运输、储存、销售各环节的劳动效率。这些都可使企业增加利润。

（二）服装产品包装设计原则

1．包装色彩设计原则

色彩在包装设计中占有特别重要的地位。日本色彩学家大智浩认为包装色彩设计应考虑以下八个方面：

（1）色彩能否在同类商品中有清楚的识别性。

（2）色彩是否很好地象征着商品内容。

（3）色彩是否与其他设计因素和谐统一，有效地表示商品的品质与分量。

（4）色彩是否为商品的购买阶层所接受。

（5）色彩是否有较高的明视度，并对文字有很好的衬托作用。

（6）单个包装效果与多个包装的叠放效果如何。

（7）色彩在不同设计、不同陈列环境里是否都充满活力。

（8）商品的色彩是否不受色彩管理与印刷的限制，效果始终如一。

2．包装图案设计原则

（1）形式与内容要表里如一，具体鲜明，一看包装即可知晓商品本身。

（2）充分展示商品。主要采取两种方式，一是用形象逼真的彩色照片表现，真实地再现商品，如床上用品的包装；二是直接展示商品本身。全透明包装、开天窗包装在服装产品中非常流行。

（3）要有具体详尽的文字说明。在产品图案上还要有有关产品的原料、结构等的具体说明，必要时还应配上简洁的示意图。

（4）要强调商品的形象色调。除了用透明包装或彩色照片来充分表现商品本身的固有色调外，还要使用能体现商品的形象色调，快速地凭借色彩体现包装物的内容。

（5）"石门家族"式的包装，将其重点体现在包装的主要展销面。凡是一家企业生产的或以同一品牌商标生产的商品，不管品种、规格、包装的大小、形状、包装的造型与图案设计，均采用同一格局，甚至同一个色调，给人以统一的印象，使顾客一望即知该产品属于哪种品牌。

（6）要注意功效设计。包装中的功效设计主要表现在以下几个方面：

1）保护性性能设计，包括防潮、防霉、防蛀、防漏、防碎、防挤压等。

2）方便性性能设计，包括要方便商店陈列、销售，方便顾客携带、使用等。

3）推销性性能设计，即无须销售人员的介绍或示范，顾客只凭包装画面文图的"自我介绍"就可以了解商品。

（三）服装包装形式

1．袋

包装袋通常由纸或塑料薄膜等材料制成，具有保护服装成品、防灰尘、防脏污、占用空间小、便于运输流通等优点，在服装企业使用最为广泛。近几年，从绿色环保方面考虑，纸包装袋的使用越来越广泛。

不同品种的服装，可选择与之匹配的包装袋形式和尺寸。

2．盒

包装盒大多采用薄纸板材料制成，也有部分用纸盒（如盒底）、部分用塑料制作，属于硬包装形式，其优点是具有良好的硬度，盒内的成衣不易被压变形，在货架上可保持完好的外观。如男衬衫、保暖内衣等的包装。

3．箱

包装箱多为瓦楞纸箱或木箱，主要用于外包装。将独立包装后的数件服装成品以组别形式放入箱中，便于存放盒运输。在运输过程使用纸箱时，应注意防潮。

4．挂装

挂装又称作立体包装，是服装在运输、销售过程中，采取吊挂的形式。经整烫的服装表面平整、美观，当以袋、盒的形式包装后，成品往往产生皱褶，影响服装美观。挂装能使服装在整个运输过程中不被挤压、折叠，始终保持平整、良好的外观。但其会使包装辅料需要较多，运输空间增大，运输成本提高。

5．真空包装

真空包装是将包装容器内的空气抽出密封，可有效减少成衣储存和运输体积，减轻重量。在运输过程中，真空包装可有效防止服装产生皱褶或破损。对于卫生用品采用真空包装的形式，可确保经过消毒的成品在运输、销售过程中不被污染。

（四）包装材料的种类

1．纸包装材料

纸包装材料在全世界的包装材料中所占比例最高，是包装工业中最重要的原料之一，同时纸制品包装无污染，对实现可持续发展要求的"绿色包装"具有重要意义。然而对纸制品包装的不合理利用，同样会造成严重的环境问题，引起资源危机。

纸包装材料具有以下其他材料不可替代的优点：

（1）纸材料本身性能优良。纸的来源广泛，价格便宜，成本低廉，加工性能好，印刷性能优良，具有一定的机械性能。

（2）纸的品种多样，不透明，卫生性好，弹性和韧性好，容易大批量生产。

（3）具有重量较轻、便于运输、收缩性小、稳定性高、不易碎且易切割等特点。

（4）使用薄型和具有阻隔性好的纸基复合材料包装物品能够延长货物寿命。

根据不同的用途，成衣包装所使用的纸有所区别，例如：厚度为 0.3 mm 的硬纸板通常用作包装盒及男衬衫用的衬板；波状纸（又称作瓦楞纸）或板具有减振作用，可做纸箱或纸盒，用于需减振的包装；防水纸可用于需运输的成衣包装材料。

2．塑料包装材料

塑料因其质轻、强度高、防水、耐磨、耐腐蚀、阻隔性好、化学稳定性好及物美价廉等优点而被广泛应用于服装包装。目前，国内市场常用的塑料包装材料有：聚乙烯、聚丙烯、聚氯乙烯、PS、PET、PA 等，且各有优劣。为配合塑料包装行业安全环保的大趋势，如"2008 国际橡塑展"展出的高性能、多功能、环保型塑料包装材料受到塑料包装业的高度关注。

塑料包装材料在服装包装上的应用有：成衣包装袋、男衬衫领圈、蝴蝶片、塑料夹、衣架、大头针、别针、吊牌等。

（五）内外包装的要求

1. 内包装要求

内包装又称小包装，在销售时起便于分发和计量的作用。根据产品的不同，内包装的数量和要求也不相同，服装类内包装一般为1件，服饰中如棉袜一般为1双，女士短丝袜一般为6双等。

内包装中成品的品种、等级要一致，颜色、花型、尺寸规格等应符合订货方的要求，在包装的明显部位要注明厂名（国别）、品名、商标、货号、规格、色别、数量、等级、生产日期、纤维名称、纱支及混纺比等项目。

2. 外包装要求

外包装又称大包装或运输包装，是在小包装的外面又增加的一层包装。其作用主要是用来保障商品在流通过程中的安全，便于装卸、运输、储存和保管。外包装一般使用五层瓦楞结构纸箱和较坚固的木箱。

外包装箱外通常应印刷产品的相关标志，如厂名（国别）、品名、箱号、数量、尺寸规格、毛重、净重、体积（长×宽×高）、等级、生产日期、防潮标志等。

一般外包装箱的尺寸规格应按照运输货柜进行设计，三种规格的货柜在装箱时可以接纳的体积分别是 $29 \sim 30 \, m^3$、$58 \sim 61 \, m^3$、$68 \sim 71 \, m^3$。

（六）包装的检验

服装的包装检验应符合《服装标志、包装、运输和贮存》（FZ/T 80002—2016）的要求。

包装检验主要是检查成箱内的产品颜色、数量、尺寸规格是否符合客户的装箱要求。包装质量检验步骤为：清点包装成箱的纸箱数量，主要目的是核验是否全部成箱；任意抽取一定比例数量纸箱；对抽取的纸箱要做好标记，以防被纸箱工厂调换。包装的检验主要有以下几个方面：

1. 包装辅料质量检验

服装包装辅料主要有 PP 袋、PVC 袋、衬板、纸箱、洗涤标、主标、吊牌、条形码不干胶、打包带、封箱胶带等。所有的包装辅料入库前都要进行检验，检验的方式有抽样检验和全部检验两种。

一般对包装辅料数量比较多的采用抽检的方法，对包装辅料数量少的则要求进行全检。包装辅料的检验结果要填写在包装辅料质量检验报告中。

2. 包装成箱质量检验

包装成箱质量检验主要是检查成箱内的产品颜色、数量、尺寸规格是否符合客户的装箱要求。包装成箱质量检验有以下步骤：

（1）清点包装成箱的纸箱数量，主要目的是核验是否全部成箱。

（2）任意抽取一定比例数量纸箱。

（3）对抽取的纸箱要做好标记，以防被纸箱工厂掉换。

（4）检查箱标上的文字是否与订单上的包装记录一致，检查纸箱封箱情况是否完好，并进行纸箱落体试验。

（5）开箱核验箱标文字、图案与箱内产品是否一致，通常需要核对产品的颜色、数量、尺寸是否与箱标上的颜色、数量、尺寸相一致，防止箱内产品数量多装、少装或尺寸装错等现象发生。

（6）检查箱内产品的外观质量。

（7）记录所有检验的箱号和检验过程中存在的问题，并要求供应商改正检验中发现的问题。

3．包装纸箱落体试验

在服装储运过程中，经常会遇到客户收到货后因纸箱质量问题而导致的投诉、索赔事件。服装企业应加以重视，确保包装纸箱的质量和规格达到客户要求。一些客户会对纸箱提出特殊要求，如有钉箱、无钉箱，"工"字箱型封箱，"王"字箱型封箱等。服装企业尤其要注意。服装储运包装箱的质量要求主要有以下几点：

（1）纸箱应保持干燥、清洁、牢固，适合长途运输。

（2）纸箱箱标文字、图案印刷应清晰正确。

（3）纸箱封口时应衬垫一块纸质衬板，以防开箱时利器割破箱内成品。

（4）纸箱高度合适，不可以出现"空箱"未装满或产品高度超出纸箱高度的现象。

（5）包装带要正且松紧适宜，包装带不能太紧以免纸箱破损。

（6）箱底、箱盖封口严密、牢固。封箱胶带要贴正，两侧下垂 8～10 cm，以防纸箱爆开。

服装储运包装纸箱必须做纸箱落体试验，即将装有货物的纸箱从规定的高度平摔自由落体，并查看纸箱中的货物及包装是否完好无损。纸箱落体试验纸箱规定的高度与被测试的纸箱毛重有关。

三、服装产品储运

（一）仓储管理

仓储是服装生产、流通过程中因订单前置或市场预测前置而使产品、物品暂时存放。它是集中反映工厂物资活动状况的综合场所，是连接生产、供应、销售的中转站，对提高生产效率起着重要的辅助作用。同时，围绕着仓储实体活动，清晰准确的报表、单据账目、会计部门核算的准确信息也同时进行着，因此，仓储是物流、信息流、单证流的合一。

1．仓储管理的工作内容

仓储管理的工作内容是对物料进行收料、发料、存储、入账、盘点，以及呆废料的处理等。

（1）仓库管理的收料工作在于检查采购物料的数量和品质。库管员检验和清点送来物料的种类和合格品数量；填写入库单；发生数量不足和品质不合格时，通知供销科补足或更换；物料进行分类存储，特别是内销和外销产品所需的面辅料应分开放置，并存放在固定地点，便于清点和发料。

（2）仓库管理的发料工作主要是为生产提供原辅料和机物料。使用部门填写领料单后才能从仓库领取物料。库管员根据领料单所填数量分发物料。

（3）库管员要定期做好盘点工作。计算仓库内现有的物料种类与数量，掌握和明确库存的实际情况，作为采购或进货的参考。物料经盘点后，若发生实际库存数量与账面结存数量不符，除追查差异的原因外，还要编制盘点损益单，经审批后调整账面数字，使之与实际数字相符。

（4）库管员要做好物料出入库的日报和月结存表，以供相关部门使用。

（5）库管员要定期进行翻仓整理。原料和成品应在每年雨季结束后进行翻仓整理。在翻仓时，除将下层货柜翻到上层外，还需将储放货品的木架、柜子、木箱等容器，分批搬到库外进行日光照射或用杀虫药水喷洒防止害虫滋生。

2．仓储要求

（1）环境要求。仓库建筑必须牢固、干燥、通风、不漏水，库内避免阳光直射，相对湿度要求在 60%～65%，并有防虫、防鼠、防霉等各项措施，以防止原材料或半成品受损。

（2）库房通道及宽度要求。室内存储应留有适当通道，通道宽度至少不阻碍物体的搬运；通道应整直，并直接通向出口；通道的交叉口应尽量减少，视野应广阔明亮；通道应保持畅行无阻，不可在通道上堆放物品。

（二）运输管理

货品无论进入库房还是上下车船，均需人力或机械搬运。一般应符合以下原则：

（1）直线运输；

（2）连续运输；

（3）力求简捷；

（4）工作集中；

（5）经济有效。

在大量搬运装卸时，应尽量利用机械，提高效率，减少包装损失。

【思考题】

1. 服装外观质量检验应按照什么顺序进行？
2. 清理线头的常用方法有哪几种？
3. 不同类型的污渍应如何去除？
4. 什么是熨烫？熨烫的基本原理是什么？
5. 熨烫时应注意哪些事项？
6. 熨烫定型过程分为哪几个阶段？
7. 影响熨烫效果的因素有哪些？
8. 服装后整理通常包括哪些内容？
9. 服装产品包装是怎么定义的？产品包装有何作用？
10. 服装产品包装设计的基本原则是什么？
11. 内包装有何要求？外包装有何要求？
12. 服装储运包装箱的质量有何要求？
13. 仓储管理的工作包括哪些内容？

第八章　工作研究与管理

【学习目标】

（1）了解工作研究的概念和内容，掌握工作研究的基本程序。
（2）了解工作分析的内容，掌握浮余率的测定方法。
（3）了解动作分析的意义，掌握动作分析的顺序和具体方法。
（4）掌握秒表法、预定时间法和标准资料法的特点、工作步骤和用途。

【能力目标】

（1）会计算浮余率，知道如何降低浮余率。
（2）能在实际生产中应用动作分析。
（3）可以利用标准资料法制作工序资料库。
（4）能够结合生产实际计算标准工作时间。

第一节　工作研究

一、工作研究的概念和内容

工作研究（Work Study）是传统工业工程中最早出现的一种主要技术，也可以说传统工业工程是在工作研究的基础上逐步发展壮大起来的。

工作研究是指运用系统分析的方法把工作中不合理、不经济、混乱的因素排除掉，寻求更好、更经济、更容易的工作方法，以提高系统的生产率。其基本目标是避免时间、人力、物料、资金等的浪费。工作研究的目标在西方企业中曾经用一句非常简洁的话描述为：work smart，not hard（要巧干，别苦干）。

由于多方面原因，我国制衣业与其他行业相比，生产管理水平更为落后，一些小型制衣厂甚至还停留在几十台缝纫机的传统作坊式的经验管理阶段。大多数制衣厂根本没有自己的作业标准和时间标准，制订生产作业计划没有依据可行，管理还停留在经验主义水平上，生产现场混乱，操作人员劳动强度高但劳动效率低，从而导致生产率不高，生产成本居高不下，产品质量和交货期得不到保证。

服装企业提高生产率或效率的途径有多种，如通过购买先进设备、提高劳动强度来实现。工作研究是在既定的工作条件下，不需要或者只需要很少的投资，不增加工人劳动强度，只通过重新组合生产要素、优化作业过程、改进操作方法、整顿现场秩序等方法，消除各种浪费，节约时间和资源，从而提高产出效率，增加效益，提高生产率。同时，作业规范化、工作标准化还可使产品质量得到稳定和提高，人员士气上升。因此，工作研究是服装企业提高生产率与经济效益的一个有效方法。

工作研究包括两部分内容，即方法研究（Methods Study）和作业测定（Work Measurement），其基本结构如图8-1所示。方法研究主要是通过对现行工作方法的过程和动作进行分析，从中发现不合理的动作或过程，并加以改善。工作研究的主体是作业测定，其主要用途是建立工作时间标准。一项工作（通常是一人完成的）可以分解成多个工作单元（或动作单元）。

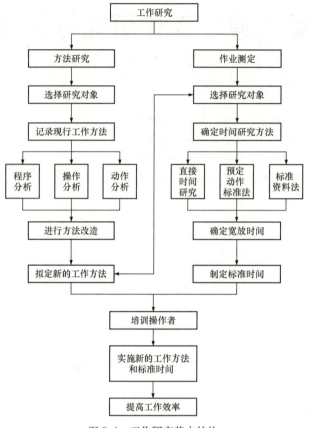

图 8-1　工作研究基本结构

在时间研究中，研究人员首先用秒表观察和测量一个训练有素的人在正常工作条件下各个工作单元所花费的时间。这通常需要对一个动作观察多次，然后取其平均值。用观察、测量所得到的数据可以计算为了达到所需要的时间精度，样本数需要有多大。如果观察数目还不够，则需进一步补充观察和测量。最后再考虑到正常发挥的程度和允许变动的幅度，以决定标准时间。

工作研究中的两种技术有着密切的联系。方法研究着眼于现有工作方法的改进，其实施效果要运用作业测定来衡量；作业测定是努力减少生产中的无效时间，为作业制定标准时间。进行作业测定的基础是工作方法的合理化和标准化。因此，两者是相辅相成的。

工作研究可以提供制衣厂日常操作计划和管制的资料，提高长期预计的准确性，最终目的是提高生产率。工作研究是一种不需要投资或很少投资就能增加现有资源产出率的管理技术，因而受到工业界的普遍重视。

二、工作研究的基本程序

1．选择研究改进的对象

工作研究的对象十分广泛，可以是生产运作系统全部，即从原材料进厂到成品出厂的整个过程，或者是某一局部，如生产线中的某些工作岗位、某一工序，甚至某些操作人员的具体动作、时间标准等企业管理的各项活动都可以成为方法研究的对象。一般来说，工作研究的对象主要集中在系统的关键环节、薄弱环节，或带有普遍性的问题方面，或从实施角度容易开展、见效的方面。因此，应该选择效率明显不高、成本耗费较大、急需改善的工作作为研究对象，如工人空置时间多、机器空置时间多、生产过程中有"瓶颈"和"延误"情况发生、产品的品质参差不齐或低于标准水平、生产成本过高、生产效率低于正常等。

2．确定研究目标

尽管工作研究的目标是提高劳动生产率或效率，但确定了研究对象之后还需规定具体的研究目标。这些目标包括以下内容：

（1）减少作业所需时间；

（2）节约生产中的物料消耗；

（3）提高产品质量的稳定性；

（4）增强职工的工作安全性，改善工作环境与条件；

（5）改善职工的操作，减少劳动疲劳；

（6）提高职工对工作的兴趣和积极性等。

3．记录现行方法

方法研究能否收到效果，在一定程度上取决于记录是否准确与详尽，因为分析和开发新方法都是以此为基础的。要记录工作场所的布置和周围的环境，工作方法的描述，应用的机器、设备、工具和材料，工人的技术要求和工作的动作细节，工作任务所希望达到的预期目的等。记录时可借助各类专用表格技术，还可用摄影机和录像机对现行工作方法进行记录。现在有不少规范性很强的专用图表工具，它们能够帮助工作研究人员准确、迅速、方便地记录要研究的事实，为分析这些事实提供标准的表达形式和语言基础。

4．分析

事实记录下来后，就要进行各项考察，寻求改善的新方法。通常采用"5W1H"法（六何分析法）和"四种技巧"，并把它们结合起来进行分析研究。

5．拟定并建立新的工作方法

一项新的工作方法在贯彻实施前，需要经过必要的试行或检验，这对于某些重大改进或者涉及面比较广的改进尤为重要。因为拟议中的新方案还只是一种预想，在实施过程中会出现许多预想不到的情况。通过现场试行或试验，可以对原方案进行修改或调整，使方案更加合理和切合实际。试行或试验应当有操作者参加，这样可以使当事人对改进方案有深入的了解，并充分听取他们的意见。

工作研究的目的在于制定出最佳方案。然而最佳方案是不能一蹴而就的，一般需设计若干方案（至少两个方案），从中评选出最佳方案。判断最佳方案的原则是适用性。评价新方法的优劣主要需要从经济价值、安全程度和管理方便程度几方面来考虑。其主要包括：

（1）经济性。对新工作方法做技术经济分析，并与旧的工作方法做对比，如计算新工作方法所节省的"动作次数""移动距离""工时"和"费用"，即考察其能带来多少经济效益。

（2）安全性。分析新的工作方法是否安全，劳动强度如何。

（3）心理因素。分析新的工作方法能否取得现场主管和有关人员的同意和合作。

6．贯彻实施新的工作方法

工作研究成果的实施可能比对工作的研究本身要难得多，尤其是在这种变化在一开始还不被人所了解，而且改变了人们多年的旧习惯时，工作研究新方案的推广会更加困难。因此，实施过程需要广泛宣传新方法的内容、意义、好处，还要对职工进行新方法的技术培训，并加强现场指导。推行时，切勿急于求成，要允许职工有一个熟悉和适应的过程。

经过试行完善后，就应当对新的工作方法进行标准化，包括把工作流程、工作场地布置、现场使用的工艺装备、操作方法以及现场的供应服务及环境条件等形成规范性指导文件，也就是将新的工作方法和好的经验加以固定化，以利于更好地贯彻执行。

第二节　工作分析与浮余率的测定

一、工作分析

1．作业时间的构成

服装产品消耗的总时间大致分为基本作业时间、多余时间及浪费无效时间三种，如图8-2所示。基本作业时间是指生产中必需的时间，即在现有条件下通过改进制造工艺、作业方法都不能再加以改进，也就是不能减低的理想时间，唯有这项内容才被视为真正"有效时间"。多余时间是由作业方法或作业动作不当造成多消耗的作业时间，其本质是"无效工作"，但在目前条件下却是必需的。而浪费无效时间是指由于企业管理和组织上的各种缺点引起的中断时间，作业人员与机器设备不完全利用及其他时间浪费，其作业本质上也是"无效工作"。多余时间和无效时间又被称为浮余时间。

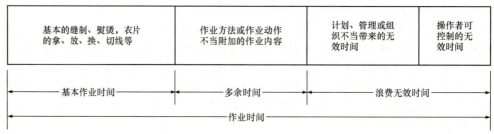

图 8-2　服装产品作业时间构成示意

从生产一件服装的角度来考虑时间消耗，虽然容易理解，但是在实际操作中并不方便，为此我们还需要从生产过程消耗的角度来考察。按照作业性质，员工工作状态可以分为工作、作业浮余、车间浮余、个人生理浮余四个方面，见表8-1。这种时间分类是以作业性质为依据的，它们客观反映了各类时间消耗的用途，因而成为提高生产效率的相应突破口。各类时间详细解释如下：

表 8-1　缝制车间作业状态及一般标准

作业分类		主要内容	一般标准 /%
工作 T_1	主要作业 T_{11}	缝制、熨烫、材料加工等	27～30
	附带作业 T_{12}	衣片的拿、放、换、切线等	46～49
作业浮余 T_2	整备条件 T_{21}	整备作业条件	1.9～2.9
	整理制品 T_{22}	准备材料、确认材料	4.6～6.3
	换线 T_{23}	换面线、底线等	0.9～2.5
	记录 T_{24}	记录事项	0.1～0.5
	判断 T_{25}	判断质量	0.3～2.3
	修改 T_{26}	拆线、重缝、重烫	1.7～2.6
	故障 T_{27}	断线、断针引起的穿线、换针等，机器故障	0.6～2.2
车间浮余 T_3	商量工作 T_{31}	指示、报告、教育、商量	2.2～2.5
	搬运移动 T_{32}	材料、成品、器具的搬运，工作地的移动	1.1～3.2
	等待工作 T_{33}	衔接不上而等待	0.2

作业分类		主要内容	一般标准/%
个人生理浮余 T_4	疲劳间歇 T_{41}	休息时间外的休息，上厕所、喝水、擦汗等	1.3 ～ 1.7
	其他（怠工）T_{42}	讲废话、开小差、办私事等	0 ～ 1.5

工作时间 T_1 是指正常作业过程中所花费的时间，它包括主要作业时间 T_{11} 和附带作业时间 T_{12} 两部分，是生产的主体，其他作业都是为其服务的。主要作业时间 T_{11} 包括缝制、熨烫、材料加工等工作的时间，直接创造生产价值，是所有作业中唯一有效的作业时间。对制衣业来说，这部分时间消耗量主要取决于加工设备的效率、工人的熟练程度及劳动积极性。附带作业时间 T_{12} 是指为保证基本生产过程的实现而进行各种辅助性操作所消耗的时间，包括衣片的拿、放、换、切线等，这部分时间与加工工艺、设备性质及裁片摆放位置有很大关系。

作业浮余 T_2 是生产中进行准备和事后结束工作所消耗的时间。它又可以分解成整备条件时间 T_{21}，包括确认指示单、准备作业条件、准备工作台、确认熨烫温度等的时间；整理制品时间 T_{22}，包括准备裁片，改放地点，解开、绑扎裁片，确认裁片数量等时间；换线时间 T_{23}，包括换面线、换底线时间；记录时间 T_{24}，为记录传票、加工数量、公告板等时间；判断时间 T_{25}，包括判断或注意加工质量的好坏，判断是否合格等时间；修改时间 T_{26} 是指因为自己或别人质量不合格造成返工，引起的拆线、重缝、重烫等时间；故障时间 T_{27} 是指缝纫机、真空烫台、特种机等机器故障而引起的等待时间，断线、断针引起的穿线、换针时间等。

车间浮余 T_3 主要是指由于组织管理工作不完善或车间布局不合理，使生产活动发生中断而损失的时间，在生产中要尽量消除这部分时间。它包含商量工作时间 T_{31}，指工人在正常生产中接受组长、指导工或其他员工的指示、报告、教育、商量等的时间；搬运移动时间 T_{32}，由材料、成品、器具的搬运，工作地的移动等构成的时间；等待工作时间 T_{33}，是由于裁片、辅助材料、零配件等衔接不上，前后工序衔接不上所导致的等待时间。

个人生理浮余时间 T_4 指工作一段时间后，员工产生疲劳，自动休息和生理调节所需要的时间。疲劳间歇时间 T_{41} 是指工人规定休息时间外的生理休息时间，如上厕所、喝水、擦汗等，这类时间与工作性质、劳动强度、作业气候条件、休息时间长短、两次休息之间的间隔时间和个人因素等有关。其他时间（怠工）T_{42} 是指工人不遵守劳动纪律或工作积极性不高所损失的时间，如讲废话、开小差、离岗和办私事等，这部分时间可通过加强人员管理来改善。

按照上述对生产时间的分析，可以清楚地知道作业过程中的时间花费及其比例情况。当然，并不能认为主要作业时间 T_{11} 中所有时间都是必要和有效的，其中仍存在很大浪费，通过改进机器设备和作业条件仍将有很大的改进空间。

2. 工作分析的考虑方法

工作分析就是依据以上的作业区分，将作业的详细程度设立为具体的调查项目。这样就能较为具体地掌握到有什么样的作业，它的发生频率有多少。浮余率表示浮余动作的发生比率，用百分比表示，计算方法有内乘法和外乘法两种，如图 8-3 所示。在这里，为了以后设定标准时间或计算生产量时简便，用外乘法比较好。以下的浮余率都是用外乘法计算得到的。

图 8-3　浮余率的计算

国内服装厂浮余率一般在 30% ~ 50%，当然也有一些浮余率不到 20% 的管理比较优秀的工厂。浮余率较低的工厂，在提高生产率方面做得更细致、更彻底。

那么，工作状态是怎样在日产量中反映出来的呢？日产量和浮余率之间有如下的关系式：

$$日产量 = \frac{1 \text{天的作业时间} \times \text{操作人员数}}{\text{总加工时间} \times (1 + \text{浮余率})}$$

注：1 天的作业时间＝生产线 1 天除去休息时间以外实际真正工作的时间（例：8 h = 28 800 s）；

总加工时间＝1 件产品必要工序所花的加工时间（例：1 500 s）。

上面的公式如果分母缩小，分子变大，就能使最后的日产量增加，也就是说降低浮余率可以增加日产量。

分析浮余率的目的就是对工厂的工作现状进行调查，为了使浮余率降低而做一些改善的工作。

二、浮余率的测定与应用

为了了解工作的状态，首先要着手进行调查。调查就是要将操作工的动作尽量按照详细的项目区分，调查各种动作发生的比率。调查的方法也多种多样，因为与缝制部门有关的各个工序一个操作循环的时间比较短，所以比较适合选用工作抽样（又称瞬时观察法）进行调查。工作抽样是指利用统计学中随机抽样的原理，按照等概率性和随机性的独立原则，对现场操作者或机器设备进行瞬间观测和记录，调查各种作业事项的发生次数和发生率，以必需而最小的观测样本，来推定观测对象总体状况的一种现场观测的分析方法。这种方法的特点是：不是连续性观测，而是间断性观测；不是记时，而是按照预定的项目记录瞬间观测所出现的次数；不是取现场的完整资料进行分析，而是取样本进行分析。瞬间观测的作用与工作日写实基本相同。由于测定时间的选择完全是随机的，无任何主观意图的影响，因此观测结果应具有充分的代表性，结果比较可靠。

1．工作抽样的步骤

（1）选择观测对象，在生产线上随机抽取若干名工人。

（2）确定观测项目，即观测所选工人的瞬间作业状态。

（3）确定观测时间，本着随机原则，在每天工作时间内抽取若干个时间点，在距离操作者 1.5 m 处从后面瞬间观察被测者在该时刻的动作内容，并记录在表中。

（4）确定观测次数，观测次数的确定可以利用数理统计的方法。

1）正态分布。正态分布是概率分布中的一种极为重要的分布，用途十分广泛，工作抽样法处理的现象接近于正态分布曲线。总体落点的情况是，在 ±σ 范围内的概率率为 68.31%；在 ±2σ 范围内的概率为 95.45%；在 ±3σ 范围内的概率为 99.73%。正态分布的概率如图 8-4 所示。

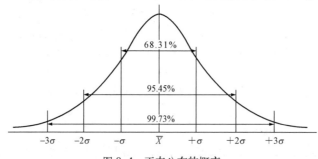

图 8-4　正态分布的概率

工作抽样一般取 ±2σ 的偏差范围，即确定 95%（实际为 95.45%）的可靠度，也就是说在抽取的 100 个子样中有 95 个是接近总体状态的；或者说事前预定抽样数据中有 95% 以上的数据落入 $X \pm 2\sigma$

的范围，仅有 5% 的数据可能超出 $X \pm 2\sigma$ 的范围。

2）可靠度与精度。假定某一作业项目的实际作业率为 P（或称工作率或发生率），则空闲率为 $q = 1 - P$，则此作业的概率分布为二项分布。根据统计学中二项分布的知识可知标准差 σ 为

$$\sigma = \sqrt{\frac{P(1-P)}{n}}$$

式中　P——观测事项的发生率（开始为估计值）；

n——抽样观测次数（即样本数）。

统计学证明，若 P 不是很小（5% 以上），当 $nP \geqslant 5$ 时，则二项分布非常接近正态分布。

可靠度是指观测结果的可信度，其含义是指子样符合母体（总体）状态的程度。工作抽样可靠度一般都是预先给定。通常可靠度定为 95%。

精确度就是允许的误差，工作抽样的精确度分为绝对精度 E 和相对精度 S。当可靠度为 95% 时

$$E = 2\sigma = 2\sqrt{\frac{P(1-P)}{n}} \tag{8-1}$$

$$S = \frac{E}{P} = 2\sqrt{\frac{1-P}{nP}} \tag{8-2}$$

对一般的工作抽样来说，通常取绝对精度 E 为 2% ～ 3%，相对精度 S 为 5% ～ 10%。对于绝对精度，依据经验规定，按工作抽样目的不同可在表 8-2 中查出允许的绝对精度值的大小。

表 8-2　不同抽样目的的允许的绝对精度 E 值

目　的	E 值
调查停工、等待时间等管理上的问题	±3.6% ～ ±4.5%
作业改善	±2.4% ～ ±3.5%
决定工作地布置等宽放率	±1.2% ～ ±1.4%
制定标准时间	±1.6% ～ ±2.4%

当可靠度设定为 95% 时，由式（8-1）、式（8-2）可推得观测次数的计算公式如下：

$$n = \frac{4P(1-P)}{E^2} \tag{8-3}$$

$$n = \frac{4(1-P)}{S^2 P} \tag{8-4}$$

式中　n——需要观测的次数；

P——观测事项的发生率；

E——绝对精度；

S——相对精度。

这里事件发生率 P 是一个估计数。估计的方法：一是凭经验，可以取 $P = 25\% \sim 30\%$（服装缝制车间的标准浮余率）；二是事先进行 100 ～ 200 次的预备观测，在此基础上推算。如情况有变化，P 值还可以修正。

【例 8-1】某车缝生产线有车工 **53** 人，主要生产男装针织开筒（**Polo 筒**）衫。实行流水化生产，生产线成课桌式排列，采用捆扎式的传递方式，日产量为 **1 000** 件左右。若取绝对精度为 **± 0.016**，试计算测定该生产线浮余率所需的观测次数。

解：在生产线上随机抽取 15 名工人，在每天工作时间内随机抽取 20 个时间点，按时间顺序对所选工人进行瞬间观测。

根据第一日采集的数据可得表 8-3，工作时间点为 202 个，浮余时间点为 98 个，样本总数为 300 个。

表 8-3　第一日工作观测表样表

序号	1	2	3	4	5	6	7	8	9	10	11	12	13	14	15	16	17	18	19	20
数据采集时间	8:10	8:35	8:50	9:00	9:20	9:45	10:00	10:15	10:30	10:50	11:10	11:35	13:15	13:40	14:10	14:40	15:00	15:40	16:10	16:40

作业员	工作		作业浮余								车间浮余		个人生理浮余		合计
	主要作业	附带作业	装备条件	整理制品	换线	记录	故障	判断	修改	商量工作	搬运移动	等待	疲劳间歇	其他	
A	7, 9, 15	2, 4, 5, 6, 8, 10, 14, 16, 19, 20								13, 18	3, 17	11	1, 12		20
B	1, 5, 9, 10, 13, 18, 19	2, 3, 4, 6, 7, 8, 14, 16, 20						15, 17		12	11				20
C	2, 16	1, 3, 4, 6, 8, 9, 10, 12, 13, 14, 17, 19			5				15, 20	11			7, 18		20
D	8, 19	1, 2, 3, 4, 5, 6, 7, 9, 10, 11, 13, 14, 15, 17, 18, 20		12		16									20
E	6, 13, 16, 19	1, 2, 3, 4, 9, 11, 15, 18, 10	17		5, 8, 14					7	10		12		20
F	7, 8, 12, 13, 14, 19	1, 2, 4, 6, 10, 16, 20		15, 18		3, 9, 17					5		11		20
G	7, 11, 16	1, 3, 8, 9, 10, 12, 13, 15, 17, 18, 19		6, 18	4				2, 5, 14						20
H	6, 8	1, 4, 5, 7, 9, 10, 12, 14, 18, 19		15		11	2, 3	20	13, 16, 17						20
I	1, 5, 6, 9, 12, 14, 17	2, 3, 10, 13, 16, 18, 19, 20	7			15			11				8, 4		20
J	2, 7, 12, 16, 19	5, 9, 15, 18, 20	1, 3		10, 14			6, 8, 13	4				11, 17		20
K	4, 6, 8, 20	2, 3, 5, 7, 9, 11, 13, 14, 16, 18, 19	1	10									12, 15, 17		20
L	1, 2, 6, 7, 8, 9, 12, 13, 16, 20	3, 5, 10, 11, 14, 19	15	18					16, 19		4, 17				20
M	1, 6, 8, 13, 18, 20	3, 4, 5, 9, 10, 11, 14, 15, 17, 19		7, 12	2						16				20
N	1, 4, 8, 13	2, 6, 11, 12, 15	9	5, 20				14, 17		7, 18	3, 10		9, 10, 2		20
O	19, 20	1, 3, 4, 5, 12, 15		16							11, 13, 14, 17, 18			6, 7, 8	20
合计	67	135	7	13	8	6	2	8	12	7	15	1	16	3	300

故取 $P_1 = 98/300 = 0.327$。将 $P_1 = 0.327$、$E = 0.016$ 代入式（8-3），得

$$n = \frac{4P(1-P)}{E^2} = \frac{4 \times 0.327 \times (1-0.327)}{0.016^2} = 3.439（次）$$

工作抽样结果的可信程度要根据抽样的次数来决定，抽样越多，可信度就越高。但是观测次数越多，相对而言花费的时间和精力就越多，因此，可根据不同的精度需要来决定观测次数。

不同目的时的观测次数：

1）大致了解工作实际情况　　　　　　　　100 次

2）在存在问题的地方找出事实证据　　　　600 次

3）根据观测结果发现问题　　　　　　　　2 000 次

4）作为设定标准时间的资料　　　　　　　4 000 次

5）确定观测天数

$$观测天数 = \frac{观测总次数}{观测对象数 \times 每天每人巡回观察次数 \times 观测人数}$$

（5）确定巡回路线。首先绘制被观测的设备及操作者的平面位置图和巡回观测的路线图，并注明观测的位置。研究人员按事先规定好的巡回路线在指定的观测点上做瞬间观测，判定操作者或机器设备的活动属于哪一类事项，并在调查表上进行记录。图 8-5 所示为某工厂绘制的观测路线和观测点示意图。图中圆圈为观测机器的位置，× 为观测操作者的位置，带箭头的线表示巡回路线。

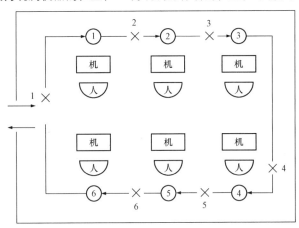

图 8-5　观测路线和观测点示意图

（6）正式观测。随机决定每日的观测时刻，观测人员按照既定的观测时刻及预定的抽样调查项目，将观测到的活动状态准确地记录在调查表格上。在记录的过程中切忌主观武断，以表面现象下结论，要求深入细致，深入现场，了解实质，尽可能准确。

（7）整理数据作出结论。全部观测结束后，观测人员必须整理分析记录表，剔除异常值。可采用"三倍标准差法"确定管理界限，然后将超过管理界限的异常值去掉。

管理界限可根据观测事项发生率采用下列公式计算：

$$管理界限 = \overline{P} \pm 3\sigma = \overline{P} \pm 3\sqrt{\frac{(1-\overline{P})\overline{P}}{n}} \tag{8-5}$$

式中　$\overline{P}$——观测事项发生率的平均数；

　　　n——平均每日观察次数。

对例 8-1 中的生产线进行了 3 600 次观测后，得到 $\overline{P} = 35.9\%$，则

$$管理界限 = \bar{P} \pm 3\sigma = 0.359 \pm 3 \times 0.027\,7$$
$$管理上限\ UCL = 0.359 + 3 \times 0.027\,7 = 0.442\,1$$
$$管理下限\ LCL = 0.359 - 3 \times 0.027\,7 = 0.275\,9$$

第一日的观测值 $P_1 = 0.327$，在界限内，予以保留；如果发现超出界限的值应剔除。

2．工作分析的应用

调查后，对结果进行分析，这里所说的分析是把各个项目的比率计算出后，检查哪个项目的比率较高，可选择作为工作研究的对象。也可以在调查阶段把自认为较高的项目中的具体某个作业详细地做一下记录，以便事后进行改善。还可以与一般标准值（表 8-1）进行对比来发现问题。

在实施工作分析时，可主要从以下三个方面入手，使工厂内的问题更加显而易见。

（1）更换产品时和正常日时的工作分析。产品更换时，对于产品品质方面的判断、修改、商量工作等发生比较多。

（2）上午和下午的工作率分析。在上午，商量工作的时间比较长；下午疲劳、等待工作的时间较长。

（3）部件班组和组合班组的工作分析。在部件班组，整理成品、移动、搬运发生比较多。

为了提高生产率，正确掌握现有的生产情况并针对问题（浮余作业的发生）逐个进行改善是不可缺少的。

第三节　动作分析

工序分析是从大处着眼，根据工序图分析生产过程的种种浪费，从合理安排程序中去寻求提高工作效率的方法。而动作分析则是在程序决定后研究人体各种操作动作的浪费，以寻求省力、省时、安全的最经济的方法。

动作分析作为方法研究的另外一个内容，主要研究人在进行各种操作时，手、脚、眼及身体其他部位的动作，以消除多余的动作，减轻劳动强度，从而制定出最佳的动作程序，以达到操作简便、高效省力的目的。分析的结果也能作为研究、考虑使用设备以及时间安排的基础。

一、动作分析的意义

生产活动实际上是由人和机械设备对材料或零部件进行加工或检验组成的，而所有的检验或加工又都是由一系列的动作所组成的，这些动作的快慢、多少、有效与否，直接影响了生产效率的高低。

服装生产中效率的提高一般视作业者的动作熟练程度而定，随着动作的逐渐熟练，作业者对作业动作习以为常，完全在无意识中进行操作。实际上，这样的做法潜藏着极大的效率损失。

许多人认为理所当然的动作组合，其实都存在不合理的现象，如停滞、无效动作、次序不合理、不均衡（如太忙碌、太清闲等）、浪费等。这些动作对产品的性能和结构没有任何改变，自然也不可能创造附加价值，生产效率因之降低。美国人吉尔布雷斯（F.B.Gilbreth）曾说过："世界上最大的浪费莫过于动作的浪费。"

以日常生活中的动作为例：一个熟练的厨师，可以同时用两个甚至更多的炉子炒菜，快速而且不会出现差错；而平常人则可能用一个炉子炒菜都会出现在中途发现某一种材料还未准备好的状况，所耗费的时间也更长。究其原因，就是因为动作安排不合理造成的。

动作分析就是对作业动作进行细致的分解研究，消除上述不合理现象，使动作更为简化、更为合理，从而提升生产效率。

二、动素的分类

吉尔布雷斯是动作研究的创始者。他在动作研究方面的重要贡献之一，就是给组成一个动作的各个因素规定了定义，从而使人们能够更有效地研究和处理个别的动作。完成的操作虽然千变万化，但人完成工作的动作，可由17个基本动作构成，这17个基本动作又称为17个动素。动素可分为以下三类：

（1）完成作业所必需的动作要素包括伸手、抓取、负荷移动、定位、装配、使用、分解、放手八个动作要素。对这类动作改进的重点是取消不必要的动作，同时对工件的摆放、方向、距离、使用条件等进行研究改进。

（2）这一类动作要素有延迟第一类动作要素的倾向，其包括寻找、选择、预对、检验、思考五个动作要素。这类动作要素通常是必需的，但可通过改进工作地的安排来减少或消除。

（3）这一类动作要素通常与工作无关或对工作无益，它们是动作分析的重点，其包括保持、放置、延迟和休息四个动作要素。这些动作要素的减少或消除，将使动作分析带来明显的效果。通过使用简单的夹持器具，合理布置工作地，调整动作的顺序，都可以消除或减少保持和延迟的动作要素。当然，正常和合理的休息是必要的，不能随意取消。

三、动作分析的方法

服装厂内动作分析的主要方法有目视动作观察法和影像动作观察法。

1．目视动作观察法

目视动作观察法是主要凭研究人员的观察，用动作要素符号进行记录和分析的一种研究方法。其做法与测时观测类似，要求将操作者的左手、右手和目视动作正确无误地记录下来，然后对记录资料做详尽的分析。

分析每一动作要素取消、合并或简化的可能性，同时用动作经济原则来加以衡量，最后提出切实可行的改进操作方法的意见。由于每一项动作活动的时间都很短，因此目视分析一般只适用于比较简单的操作。

2．影像动作观察法

影像动作观察法是通过录像和摄影，记录作业的实施过程，再通过放影、放像来观察和分析作业动作的一种研究方法。根据需要可以按正常速度或慢速回放，然后进行分析，提出改进的意见。这种方法可随时再现操作者的动作，供分析研究使用，准确度较高，因而得到了广泛的应用。

四、动作经济的原则

动作经济原则是分析、改进作业方法的一种手段，利用它可以在不改变整个作业程序、不改变设备和生产进度等条件下，使工作效率提高，使工人感到工作轻松自然。可以说动作经济原则是使动作变得更加经济的原则，其目的是减少作业者疲劳和提高作业效率，主要包括人体的应用、工作场所的环境及布局、工具设备的设计。

1．关于人体的动作

（1）双手应同时开始并同时完成其动作。

（2）除规定休息时间外，双手不应同时空闲。

（3）双臂的动作应对称，反向并同时为之。

（4）手的动作应以最低等级而能使工作者满意为妥。

（5）物体的运动量应该尽可能被利用，但如需要肌肉制止时则应将其减至最少。

（6）连续的曲线运动比含有突变的直线运动为佳。

（7）弹道式的运动比受限制或受控制的运动更轻快、容易和精确。

（8）节奏能使动作流利及自发，故工作应当保持着轻松自然的节奏。

2．关于工作场所的布局

（1）工具物料应置放于固定场所，使操作者形成习惯，以较短的时间自动拿到作业位置。

（2）工具物料及仪器应置放于工作者眼前的近处。

（3）运用各种方法使零件、物料自动达到工作者的手边。

（4）工具物料应依照最佳的工作顺序排列。

（5）应用恰当的照明设备，使视觉满意舒服。

（6）工作台及椅子的高度应使操作者坐立适宜。

（7）工作椅的式样和高度应使工作者保持良好的姿势。

3．关于工具设备的设计

（1）尽量解除手的工作，而以夹具或足踏工具代之。

（2）尽可能将两种以上的工具合并为一。

（3）机器上的标杆及手柄位置，应能使工作者极少变动其姿势，便可以利用机械的最大能力。

在长期实践中，人们运用上述原则后，逐步体会到动作的改善基本上以如下四项原则作为基本思路：

（1）减少动作数量。进行动作要素分析，减少不必要的动作是动作改善最重要且最有效果的方法。

（2）追求动作平衡。动作平衡能使作业人员的疲劳度降低，动作速度提高。比如双手动作能比单手大大提高效率，但必须注意双手动作的协调程度。

（3）缩短动作移动距离。无论进行什么操作，"空手""搬运"总是必不可少的，而且会占用相当一部分动作时间。"空手"和"搬运"其实就是"空手移动"和"负荷移动"，而影响移动时间的最大因素就是移动距离，因此，缩短移动距离也就成为动作改善的基本手段之一。

（4）使动作保持轻松自然的节奏。前面三项的原则是通过减少、结合动作进行的改善，而进一步的改善就是使动作变得轻松、简单。也就是使移动路线顺畅，使用易把握的工具，改善操作环境，以便能以更舒适的姿势进行工作。

五、作业标准化

在企业，所谓"制造"就是以规定的成本、规定的工时生产出品质均匀、符合规格的产品。如果制造现场的作业如工序的前后次序随意变更，或作业方法或作业条件随人而异，那么就无法生产出符合上述目的的产品。作业标准化就是对在作业系统调查分析的基础上，将现行作业方法的每一操作程序和每一动作进行分解，以科学技术、规章制度和实践经验为依据，以安全、质量效益为目标，对作业过程进行改善，从而形成一种优化作业程序，逐步达到安全、准确、高效、省力的作业效果。

1．作业标准化的目的和作用

标准化有以下四大目的：技术储备、提高效率、防止再发、教育训练。标准化的作用主要是把企业内的成员所积累的技术、经验，通过文件的方式来加以保存，而不会因为人员的流动，整个技术、经验跟着流失，达到个人知道多少，组织就知道多少，也就是将个人的经验（财富）转化为企业的财富。有了标准化，每一项工作即使换了不同的人来操作，也不会在效率与品质上出现太大的差异。

如果没有标准化，知识便会很"自然"地随着老一辈专家的退休而大量流失，新员工可能重复发生以前的问题，即便在交接时有了传授，凭记忆也很难完全记住。没有标准化，不同的师傅将带出不同的徒弟。

2．作业标准化的内容

（1）作业程序标准化。作业程序标准化是指在生产过程中，应考虑生产整体过程，按操作程序进行作业。

在服装生产中所进行的每个步骤，都应清楚先做什么，后做什么，中间如何连接、配合（协作），应按技术规范执行。表 8-4 所示为裁床拉布工序的标准化作业。

表 8-4　裁床拉布工序的标准化作业

工序：拉布
A）工序程序： 　　① 松布（适用于针织布和弹力布）； 　　② 清理裁床； 　　③ 将唛架纸铺在裁床上； 　　④ 检查唛架纸上的资料和制单、样板及拉布单是否相符； 　　⑤ 定出拉布长度和驳布位置； 　　⑥ 取走唛架纸； 　　⑦ 铺拉布底纸； 　　⑧ 上布（将布放于拉布机并分清布料的底面）； 　　⑨ 拉布并记录数据； 　　⑩ 铺唛架纸在布面上； 　　⑪ 交拉布单给办公室
B）品质注意： 　　① 把布折平伏； 　　② 床面无尘、杂物； 　　③ 比唛架长为 2 ～ 4 cm； 　　④ 拉布要做到"三齐一顺"； 　　⑤ 布面要平伏； 　　⑥ 唛架纸要平伏
C）机器及工具维护： 　　① 割布机型号：SULEE； 　　② 定期对机器进行清扫，保持清洁； 　　③ 懂基本的操作常识，不进行有可能损坏机器的操作； 　　④ 能发现问题，并能及时向上级和机电部反映情况； 　　⑤ 能进行简单的机器故障处理与修理

（2）作业动作标准化。作业动作标准化就是要求员工了解裁片的绑扎要求，采用正确的车缝动作，达到一定的车缝速度（标准时间下一节讲述），生产质量符合标准的产品。服装厂通过图 8-6 所示的制定标准车缝方法的流程可方便培训员工，统一车缝动作，增加产量，提升效率。表 8-5 所示为见袖口明线的标准车缝方法。

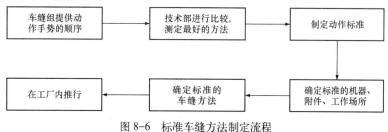

图 8-6　标准车缝方法制定流程

表 8-5 见袖口明线的标准车缝方法

工序：见袖口明线
A）工序过程： ① 单手取袖口裁片； ② 叠紧袖口止口； ③ 将裁片对准压脚位； ④ 固定止口； ⑤ 回针； ⑥ 车缝； ⑦ 拐角处转动裁片； ⑧ 压上折痕； ⑨ 车缝； ⑩ 拐角转动裁片； ⑪ 车缝； ⑫ 回针； ⑬ 自动断线； ⑭ 将裁片放于一边
B）品质注意： ① 是否按制单要求之指示或样板车缝； ② 确认新单是否用对线； ③ 避免出现见线不均、圆位不圆、左右袖口不对称、起线圈、藏止口、反光、针数疏/密等疵点； ④ 车缝第一件需由 QC 确认
C）机器及工具维护： ① 机器型号：平缝机 DDL-5550N-3； ② 断针后，工人必须找齐断针到组长处登记换领新针； ③ 每天早上开工之前用布清洁机器； ④ 车缝白色裁片时，要特别清洁机器和工作台； ⑤ 当机器出现故障时找组长或机修工解除故障； ⑥ 工具类型：2 号剪刀、锥子、铅笔； ⑦ 每天下班前收拾工具

（3）工作现场布局标准化。服装生产企业属于劳动密集型企业，在服装生产管理过程中，最大的管理难点是车间现场管理部分。裁片、半成品、缝纫线、剪刀等物料的堆积会造成工作现场混乱，影响到产品的质量，同时也不利于形成顺畅的流水线。为此需要将工作现场布局标准化，统一车位的布局，工具物料置于固定场所，按最佳操作顺序排列。表 8- 6 所示为标准化的缝纫车位现场布局。

表 8-6 标准化的缝纫车位现场布局

工作现场布局	
① Operator lap（E—操作者腿部）	
② Machine（M—设备机头）	
③ LHS of the Machine Table（C—左侧堆物平台）	
④ RHS of the Machine Table（D—机头右侧堆物平台）	
⑤ RHS Side Table （B—右手侧堆物小台车）	
⑥ LHS Side Table （A—左手侧堆物小台车）	
⑦ Working Area（WA—操作者手部调整活动区域）	
⑧ Front Area of M/C（F—机头前侧堆物平台）	

第四节 时间研究和标准时间的设定

一、时间研究

（一）时间研究的概念

时间研究是指以设计最佳工作方法为目的，对作业动作和时间进行的测定和研究。时间研究的创始人是 F.W. 泰勒。他测定了各种工作所需要的时间，并训练工人用规定的速度工作。

（二）时间研究的目的

时间研究的目的主要是通过时间的研究来改善工作，并对已较完善的作业进行标准时间制定，在服装生产中具体表现在以下几个方面：

1. 进行流水作业编制中的作业分配

分工进行流水作业时，最重要的一点是向操作者分配均等时间的工作量。流水操作就似流水一样，如果所有的工序所需时间相同，流水操作就不会停滞，这样就能顺畅地进行下去，确保稳定的生产量。相反，如果途中流水线停滞，那么各个工序的产量就会出现不平衡。

如果某些工序的工作量过多，产品就会滞留在那个工序，造成流水线停滞，使后面的工序无法进行。相反，如果工作量太少，也会产生等待工序的时间。因此，这两种情况生产效率都会受到影响。

在作业分配阶段，由于各个工序所需要的时间是不一样的，而且不同工人的操作时间也不相同，因此时间研究用于流水作业中，把加工时间作为目标对各个工序进行平均分配而对作业进行改善是非常必要的，仅凭管理者的感觉和经验来实施作业分配达不到最佳的分配效果。

在制作样品时，要明确工序顺序和加工时间，制作工序分析表。利用已完成的工序分析表，计算一件产品的加工时间，再除以操作工人的人数，计算出一个人平均所应当被分配的时间（也就是流水线的节拍）。以这个加工时间为标准，管理者可根据操作者的适应性和经验来分配工作。一个人平均所应当被分配的时间的计算公式为

$$一个人平均所应当被分配的时间 = \frac{总加工时间（一件产品的加工时间）}{操作人员人数}$$

2. 决定操作者的工资基准

操作人员的工资体系，如果是计件工资，一般是以加工时间为标准来决定工序单价，它的问题在于，操作内容与其支付的工序单价的决定方法是很含糊的。

对于难度较高的工序，如果设定了较低工价，操作者就会厌烦接受这样的工作。相反，如果是难度较低的工序设定了较高的工价，操作者就会很期望接受这样的工作。因此，工序单价设定含糊，在接受工序时就会出现供求不平衡。工资相对较少的操作者持有不平衡的心态进行操作时，就比较容易产生品质不良等质量问题。

设定平衡的工序单价是左右生产性能的重要因素，设定的依据是科学合理的工序时间。以加工时间为标准设定工序单价的方法如下：

（1）工序单价比率的确定。

工序的单价比率＝工序的纯粹加工时间 ÷ 产品的纯粹总加工时间

（2）工价的确定。

某一工序的工价＝一件衣服支付给工人的加工费 × 工序的单价比率

3. 作为动作研究的资料

即使是进行同一工序的操作，不同操作者的加工时间也是不同的，这是因为操作者的操作方法不同而影响了加工时间所致。在时间值方面，如果个人差异大，那么要分别测定拿、缝、放等要素作业的时间，改善浪费的动作，设定标准动作。特别是新员工在操作中含有一些多余的动作，可分析其动作，尽量减少其多余的动作，使其在最短的时间内接近熟练工的操作。通过时间值的比较，如果将工序单位和要素作业单位分开研究，就可以尽早发现动作中的多余操作。

4. 预测生产数量，制订生产计划

生产中如果订单数量少，批量大，即使无法制订周密的计划，流水线也不会停滞，照样可以进行生产。但如果订单数量增加，不详细计算出每一个订单的出货时间，那么要遵守交货期就比较困难。

生产计划一般根据过去裁剪、缝制、后整理等各个部门的标准时间数据进行推测，然后制作从接受订单到出货所需时间的估算表。制衣厂则根据这个数据来确定交货期。在这个数据的基础上确定交货期，可以防止接受超过自己能力范围的订单以及交货延误的发生。

（三）时间测定

时间测定的方法很多，一般可分为作业直接测定法和利用已有资料进行推断的合成法两大类。制衣厂常用测定方法包括秒表计时法、预定时间标准法、标准资料法。

1. 秒表计时法

秒表计时法是作业测定技术中的一种常用方法，也称直接时间研究—密集抽样（Direct Time Study-Intensive Samplings，DTSIS）。秒表计时法是在一段时间内运用秒表或电子计时器对操作者的作业执行情况进行直接、连续的观测，把工作时间和有关工作的其他参数，以及与标准概念相比较的对执行情况的估价等数据一起记录下来，并结合组织所制定的宽放政策，来确定操作者完成某项工作所需的标准时间的方法。

秒表计时法主要用于对重复进行的操作寻求标准时间，有个别时间观测法和连续时间观测法两种。个别时间观测法是在样品试制时一般使用的时间测定方法。在每个操作要素开始操作时计数，在到达操作终点时读秒。连续时间观测法是测定生产现场员工操作时间时一般使用的方法，不停止秒表进行观测，在到达要素作业的区分点时记录读秒。结束后，计算各个作业时间，然后计算出要素作业所要花费的时间。

重复作业是指具有重复循环形式的作业，其在重复循环期间持续的时间大大超过了抽样或观察所需要的时间。服装生产中的很多作业都是重复作业。针对该方法的时间测定如下：

（1）秒表计时法的测定准备。时间测定之前应掌握操作者的有关资料和工艺制作方法，测时人员预先做好准备。其具体包括以下内容：

1）确定标准的工艺制作方法。工艺制作方法不同，时间消耗必然有所差异，在测定之前，应了解各工序的制作方法是否是符合本企业特点的科学合理的工艺方法。

2）划分作业单元，确定测时的起点和终点。技术人员应在充分讨论研究的基础上，将每道工序分解为若干个作业单元。作业单元的时间长短要合适，在不影响精确观测的基础上，每一单元的时间延续越短越好，但须在视力精确观测的最小极限数值以上。同时明确确定各作业单元的测时始点和终点。

3）选择测时工人。一般认为，为了使测得的结果合理和有代表性，应选择中等（平均）熟练程度的工人进行操作。在西方国家不强调选择中等熟练程度的人，因为这种人不容易选到，并且将来测时后还要进行效率评定。所以，往往就选工序的原来操作者。不论选谁，作为操作测时对象，都要做好思想工作，取得他的配合，并按标准操作方法训练。

4）准备观测工具。秒表法的观测工具主要有十进分钟秒表、时间观测板、测时记录单等。

（2）确定观测次数。作业测定是抽样过程，必须有足够多的测时次数，以期从统计总体中得到合适的样本。观测的次数越多，结果就越合理（即精度越高），但观测次数太多则会失去抽样的意义。观测次数要根据生产类型、作业性质（机动、手动或机手并动）、工序和作业单元的延续时间长短等情况而定。若所要求的资料精确，则观测次数要多些，反之可少些。在机动时间和工序及作业单元的延续时间比较长的情况下，工时消耗比较稳定，观测次数可以少些。在手动和工序及作业单元延续时间比较短的情况下，工时消耗波动较大，观测次数应多些。

（3）剔除异常值。现场记录之后，应对数据进行处理和计算。计算各单元的平均值，检查分析并剔除观测数值内的异常值。异常值是指某单元的时间由于外来因素的影响，而使其超出正常范围的数值，可采用三倍标准差法。

（4）秒表计时法的注意事项。测时通常在工作班开始 1 ～ 2 h 工作节奏稳定后进行。在进行正式观测记录之前应先作 2 ～ 3 次试测，以证实标准的测时起点和终点是否正确无误。

进行测定时，时间研究人员应将观测位置选择在操作人员的后侧方，以既能清楚地观测操作、便于记录时间，又不干扰操作者工作为原则。研究人员要与操作人员通力协作，态度上平易近人，不要造成操作人员反感或产生紧张情绪。观测时应采取立姿，以示对操作者的尊重，测时期间不要与操作者谈话，以免影响操作。不能采取秘密测时方式，否则会导致研究人员与操作人员之间的情绪对立，从而影响观测的准确性。

2. 预定时间标准法

预定时间标准法（Predetermined Time System，PTS）是将构成工作单元的动作分解成若干个基本动作，如伸手拿东西、放置、对准位置等，对这些基本动作进行详细观测，然后做成基本动作的标准时间表。当要确定实际工作时间时，只要把工作任务分解成这些基本动作，从基本动作的标准时间表上查出各基本动作的标准时间，将其加入就可以得到工作的正常时间，然后再加上宽放时间，就可以得到标准工作时间。

对应每一款服装，其车缝部分均可分解为许多不同工序，每一个小工序又可按 PTS 法进行作业分解，将动素时间相加就可得标准作业时间。例如：合肩缝工序可以被分解成几个细小的动作，合肩缝图示如图 8-7 所示，动作分解见表 8-7。

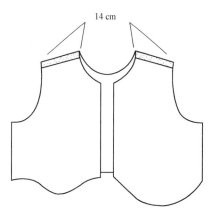

14 cm

图 8-7　合肩缝图示

表 8-7　合肩缝动作分解

序　号	动　作
1	双手拿起一后衣片并将其放到压脚下
2	右手取一前衣片并将其放到后衣片上
3	对齐前后片的左肩点
4	双手将对好的裁片放到压脚下
5	双手抓住前后片末端
6	车缝 14 cm 后停车
7	双手抓住右肩末端
8	对齐前后片右肩点
9	双手将对好的裁片放到压脚下
10	车缝 14 cm 后停车
11	放置已车好的裁片

3．标准资料法

标准资料是将直接由作业测定（秒表计时法、PTS 等）所获得的大量测定值或经验值，进行分析整理而编制成的某种结构的作业要素（基本操作单元）正常时间值的数据库。利用标准资料来综合制定各种作业的标准时间的方法叫作标准资料法。

服装生产中，大多数款式的服装都包含一些相同的工序，如车缝肩缝、车缝下摆、钉纽扣等；不同的工序也存在若干相同的作业要素，如裁片的拿取、对位、车缝、放置等。如果掌握了一套公共要素标准时间的数据，就不需要一次又一次地对同一个要素进行测时。假如能给工厂中重复发生的工序建立资料库，而且它所包含的工序很多、范围很广，那么对新款式服装就不必进行直接的时间研究了。只需按照工序流程图的划分，从资料库中找出相同工序的操作时间，便可以灵活运用这些数据，见表 8-8 和表 8-9。

表 8-8　工序资料库数据 1

工序 No.305		工序名：后省缝		
内容	机种	平缝	自动切线机	省缝自动机
无增强布	一个省	28"	23"	20"
	双省	42"	32"	26"
有增强布	一个省	44"	23"	20"
	双省	64"	52"	30"

表 8-9　工序资料库数据 2

工序 No.306		工序名：后省倒熨整烫	
内容	机种	熨斗整烫	烫衣机
无增强布	一个省	20"	16"
	双省	24"	18"
有增强布	一个省	30"	26"
	双省	38"	30"

与其他作业测定的方法相比，标准资料法具有以下几个特点：

（1）标准资料是以其他作业测定方法为基础预先确定的时间数据，因此，它和预定时间标准相似。但是两者涉及的作业阶次不同。标准资料所积累的是作业要素的时间数据，而预定时间标准所积累的是最基本动作（动素）的时间数据。同样，秒表时间研究所涉及的阶次也与标准资料不同，而且它们都属于直接测定法。

（2）标准资料是利用现成的时间资料，对同类工序不需重新测定，只要查出相应数据加以合成即可，能较快地制定出一项新款式服装的标准时间，并且成本较低。

（3）标准资料是对多次研究的资料分析整理而成，衡量标准较统一，得出的数据有较高的一致性。

（4）建立标准资料所依据的资料数据多、范围广，可排除数据的偶然误差，因此，其比较可靠，可信度较高。

（5）标准资料法的合成时间不需再评比，可减少主观判断的误差。

（6）标准资料法是利用其他作业测定方法制定的，所以，标准资料法并不能从根本上取代其他测定方法。

二、标准时间的设定

1．标准时间的定义

标准时间是指在正常条件下，一位受过训练的熟练工作者以规定的作业方法和用具完成一定质和量的工作所需的时间。在管理过程中，标准时间能带来极大的便利，其可化繁为简，把不同的工作对象、不同的作业人员、不同的工作条件统一起来，以时间这样一个相同的度量单位来表示，使得生产计划、设备规划、成本预测及控制等工作简便易行。

因为标准时间作用极大，所以其准确性应特别注意，应注意标准时间的界定条件：在规定的环境条件下，按照规定的作业方法，使用规定的设备、工具，由受过训练的作业人员，在不受外在不良影响的条件下，能达成一定的品质要求。

2．标准时间的构成与计算方法

一般而言，标准时间可以用下列公式表示：

标准时间＝观测时间 × 评价系数 ×（1＋浮余率）
　　　　＝正常时间 ×（1＋浮余率）

正常时间＝观测时间 × 评价系数

其中，观测时间指的是实际观测得到的时间的平均值，而观测时间由于受到作业者熟练度、工作意愿、情绪等影响，并不一定能代表真实的情况，故此应加以修正，乘以一定的评价系数，求得正常时间作为标准时间的主体。而正常时间应考虑一定的宽放，如疲劳、等待、喝水、上厕所等，这样才能得到标准时间。特别要强调的是标准时间不是一成不变的，随着作业方法、机器设备及产品工艺的改进，标准时间也在不断地更新与提高。

3．评价系数的确定

在服装生产中，一道工序同时会有多名员工一起操作，这些员工间存在着操作技能的差异和情绪的差异，工序所需的加工时间就会因操作者个人技能与努力程度存在差异而不同，具体影响作业者的因素如图8-8所示。在制定工序标准时间时，必须考虑这些客观因素，应对选定的观测时间做进一步的修正。

评价系数就是将测定的时间值除去操作员的特有个性值而换算成工厂标准数值的方法。将技能、努力、工作环境和一致性四者作为衡量工作的主要评比因素，每个评比因素再分为超佳（或理想）、优、良、普通、可、差六个高低程度的等级；相应的评定标准和评定系数见表8-10和表8-11。评定时，应根据因素及其等级把观测值换算成普通水平。各因素的定义如下：

（1）技能：进行作业的技术熟练程度。

（2）努力：力争做好本职工作的精神表现。

（3）工作环境：温度、湿度、照明等，表示在同一作业要素下的时间数值差异。

（4）一致性：即稳定性，周期作业时间的稳定性评价。

通常，同一服装厂中工作环境是相同的，一致性包括在时间测定里，分析时工作环境和一致性可视作普通。

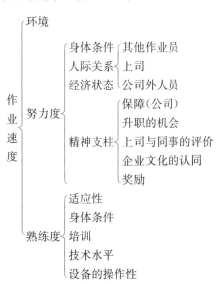

图8-8　作业速度的影响因素

表 8-10　各因素的评定标准

评价＼项目	熟练度评价	努力度评价
超佳（A）	有高度的技术； 动作极为迅速，衔接圆滑； 动作犹如机器作业； 熟练程度最高	很卖力地工作，甚至忽视健康； 这种工作速度不能持续一整天
优（B）	对所担任的工作有高度的适应性； 能够正确地工作而不需要检查、核对； 工作顺序相当正确； 十分有效地使用机器设备； 动作很快且正确； 动作节奏快	动作很快； 工作方法很有系统性； 各个动作都很熟悉； 对改进工作很有热心
良（C）	能够担任高精度的工作； 可以指导他人提高操作熟练程度； 很熟悉； 几乎不需要接受指导； 完全不犹豫； 以稳定的速度工作； 动作很迅速	工作有节奏性； 很少浪费时间； 对工作有兴趣且负责； 很乐意接受建议； 工作地布置井然有序； 使用适当的工具
普通（D）	对工作具有信心； 工作速度中等； 对工作熟悉； 能够得心应手； 工作成果好	显得有些保守； 可接受建议； 工作上有良好的安排； 自己拟订工作计划； 按良好的工作方法进行工作
可（E）	对机器设备的用法熟悉； 可以事先安排大致的工作计划； 对工作还不具有充分信心； 不适宜于长时间工作； 偶尔发生失败、浪费时间； 通常不会有所犹豫	勉强接受建议； 工作时注意力不太集中； 受到生活不正常的影响； 工作方法不太适当； 工作还需要摸索
差（F）	对工作未能熟悉，不能得心应手； 动作显得笨手笨脚； 不具有工作的适应性； 工作犹豫，没有信心； 常常失败	时间浪费较多； 对工作缺乏兴趣； 工作显得迟缓懒散； 有多余动作； 工作地布置紊乱； 使用不适当的工具； 工作完全需要摸索

表 8-11　各因素的评定系数

评价＼项目	熟练度		努力度		工作环境		一致性	
超佳（A）	A1	＋0.15	A1	＋0.13	A	＋0.06	A	＋0.04
	A2	＋0.13	A2	＋0.12				
优（B）	B1	＋0.11	B1	＋0.10	B	＋0.04	B	＋0.03
	B2	＋0.08	B2	＋0.08				

评价＼项目	熟练度		努力度		工作环境		一致性	
良（C）	C1	＋0.06	C1	＋0.05	C	＋0.02	C	＋0.01
	C2	＋0.03	C2	＋0.02				
普通（D）	D	0.00	D	0.00	D	0.00	D	0.00
可（E）	E1	－0.05	E1	－0.04	E	－0.03	E	－0.02
	E2	－0.10	E2	－0.08				
差（F）	F1	－0.16	F1	－0.12	F	－0.07	F	－0.04
	F2	－0.22	F2	－0.17				

下面举例说明评价系数的应用。

【例8-2】测定一员工合肩缝工序时间为 **20 s**，经判断技能为 **C1（＋0.06）**，努力程度为 **B2（＋0.08）**，工作条件为 **D（0.00）**，一致性为 **D（0.00）**，若将其换算成普通水平的作业，其标准时间应为多少？（注：浮余率可取服装行业的一般浮余率30%）

解：评价系数＝1.00＋0.06＋0.08－0.00－0.00＝1.14

正常时间＝观测时间 × 评价系数＝20×1.14＝22.8（s）

标准时间＝正常时间×（1＋浮余率）＝22.8 ×（1＋30%）＝29.6（s）

4．时间研究结果的运用

一般在少品种、大批量的生产中，订单的批量很大。在这种场合，由于一种产品的生产时间比较长，因此可以进行工序分析、时间研究等。为了提高生产性能而制作工序分析表是不可缺少的，因此，进行工序分析、时间研究是非常必要的。

另外，在多品种、小批量生产的工厂内，在制作工序分析表期间，更换产品品种的情况也时有发生，因此很难制作工序分析表。对于这种问题可以通过利用标准资料法进行时间研究来处理。

【思考题】

1．什么是工作研究？工作研究的内容包括哪几个方面？

2．简述工作研究的基本程序。

3．服装产品作业时间由哪几部分构成？

4．如何进行工作抽样？

5．在实施工作分析时，主要可从哪几个方面入手？

6．实现动作分析有何意义？

7．动作分析的主要方法有哪些？

8．作业标准化的目的是什么？能起到什么作用？

9．如何决定操作者的工资基准？

10．什么是秒表计时法？如何运用？

11．什么是标准资料法？与其他作业测定的方法相比，标准资料法具有哪些特点？

12．什么是标准时间？如何计算标准时间？

第九章　服装质量管理与跟单

【学习目标】

（1）了解质量与质量管理的概念，掌握全面质量管理的基本内容和工作方法。
（2）了解质量控制的概念，掌握服装各生产阶段质量控制的内容及主要方法。
（3）掌握质量数据统计与分析的方法。
（4）了解质量检验的前期工作，掌握质量检验的方式与方法。
（5）掌握服装跟单的流程与内容。

【能力目标】

（1）能针对服装生产的各个阶段进行质量控制。
（2）能根据不同类型的质量数据选择合适的统计分析方法，从而预防废次品的产生，保证产品质量。
（3）能针对不同的产品和产品的不同阶段选用合适的质量检验方式对服装进行检验。
（4）当服装产品质量出现异常情况时，能采取有效措施进行控制。

目前我国服装生产企业大致有四类形式，第一类是原国有、集体性质或已改制的企业，它们均有多年的成长历史，这类企业有着多年积累的生产和质量管理经验，质量管理体系健全，产品质量基本稳定；第二类是主要从事外贸加工业务的企业，这类企业以外贸合同要求为依据组织生产，产品质量经企业、客户或委托相关检测机构验货检验，产品质量控制严格；第三类是从事国内品牌运作的民营企业，它们已开始重视产品品牌形象，企业之间的质量意识和质量控制手段差距明显，部分企业质量管理体系健全，而另一部分企业质量管理体系和质量检测能力还不够完善；第四类是以加工或市场批发低档产品为主的小型企业，它们没有形成自己的产品品牌，产品质量意识十分缺乏，产品质量控制能力较弱。随着服装产业的发展，我国占有很大比例的小型化服装企业还将长期存在，其影响产品质量的不利因素在很大程度上还难以改变，因此，需要针对不同企业，从服装生产的全过程进行质量管理。

第一节　质量管理基础知识

一、质量

（一）质量的概念

国际标准化组织对"质量"的解释为："产品或服务能够满足规定或潜在要求的特征和特性的总和。"质量是一个相对的术语，对不同的人意味着不同的内容。消费者关心的是服务、可靠性、性能和外观等；企业经营者关注的是达到产品或服务的规格。对消费者来讲，质量自然是由最终产品和由此所产生的服务决定的；对企业经营者来讲，质量是由设计阶段中确定的规格或标准决定的，因此质量不仅包括产品质量，还包括产品质量赖以形成的工程质量和工作质量。就服装产品质量而言，指的是服装款式结构新颖、别致，裁剪合体，穿着舒适，并具有工艺制作精细，穿着可靠，甚至具有一定特殊功能等方面的要求。

1．产品质量

产品质量是指产品满足一定用途、适应消费者需要所具备的特性。产品质量的特性多种多样，归纳起来有以下五个方面：

（1）性能。性能是指产品满足一定用途所具备的功能等技术特性，是产品或服务的基本特征。如保暖服装的保暖性等。

（2）寿命。寿命是指产品能够按规定的功能正常工作的期限。如服装穿着时间的长短。

（3）可靠性。可靠性是指产品在规定的时间内和条件下，完成规定功能的能力。如衬衫水洗 10～20 次不脱胶、不起泡。

（4）安全性。安全性是指产品在使用过程中对使用者和周围环境安全、卫生的保证程度。如服装中的甲醛含量。

（5）经济性。经济性是指产品购买和使用过程中所花费的经济代价的大小。如纯毛服装的干洗费用。

2．工程质量

工程质量是指企业为保证生产合格产品而应具备的全部手段和条件所达到的水平。

3．工作质量

工作质量是指企业全体成员的经营管理、技术和生产等全部活动，对稳定生产合格品和不断提高产品质量的保证程度。

4．产品质量、工程质量、工作质量之间的关系

工程质量是物质基础，是产品质量的物质保证；工程质量的改善依赖于工作质量的提高；工作质量是产品质量的保证；产品质量是工程质量和工作质量的综合反映。

（二）服装质量

服装质量包括以下三个方面的内容：

1．设计质量

设计质量是指按一定的质量目标，根据所掌握的消费者使用要求及期待的性能，设计出满足用户需求的质量。在设计服装质量时，应分析不同年龄层的需求，利用经济分析的方法，科学合理地确定企业的质量目标。

2．制造质量

制造质量指服装在制造过程中的质量，它区别于其他自动化生产的产品，受多种因素的影响，如工艺标准制定的合理性、设备的专业化程度、操作人员的技能水平、检验方法的合理性、管理水平的高低等，如没有按照质量设计目标进行生产，即会出现设计质量与生产质量之间的差异，无法达到设计质量的要求。

3．服务质量

服务质量包括五个方面的内容，即可靠性、响应性、保证性、移情性和有形性。

（1）可靠性是指可靠、准确地履行服务承诺的能力。可靠的服务行动是顾客所希望的，它意味着服务以相同的方式、无差错地准时完成。

（2）响应性是指帮助顾客并迅速提供服务的愿望。让顾客等待，特别是无原因的等待，会对质量感知造成不必要的消极影响。出现服务失败时，迅速解决问题会给质量感知带来积极的影响。

（3）保证性是指员工表达出的自信与可信的知识、礼节和能力。保证性包括完成服务的能力、对顾客的礼貌和尊敬、与顾客有效的沟通等。

（4）移情性是指设身处地为顾客着想和对顾客给予特别的关注。

（5）有形性是指有形的服装、人员的外观表现。

顾客从这五个方面将预期的服务和受到的服务相比较，最终形成自己对服务质量的判断。

二、质量管理

1. 质量管理的概念

质量管理是对确定和达到质量所必需的全部职能和活动的管理。其中包括质量方针的制定及所有产品、过程或服务方面的质量保证和质量控制的组织、实施。

（1）质量方针。质量方针是由组织的最高管理者正式发布的该组织总的质量宗旨和方向。质量方针是企业经营总方针的组成部分，是企业管理者对质量的指导思想和承诺。

（2）质量控制。质量控制即对质量的管理。质量控制主要采用数理统计法将各种统计资料汇总、加工、整理，得出有关统计指标、数据，来衡量工作进展情况和计划完成情况，找出偏差及其发生的原因，采取措施达到控制的目的。多年以来，几乎所有的企业中都有一个质量控制部门来对质量负责。

（3）质量保证。质量保证是向顾客保证企业能够提供高质量的产品。质量保证不仅帮助了企业建立质量信誉，同时也大大强化了内部质量管理。

质量控制与质量保证的区别是：质量控制注重监测，侧重内部质量的管理；质量保证主要是让外部相信质量管理是有效的。

2. 质量管理的发展过程

20 世纪，人类跨入了以加工机械化、经营规模化、资本垄断化为特征的工业化时代。在整整一个世纪中，质量管理的发展大致经历了以下三个阶段：

（1）产品质量检验阶段（20 世纪 20 年代初至 20 世纪 40 年代）。这一阶段是根据标准要求，对零件和成品严格把关，逐件检验，分出合格品和废品。这种事后检验的方法只能挑拣出废次品，而不能防止废次品的产生。其特点是：

1）强调检验人员的质量监督职能。

2）对产品进行全数检查和筛选，及时挑出废次品。

3）对产品的加工过程实行层层把关，防止不合格的半成品流入下一道工序。

产品质量检验阶段的缺点是：一是事后把关，不能起预防控制作用；二是采用全数检验，成本高，无法进行破坏性检验；三是导致企业"三权"分立，质量标准定制部门、产品制造部门和质量检验部门各管一方。

（2）统计质量管理阶段（20 世纪 40 年代至 20 世纪 60 年代）。这一阶段是处于第二次世界大战及战后恢复时期，从军用品检验的破坏性引起的无法事后逐个检验的问题引发了统计质量控制的方法，采用控制图对大量生产的工序进行动态控制，有效地保证了产品的质量，预防了废次品的产生。其基本特点是：

1）在质量检验的同时，推行抽样检验，从而显著降低了检验成本。

2）利用控制图对大量生产的工序进行动态控制，有效地预防了废次品的产生。

3）应用数理统计工具，分析影响产品质量的原因，采取以预防为主的措施控制产品质量。

统计质量管理也存在着缺陷，它过分强调质量控制的统计方法，忽视了操作者的因素和组织管理工作，在计算机和数理统计软件应用不广泛的情况下，导致了统计质量管理停滞不前。

（3）全面质量管理阶段（20 世纪 60 年代至今）。全面质量管理是指"一个组织以质量为中心，以全员参与为基础，目的在于通过让顾客满意和本组织所有成员及社会受益而达到长期成功的管理途径。"具体地讲，全面质量管理就是企业的全体职工同心协力，把专业技术、经营管理、数理统计和思想教育结合起来，使产品质量产生、形成和实现全过程的所有保证和提高产品质量的活动构成一个有效的体系，从而经济地开发、研制、生产和销售用户满意的产品。该阶段的特点如下：

1）管理的对象是产品质量、过程质量和工作质量。全面质量管理不仅仅局限于产品质量，而是从抓好产品质量的保证入手，用优质的工作质量来保证产品质量，这样才能有效地改善影响产品质量的因素，达到事半功倍的效果。

2）管理的范围是全过程。所谓的全过程是相对制造过程而言的，就是要求把质量管理活动贯穿于产品质量产生、形成和实现的全过程，全面落实预防为主的方针，逐步形成一个包括市场调研、开发设计直至销售服务全过程所有环节的质量保证体系，把不合格品消灭在质量形成过程之中，做到防患于未然。

3）管理的人员是企业的全体人员。产品质量的优劣取决于企业全体人员的工作质量水平，提高产品质量必须依靠企业全体人员的努力。企业中任何人的工作都会在一定范围和一定程度上影响产品的质量。显然，过去依靠少数人进行质量管理的方法是很不得力的。因此，全面质量管理要求无论是哪个部门的人员，也无论是厂长还是普通职工，都要具备质量意识，都要承担具体的质量职能，积极关心产品质量。

4）管理的方法是系统科学的方法。全面质量管理不但继承和发展了传统管理中常用的一些工具，而且广泛采用概率论、数理统计、运筹学和系统工程等现代科学的一些基本方法，形成自己一整套的适用工具，如工序控制中的直方图、排列图、因果图等。

随着科学技术和工业生产的发展，全面质量管理的特点又被赋予了如下新的内容：

1）采用科学、系统的方法满足用户需求。在全面质量管理中，"用户至上"是十分重要的指导思想。"用户至上"就是树立以用户为中心，使产品质量和服务质量全面地满足用户需求，产品质量的好坏最终以用户的满意程度为标准。

2）以预防为主的事先控制的新时期预防性质量管理。进入20世纪90年代以后，新的生产模式，包括适时生产（JIT）、精良生产（LP）、敏捷制造（AM）等对事先控制提出了更高的要求。在产品的生产阶段，除了统计过程控制（SPC）外，新的基于计算机的预报、诊断技术及控制技术受到越来越广泛的重视，使生产过程的预防性质量管理更为有效。

3）计算机支持的质量信息管理。及时、正确的质量信息是企业制定质量政策、确定质量目标和措施的依据，质量信息的及时处理和传递也是生产过程质量控制的必要条件，信息技术、计算机集成制造的发展为企业实施全面质量管理提供了有力的支持。

4）突出人的因素。与质量检验阶段和统计质量管理阶段相比较，全面质量管理阶段格外强调了调动人的积极因素的重要性。实现全面质量管理必须调动人的积极因素，加强质量意识，发挥人的主观能动性。

三、全面质量管理的内容和工作方法

（一）全面质量管理的内容

全面质量管理范围的全过程性决定了全面质量管理的内容包括设计与准备、制造、辅助和使用四个过程的管理。

1. 设计与准备过程

产品设计与准备过程的质量管理是全面质量管理的首要环节。这里所指设计与准备过程，包括市场调查、产品设计与开发、工艺准备、样品试制等过程，即产品正式投产前的设计与全部技术准备过程。其主要工作内容包括以下几点：

（1）通过市场调查，了解用户对产品质量的要求以及对本企业产品质量的反映，根据用户要求、科技情报与企业的经营目标，制定产品质量目标。

（2）在产品设计与开发过程中，组织由用户、销售、科研、设计、工艺、制造和质量管理等部门参加的"三结合"审查和验证，确定适合的设计方案。

（3）工艺技术文件是企业组织生产的基础，是产品质量的保证，是质量管理的依据，因此必须做好工艺准备，保证工艺技术文件的质量。

（4）在充分了解产品工艺技术特征的基础上，选择合适的材料、合理的工具设备、具有一定技术素质和水平的操作人员，按照科学合理的工序流程进行样品试制。样品试制完毕后，应对样品进行审视和评价，发现问题及时纠正并提出修改意见。

2. 制造过程

制造过程是指产品直接加工的过程，它是产品质量形成的基础，是企业质量管理的重要环节。其基本任务是保证产品的制造质量，建立一个能够稳定生产合格品和优质品的生产系统。其主要工作内容如下：

（1）组织质量检验工作。要求严格把好各工序的质量关，保证按质量标准进行生产，防止不合格品转入下道工序和出厂。组织质量检验工作主要包括原材料进厂检验、工序检验、成品检验和出厂抽验。

（2）组织和促进文明生产。组织和促进文明生产是科学组织现代化生产、加强制造过程质量管理的重要条件。

（3）组织质量分析，掌握质量动态。分析应包括残次品分析和成品分析。分析残次品是为了找出造成质量问题的原因和责任，发现和掌握产生残次品的规律，以便采取措施加以防止和消除。分析成品是为了全面掌握产品达到质量标准的动态，以便改进和提高产品质量。

（4）组织工序的质量控制，建立管理点。工序质量控制是保证制造过程中产品质量稳定性的重要手段。它要求在不合格品发生之前，就能发现和预报，并能够及时地加以处理和控制，有效地减少和防止不合格品的产生。

3. 辅助过程

辅助过程是指为了保证制造过程正常进行而提供优质服务和各种物资技术条件的过程。其包括物资采购供应、动力生产、设备维修、工具制造、仓库保管、运输服务等。制造过程的许多质量问题，往往同这些部门的工作质量有关。其所包含的主要内容如下：

（1）做好物资采购供应。原辅材料的质量对产品质量的影响是显而易见的，因此，要从供应单位的产品质量、价格和遵守合同的能力等方面来选择供应商，从而保证材料的质量。

（2）严格入库物资的检查验收，按质、按量、按期地提供生产所需要的各种物资（包括原材料、辅助材料和各种动力材料等）。

（3）组织好设备维修工作，保持设备良好的运行状态。

（4）做好工具制造和供应的质量管理工作等。

4. 使用过程

使用过程是考验产品实际质量的过程，它是企业内部质量管理的继续，也是全面质量管理的出发点和落脚点。这一过程质量管理的基本任务是提高服务质量（包括售前服务和售后服务），保证产品的实际使用效果，不断促使企业研究和改进产品质量。其所包含的主要内容有：

（1）开展技术服务工作。为了提高产品在市场上的竞争力，国内外一些企业从过去的"货物出门，概不退换"变成了现在的"货物出门，服务到家"的理念。企业把用户是否满意看作自己生存发展的关键性因素。企业设立专门研究机构，采用科学合理的方法改进技术服务质量，建立售后质量保证体系，为用户提供各种便利的服务。

（2）认真处理出厂产品的质量问题。当用户对本企业产品质量提出异议时，企业不应该推托，而应认真及时地处理，这样既可消除用户的不满情绪，又可挽回由此产生的负面影响。取信于用户，不仅靠产品质量，也靠出现产品质量问题时企业能够热情、及时、认真妥善处理的行动与水平。

（3）调查产品使用效果和用户要求。调查的目的在于了解和收集下列情况的资料：出厂的产品尽管经过检验合格，在实际使用中是否真正达到规定的质量标准；产品在使用中虽然达到质量标准，但是否实现了设计所预期的质量目标；除原先预期达到的质量目标外，使用中还有哪些要求是原先没有考虑到的；随着生产的发展和人民生活质量的不断提高，预计用户今后可能提出哪些新的要求。

（二）全面质量管理的工作方法

全面质量管理的基本工作方法是 PDCA 循环法。PDCA 循环又叫作戴明环，是美国质量管理专家戴明博士首先提出的，它是全面质量管理应遵循的科学程序。PDCA 是英语单词 Plan（计划）、Do（执行）、Check（检查）和 Action（处理）的第一个字母，PDCA 循环就是按照这样的顺序进行质量管理并且循环进行下去的科学程序。

1. PDCA 各环节工作内容

全面质量管理活动的运转，离不开管理循环的转动，也就是说，改进与解决质量问题，赶超先进水平的各项工作，都要运用 PDCA 循环的科学程序。无论提高产品质量，还是减少不合格品，都要先提出目标，制订计划，即质量提高到什么程度，不合格品率降低多少。这个计划不仅包括目标，而且也包括实现这个目标需要采取的措施；计划制订之后，就要按照计划进行检查，看是否实现预期效果，有没有达到预期的目标；通过检查找出问题及其产生的原因；最后进行处理，将经验和教训制定成标准、形成制度。各环节具体工作内容如下：

（1）P 环节的工作内容。

1）分析现状，找出存在的质量问题。

2）分析产生质量问题的原因和各种影响因素。

3）找出影响质量的主要原因和主要影响因素。

4）针对影响质量的主要原因制定措施，提出改进计划，定出质量目标。

（2）D 环节的工作内容。根据预定目标和计划组织执行，力求实现质量目标。

（3）C 环节的工作内容。检查措施计划实施结果，衡量和考察取得的效果，找出问题。

（4）A 环节的工作内容。

1）根据检查结果，总结成熟的经验并将其纳入标准、制度和规定，以巩固成绩，防止失误。

3）将本次循环中尚未解决的遗留问题纳入下一轮循环继续加以解决，循环前进。PDCA 循环示意图，如图 9-1 所示。

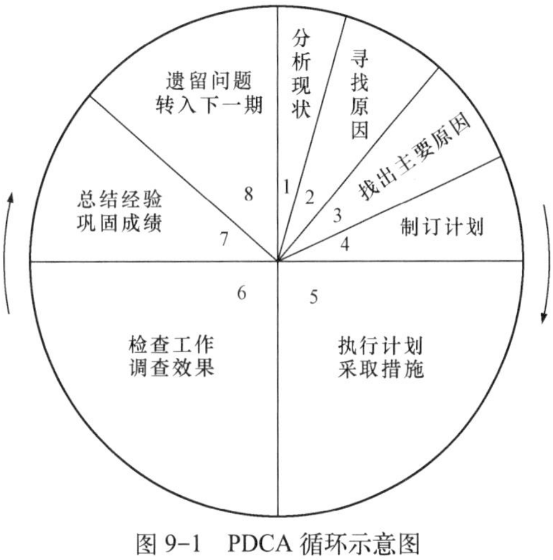

图 9-1　PDCA 循环示意图

2. PDCA 的循环特点

PDCA 循环，可以使思想方法和工作步骤更加条理化、系统化、图像化和科学化。它具有如下特点：

（1）大环套小环，小环保大环，推动大循环。PDCA 循环作为质量管理的基本方法，不仅适用于整个企业的质量管理，也适应于企业内的科室、车间、班组以及个人。各级部门根据企业的方针目标都可以确定自己的 PDCA 循环内容，层层循环，大环套小环，小环里面又套更小的环。大环是小环的母体和依据，小环是大环的分解和保证。各级部门的小环都围绕着企业的总目标朝着同一方向转动。通过循环把企业上下各项工作有机地联系起来，彼此协同，互相促进。如图 9-2 所示。

（2）逐级上升，不断前进，不断提高。每个 PDCA 循环都不是在原地周而复始地运转，PDCA 循环就像爬楼梯一样，一个循环运转结束，生产的质量就会提高一步，然后再制定下一个循环，再运转，再提高，不断前进，不断提高。如图 9-3 所示。

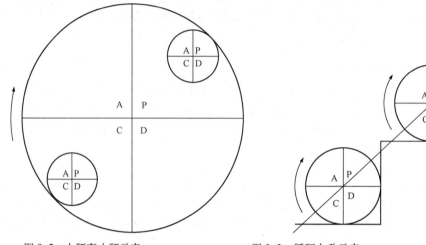

图 9-2　大环套小环示意　　　　　　　　　图 9-3　循环上升示意

（3）在 PDCA 循环中，处理是循环的关键。处理阶段是解决存在的问题、总结经验和吸取教训的阶段，该阶段的重点又在于修订标准，包括技术标准和管理制度。没有标准化和制度化，就不可能使 PDCA 循环转动向前，因此，处理阶段是推动 PDCA 循环的关键。

全面质量管理的原则

第二节　服装质量控制

质量控制是 ISO 9000 质量保证体系中的重要组成部分。服装生产企业贯彻 ISO 9000 标准、强化内部质量管理、落实质量控制的相关要求是必不可少的内容，因为它是确保产品质量达到预定水平最直接最有效的管理手段。

一、质量控制的概念

质量控制是指为达到质量要求，在产品形成过程中按照技术标准和工艺要求所采取的技术作业和措施。

其目的是通过监控质量形成的全过程，消除所有阶段引起不合格和不满意效果的因素，以达到质量要求，获取经济效益。质量控制是一种以预防为主的管理方式，它使与产品的形成有关的全过程始终处于受控状态，以预防为主，不使产品质量产生问题，或者出现问题也能在生产过程中得以及时纠正，不使其产生不良后果。

二、服装质量控制的内容

质量控制是企业进行质量管理的一种形式，是确保产品质量最直接、最有效的质量管理形式。

服装企业的质量控制是从原材料进厂到形成最终产品的整个制造过程的质量控制。除了原辅材料的质量控制与检验外，还应包括产品设计、工艺设计、生产等不同阶段的质量控制。其质量职能主要表现为根据设计和工艺技术文件规定以及制造质量控制计划的要求，对各项影响制造质量的因素具体实施控制活动，保证生产出符合设计和规范质量要求的服装产品。

（一）服装设计过程的质量控制

"千里之行，始于足下；质量之路，源于设计。"产品质量的优劣、可靠性水平的高低、经济效益的好坏在很大程度上取决于产品的设计质量。

设计过程是质量控制的源头，据统计 70% 的质量问题是在设计阶段产生的，在产品设计、工艺设计和生产控制的各个不同阶段，对质量影响最大的是产品设计阶段，产品质量改进的效费比在该阶段也是最大的。设计过程决定了产品的固有质量、固有成本、性能和可靠性等。现代产品设计是把质量设计作为研发过程的重要内容，通过预防手段和质量优化设计活动，提高产品的质量水平。但是仅仅在形式上予以重视是远远不够的，应掌握提高设计质量的途径和方法，抓住质量控制的要点，才能真正见到成效。服装设计和开发的质量控制点有以下几个方面：

1．调研阶段的质量控制

（1）调研内容。

1）国际、国内和产品销售地区的流行色和流行款式。

2）新型面辅料的研发和供货渠道。

3）产品销售地区的人体体型分布。

4）产品销售地区的地理、气候、风土人情及穿着习惯等。

5）服装生产新技术、新工艺现状及发展趋势的调研。

6）新型加工设备的使用及供货情况。

7）各地区服装市场销售水平及需求情况。

8）消费者对现有服装市场的反映及倾向性需求。

9）服装商团及行业专家对流行趋势的观点。

10）本企业产品在市场的地位及市场占有率。

（2）调研方法。

1）参观走访：企业应定期组织设计人员参观工厂、商店、展销会、表演会、用户等。

2）技术交流：组织设计人员参加报告会、座谈会、鉴定会、发布会等。

（3）质量控制的方法。

1）对参观走访和进行技术交流的设计人员制定任务目标。

2）参与售后服务，及时了解消费者对本企业产品的反映，制定对策；对不利方面要在新产品中予以改正。

2．设计、试制阶段的质量控制

（1）设计阶段的工作内容。

1）确定产品的用途、适合年龄、性别、季节、穿着场合及消费对象。

2）确定产品的造型结构。根据工作内容设计合适的造型结构，可通过设计效果图和设计款式图表现。

3）确定产品的材料选用及配色要求。包括面料、里料、衬料、填充料、各种辅料等的规格和用量，各种材料的配色要求，以原辅材料消耗卡表现。估算各种材料的消耗定额。

4）确定产品的成品规格。以产品的造型结构、所选用的原辅材料、消费者的形体特征等作为依据，确定产品的分档规格和各规格、各不同色泽的搭配比例。

5）确定产品的加工工艺。根据企业现有人员、设备等条件选用合适的加工工艺，以工艺流程图的形式表现，在工艺单和工艺卡中写明具体要求。

6）确定产品的工艺装备。写明生产该产品时所需的特殊设备、专用工夹模具及需自制、改革和添置的设备。

7）进行工序编制，确定各工位操作人员。按照生产线现有人数进行工位编制，并按照操作人员的技能水平进行各工位人员的分配。

8）确定产品的包装。包括包装方式和方法及商标、吊牌等包装辅料的选用。

9）估算产品的生产成本和出厂价格。产品成本是决定产品设计经济效果的主要方面，对企业的盈亏起很大作用，因此要力求准确。

（2）试制阶段的工作内容。

1）严格按照样品的样板进行裁剪。

2）严格核对原辅材料的规格、品种和色泽。

3）严格按照设计要求和工艺规定进行制作。

4）试制过程中准确测算工序工时和材料的消耗定额。

5）估算产品的生产成本和出厂价格。

6）试制过程中发现问题要及时向设计人员提出，未经同意不得擅自修改样板、裁片和工艺操作。如确需修改样板及工艺应经设计主管人员同意并做好变更记录。

（3）质量控制。产品设计试制过程中，质量控制应主要做好以下几项工作：

1）要以"准、好、快"作为发展服装产品的重要目标。企业要努力搞好多品种生产，发展适销对路的新产品，把生产搞活，提高企业竞争能力，这就要求企业以"准、好、快"作为发展新产品的重要目标。

①准。就是市场预测要准。要摸清需求，摸清可能的销售量和持续的推销时间。发展新产品要具有能投入批量生产的可能性，还要有效益。

②好。就是投放市场的新产品要具有特色，有市场吸引力，有满足使用要求的质量，做到物美价廉、服务周到。只有好，才能受用户欢迎，才能占领市场。

③快。就是新产品投入市场要快，以快取胜。失去时间就会失去市场。

2）要有明确的设计质量标准。设计试制过程中的质量标准，主要应该考虑以下五个方面的要求：

①为开发具有生命力的服装产品做好设计。产品生命力的基本条件是适销对路、质量好、售价低、有利润。产品设计首先要考虑用户的特殊使用要求，其次是技术先进、使用经济，最后是有赶超目标和顺应国家技术发展的趋势等。

②以满足用户要求为设计质量目标。服装产品的设计质量必须满足产品的基本性能，确保产品可靠、耐用，使用安全方便，设计符合要求。

③努力实现企业相互关联的产品格局。企业通过市场预测，在产品定位的基础上，使一批或几批产品具有相近或相似的外观特征，在销售环节中注重成衣配套关系，形成一品多种、互相关联的产品格局和市场格局，突出企业特色，扩大市场份额。

④设计中及时反映用户的质量信息。设计新产品，首先要排除国内外同类型产品中已经出现过的缺陷或弱点，充分考虑用户的使用要求，提高产品的功能性、使用性和可靠性。

⑤符合相关标准和设计规范、安全监察规程以及经销合同的规定要求。服装效果图、款式图、样板、各种工艺文件等要正确、统一、完整和清晰。

3）严格执行新产品论证和鉴定制度。严格执行新产品论证和鉴定制度是保证和稳定产品质量的重要前提。新产品的试制要有总体设计，要对技术、经济指标进行科学论证，对技术进行鉴定。如果产品的设计质量、产品性能及结构得不到全面的验证，就必然会给产品留下隐患，给组织生产造成障碍。新产品论证和技术鉴定的重点是把好产品审查和试验关。通过审查、试验、验证工作，预测市场销售情况，了解产品的设计质量目标和实际质量之间的差异，证实产品性能和结构的可靠性，及早发现产品结构上的薄弱环节，消除不可靠因素。最终综合考虑，得出产品能否投入批量生产的结论。

新产品鉴定时，一般应做好以下几方面的工作：

①市场销售预测。由企业领导、生产、技术、新产品开发、经营部门的负责人和客户等组成的专家审议组对产品进行审查，从市场角度考虑产品能否投入批量生产。

②环境性试验。针对环境条件或工作条件进行的适应性试验。

③安全性试验。针对安全保护或环境保护所进行的试验。

④性能试验。针对产品的各种性能指标所进行的测试。

⑤耐久性试验。所进行的可靠性试验。

⑥破坏性试验。对产品性能、结构所进行的持续性试验，主要考核产品的整体寿命和材料的刚性、强度、耐磨性等，属于破坏性试验，有时也可采用模拟试验的方法。

（二）服装工艺设计的质量控制

1．样板的质量控制

样板的质量控制主要包括样板的检验与复核，包括以下内容：

（1）核对样板结构。样板数量是否正确，样板结构是否与款式相吻合。

（2）核对规格。对样板进行测量，检查缩率是否计算在内，缝份、贴边等加放是否正确。

（3）核对组合部位是否圆顺，如图9-4～图9-9所示。

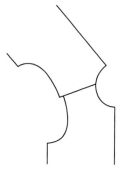

图9-4　前后领口正确组合示意

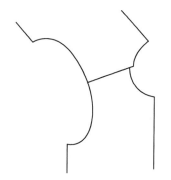

图9-5　前后片肩缝正确组合示意

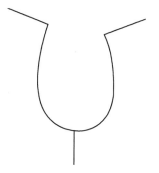

图9-6　前后片袖窿正确组合示意

图9-7　裤侧缝正确组合示意

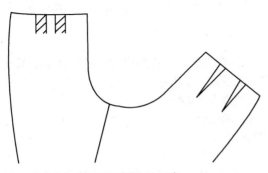

图 9-8　裤内缝正确组合示意　　　　　图 9-9　裤后裆正确组合示意

（4）核对文字标注是否齐全、合理、清晰。文字标注的内容如下：

1）产品编号及名称。

2）号型规格。

3）样板的结构及部件名称。

4）面、里、衬、袋布等各式样板的文字标注。

5）左右片不对称的产品，要标明左、右、上、下及正反面的区别。

6）每件应裁的片数。

7）需利用布边的部位应标明布边。

（5）核对定位标记。定位标记的方法有打线钉、打剪口和打定位孔，定位标记的标注范围如下：

1）缝份。衣片大部分部位的缝份为 1 cm，如果没有特殊标记，操作工人在缝制时均按照 1 cm 的缝份进行缝制，因此对非 1 cm 缝份的部位，应在样板的两端或一端对准净线进行标注，如图 9-10 所示。

2）折边。凡有折边的部位如底摆、挂面等在折边的两端或一端进行标注，以示宽度，如图 9-11 所示。

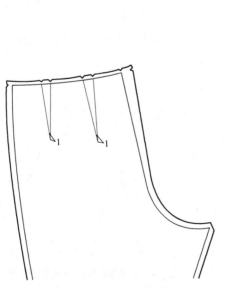

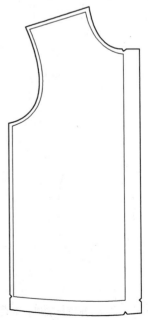

图 9-10　缝份定位标记示意图　　　　　图 9-11　折边定位标记示意图

3）省道、褶裥。按省道、褶裥的起止长度、形状和宽度标注，如图 9-12、图 9-13 所示。丁字省、橄榄省标出省宽和省尖点位置，活褶只标褶的宽度，死褶除标出褶的宽度外，还应标出终止位，通长褶裥需在两端标注，局部抽褶应标出抽褶范围的起止点，如图 9-13 所示。

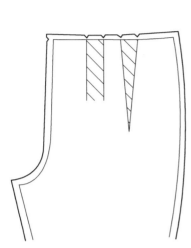

图 9-12　省道、褶裥定位标记示意图

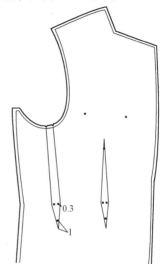

图 9-13　省道定位示意图

4）袋位。暗袋只对袋口及大小标记，袋板式口袋需对袋板下边做绱缝标记，明贴袋需标记袋口位置、大小或袋前边，借缝袋需对袋口两端进行标记。

5）开口、开衩。开口、开衩在起止点标记，搭门式开口需标出搭门宽度。

6）对位标记。如上衣前后片腰围线对位、领口与领子的对位、裤子髌骨线的对位等。上衣领口与领子的对位如图 9-14 所示。

7）其他标记。如扣位标记等。

定位标记应注意以下几点：

1）剪口的深浅：1 cm 缝份打 0.5 ～ 0.6 cm 剪口，0.8 cm 缝份打 0.3 ～ 0.4 cm 剪口。

2）省尖点的定位孔比省的实际长度短 1 cm。

3）橄榄省省宽定位孔比省的实际宽度每边收进 0.3 cm。

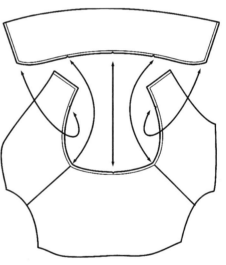

图 9-14　上衣领口与领子的对位示意

4）袋口定位孔比袋的实际位置每边收进 0.7 cm。

所有定位标记对裁剪和缝制对位都起到很大的指导作用，因此，必须按照规定的尺寸和位置定位，否则非但起不到正确的指导作用，反而会导致裁剪和缝制定位的错误，影响服装的质量及规格。

样板检验完成后应填写样板复核记录，见表 9-1。

2．工艺技术文件的质量控制

服装工艺文件必须达到完整性、准确性、适应性及可操作性的要求，因此，需对文件的内容进行复核与检查。

（1）工艺技术文件表头检查。表头主要用于对订单、客户、款式等主要信息进行说明，包括客户名、品名、订单号、数量、交货期等。

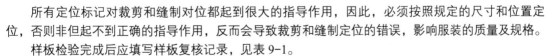

表 9-1　样板复核记录

客户			品名	
订单号			款号	
数量			样板编号	
样板总数			其中面料样板	
里料样板			衬料样板	
净样板			其他	
胸围		腰围	其他	
总肩宽		臀围		
衣长		裙长		
袖长		裤长		
袖肥		立裆		
领大		中裆		
袖口		裤口		
样板组合部位是否吻合、圆顺：				
文字标注是否齐全、合理、清晰：				
定位标记是否准确：				
样板制作		样板复核		日期

（2）规格表检查。内销产品的规格档差应符合《服装号型》（GB/T 1335）中 5·4 系列的"分档数值"，各主要部位的极限偏差应符合国家标准；外贸产品的规格、档差和极限偏差应与外商客户合同中的相关内容相符。

（3）产品款式和测量图示检查。款式图要求效果真实，比例准确，能准确表现服装结构，不能夸张；测量图标注部位应与规格表相符，标注应清晰、准确。

（4）用料及定额检查。原辅材料的种类、规格、数量、色泽等应与生产合同相符，面料与里料和辅料的搭配合理；用料定额的检查是对技术科所下达的一级排料图的检查，核查衣片的数量、纱向、排料位置、紧密度等内容，在符合排料工艺要求的情况下应力求节约。

（5）工艺要求的检查。

1）裁剪要求。根据款式要求和面料性能选择合适的铺料方式。裁片准确，边缘光滑、圆顺，对位准确，数量齐全。

2）缝制要求。缝型准确，线迹密度符合要求。各个部位缝线顺直、整体、平服、牢固；上下线松紧一致，无跳线，袋布的垫料要折光边或包缝；袖窿、袖缝、底边、袖口、挂面里口、大身摆缝等部位叠针牢固；锁眼定位整齐牢固；纽脚高低适宜，线结不外露；商标、号型标志、成分标志、洗涤标志的位置要端正，字迹清晰准确；各部位缝纫线迹 30 cm 以内不得有两处单跳和连续跳针，链式线迹不允许跳针。

3）整烫要求。服装各部位熨烫平服、整洁，无烫黄，无烫光，无水渍，粘衬部位无脱胶、渗胶、起皱现象。

4）外观质量要求。前身胸部挺括、对称，面、里、衬平服，省道顺直，止口平服、顺直，门襟不短于里襟。领面平服，领窝圆顺，领嘴、驳头左右对称，宽窄一致。绱袖圆顺，吃势均匀，两袖前后、长短一致。肩缝平服、顺直，左右对称。口袋及袋盖大小适宜，高低一致，嵌线宽窄一致。背缝平服、顺直，开衩长短一致。

腰头面、里、衬平服，松紧适宜。门里襟面、里、衬平服，松紧适宜，长短适宜，门襟不短于里襟。

前后裆松紧一致，裆底十字缝对齐，侧缝及下裆缝平服、顺直。裤腿长短、肥瘦互差不大于 0.3 cm，裤脚口大小互差不大于 0.3 cm。串袋襻长短宽窄一致，位置准确对称。裤袋高低、大小互差不大于 0.5 cm，袋口顺直平服。

（6）包装及辅料检查。包装有平包装和立体包装两种形式，包装形式应符合产品特点和客户要求。包装辅料根据产品和包装形式进行选择，主要有吊牌、大头针、塑胶夹、胶领条、纸领条、蝴蝶片、纸板、吸潮纸、塑料袋、衣架等。

服装装箱分配有单色单码、单色混码、单码混色和混色混码几种形式，装箱单设计应符合客户对尺码、数量及颜色分配的要求。

（7）商标、尺码、洗涤标志、成分标志等的检查。商标、尺码、洗涤标志、成分标志等与产品相符，与客户要求相符。

（8）唛头。主唛应显示产品的品牌、货运目的地、箱号等，侧唛应显示产品品名、色泽、尺寸搭配、本箱件数、毛重、净重和外箱尺寸等。主唛与侧唛的字迹应清晰，外文字母应清晰、准确。

（三）服装生产阶段的质量控制

服装生产阶段的质量控制是指从裁片到服装成品，直至出厂之前各个环节，实施质量跟踪和控制，随时掌握生产质量动态，控制产品质量，严格把关，从而建立能够稳定地生产合格产品的生产系统。

1. 原辅料以及工具设备质量控制

生产前主要应控制原材料以及工具设备的质量。

服装的原辅料是构成服装产品的基础，把好原辅材料的质量关，防止不合格的原辅料投入生产，是整个服装生产过程中质量控制的基础。

（1）原辅料入库前的检验。

1）材料的品号、品名、规格、花型、色泽等是否与入库通知单及发货票相符。

2）材料的包装是否完好、整洁。

3）核对材料的数量、尺寸及门幅等内容。

4）检验材料外观及内在质量。

（2）原辅料保管状况的检验。

1）仓库环境条件：湿度、温度、通风等条件是否适合有关原辅材料的储存，如毛织物的仓储应具备防潮、防蛀等要求。

2）仓库场地是否整洁、货架是否光洁，以免沾污或损坏材料。

3）材料堆放是否整齐，标志是否清晰。

（3）工具设备的复核。工具设备包括服装生产用的工具、量具、工艺装备、机器设备等。工具设备是决定产品质量的重要因素之一，属于生产中的硬件部分。工具设备的复核包括以下内容：

1）工具设备购入及使用时的验收。主要是核对设备的型号、规格，设备数量及零部件、配件的完整性，设备运转情况及各项性能是否处于良好状态。

2）工具设备保管复核：存放设备的环境条件（如湿度、通风条件是否适合相应工具设备的存放）；是否已采取防潮、防锈、防尘等措施；工具设备存放是否整齐，有无乱堆、乱压而造成变形或损坏等情况。

2．裁剪阶段质量控制

裁片是服装的组成部分，服装的质量、规格与裁片的质量有直接的关系。

（1）裁剪前质量控制。裁剪质量是缝制质量的前提与保证，裁剪前要严把原辅材料的质量关和工艺文件的质量关。具体应做好以下工作：

1）核查原辅材料的质量等级，确定是否符合要求。

2）核查疵点、色差、纬弯、纬斜等外观疵病是否符合要求。

3）核查面料规格、数量是否与生产通知单相符。

4）核查样板质量与数量是否符合要求。

5）核查排料方法是否明确，用料定额是否确定。

6）核查技术要求和工艺规定是否清楚明确。

（2）排料画样质量控制。

1）核查面料的品号、色泽、门幅等是否与生产通知单相符。

2）核查排料图中衣片的规格型号是否准确，是否与样板相符。

3）核查排料画样方法是否与面料的性能、花色等相符。

4）核查衣片的方向、对条、对格、拼接互借等是否符合技术要求。

5）核查衣片纱向是否与样板相符。

6）核查样板数量，有无漏划与错划现象。

7）核查用料是否低于用料定额。

8）检查画样是否清晰，定位标记是否准确，有无漏划与错划，线迹是否顺直圆顺，有无断续与双轨。

（3）铺料质量控制。

1）核查所铺面料的品号、色号、花号是否与生产通知单相符。

2）核查铺料的幅宽、长度是否与排料图相符。

3）核查铺料方式是否符合面料性能和工艺技术要求。

4）核查铺料的正反面、倒顺向、对条、对格及对花是否符合技术要求。

5）核查每个色泽或花型所铺层数与裁剪方案是否相符。

（4）裁剪质量控制。

1）核查裁剪精度，使裁片和裁片之间误差小，裁片与样板之间误差小，定位标记位置准确。

2）核查裁片的边缘是否光滑、圆顺。

3）核查裁片的外观质量，确保其符合技术标准要求。

4）核查裁片的纱向、对条、对格等，使其符合工艺技术要求。

5）核查裁片的数量，使其与裁剪方案的内容相符。

（5）分包、编号、捆包的质量控制。

1）核查有无分错包的现象。

2）核查各裁片包的编号是否清楚、准确，有无错编、漏编或重复编号现象。

3）核查同包内各部件规格是否相配。

4）核查包内部件是否理齐、扎好。

5）核查包外标签是否标准、清晰、正确，如产品编号、规格、色号、花号、数量等是否与包内相符。

3．粘衬质量控制

（1）剥离强度：按照产品标准确定剥离强度的数值，如男女西服剥离强度值的确定。

取样：经纬向各取三块，试样尺寸为 2.5 cm×10 cm。

采用剥离强度测试仪进行测定，上下钳之间的距离为 50 mm，剥离速度为（100±5）mm/min。

计算：在剥离曲线上连续取 5 个极大值与极小值，其平均值为剥离强度。

测试结果：男女西服均大于等于 6 N。

测试条件：剥离强度值应小于面料的强度。

（2）附着面积：面料与衬料粘合后，必须有 95 %以上的附着面积。

（3）耐洗性能：外衣粘合衬干洗、水洗 5 次以上，耐 40 ℃以下水温，不脱胶、不起泡。衬衫粘合衬水洗 20 次以上，耐 90 ℃以下热水洗涤，均要求不脱胶、不起泡。

（4）缩率：粘合衬的缩率应与面料相一致。

（5）外观及手感：无渗胶现象，手感、弹性、硬挺度良好。

（6）加工要求：具有良好的可缝性和剪切性。

4．缝制阶段质量控制

缝制是服装生产阶段的主要环节，所涉及的工序、人员及设备较多，是容易发生质量问题的部门，也是质量控制的重点。

（1）缝制前质量控制。

1）领取衣片时，核对是否与生产通知单中的批号、规格及款式相符合。

2）核对每包或每扎的裁片数。

3）核对衣片规格尺寸是否正确。

4）核对工艺单和样衣是否符合合同要求。

5）核对裁片需组合部位是否吻合。

6）核对辅料、衬料与面料是否匹配。

7）核对操作要求是否清楚、明白、正确。

（2）缝制工序质量控制。服装工业化生产是流水操作方式，其加工过程被分解成多道工序，加强对各道工序的质量控制，就能够保证服装在缝制阶段中的局部质量，为服装整体质量达到最佳水平奠定坚实的基础。缝制阶段从大的方面进行划分，有以下工序：

1）基础工序：包括拼缝、钉商标尺码、小烫等。

2）部件制作工序：包括做领、做袖、做袋、做门里襟、做腰头等机缝和中间熨烫工序。

3）装配工序：包括开袋、装袋、装领、装袖、装腰、装拉链、装夹里等机缝和中间熨烫工序。

4）锁钉与手工工序：包括锁眼、钉扣和最终的手工工序。

以上各道工序作为质量控制点进行控制，在这些质量控制点上，操作人员与检验人员需结合工艺要求，随时检查产品的质量状况，将质量问题消除在缝制过程中。进行质量控制时，除由专职质检员实施外，还需由全体生产操作人员参与。本着"下道工序督促上道工序"的质量管理原则，缝制操作人员有责任、有义务落实质量控制相关要求，加强对经手的部件或半成品进行检验。当下道工序操作人员发现上道工序传来的产品存在不符合工艺或质量要求的问题时，应立即通知上道工序，并及时将产品退回，促使上道工序的操作人员及时采取返工等措施加以纠正，阻止质量问题的扩展或延伸。

5．整烫工序质量控制

（1）核查熨烫外观是否平挺或符合设计要求。

（2）核查有无烫黄、烫焦、变硬、水花、亮光、渗胶等现象。

（3）核查线头、污渍是否清除。

（4）核查折叠形式是否符合要求。

（5）核查包装辅料是否放于服装指定位置。

三、服装质量控制的主要方法

1．六道检验把关制度

严格六道检验把关制度是服装生产长期实践经验的总结，是必不可少的质量控制手段之一。六道检验把关制度从原辅料开始到产品出厂终止，实行全过程的检验把关，而不是全部精力放在最终检验上。它属于一种严格的质量控制手段，其主要内容如下：

第一关：不合格的原辅料不进仓。对原辅料的质量进行控制，设专职人员进行数量和质量上的验收，在查看原辅料数量的同时，要检验其颜色、门幅、色差、色档、纬弯、纬斜、疵点等是否合格，对不合格的原辅料及时同生产厂家及相关业务员联系，并进行退货处理，以确保采用合格的原辅料，把好产品质量第一关。

第二关：不合格的面料不开裁。裁剪车间在领料后，首先要了解面料测试检验记录，根据检验记录上指出的实际问题（色差、色档、疵点、纬弯、纬斜、污迹等）进行排料，如遇到有质量问题的面料应立即停止下面的操作，及时同生产部、业务部联系，以明确职责，这样有利于确保裁片的质量。如在缝制车间发现面料质量问题，裁剪车间应负大部分责任。

第三关：不合格的裁片不发料。裁剪车间设专职检验员，对每一道工序的工作质量进行检验，严格把关，确保以合格的裁片交给缝制车间生产。

第四关：不合格的产品不流入下道工序。品质部需派专人对缝制车间的在制品进行巡回检查，发现问题及时解决，使质量问题消灭在流水线中。并且督促生产班组对所有在制品进行自查、互查、倒查、专查，以预防为主，使质量隐患消灭在萌芽状态。

第五关：不合格的成品不包装。车间检验员对产品按程序进行全面检查，做到不让一件废次品流入包装车间，总检或检验组长要对每个环节检验过的产品进行复查，如发现质量问题必须退回返修，而且需做好记录。

第六关：不合格的产品不出厂。产品包装成箱后，由品质部负责人或派专人对每批产品开箱自检，符合要求的方可报商检或客检，产品出厂前的自查需有书面记录，并且要有明确的结论。

2．次品隔离制度

为避免废次品与合格品、优质品混在一起，影响企业质量信誉，应按以下规定执行次品隔离制度：

（1）检验操作台旁设废次品专用盛器。

（2）经检验发现可以返修的废次品，登记以后退回原生产车间、小组返修，返修后再次检验合格的产品才可列入合格品，并在返修登记一栏中注销。

（3）对不能返修的废品，填写产品报废单通知所在车间、小组重做补上。

（4）对外单位退回的废品处理，由厂检人员跟踪解决，防止流入正品之中。

材料、半成品以及成品在仓库的堆放要求做到"三离、二通、一清"，即物品要离墙、离地、离顶，空气流通、道路畅通，同时还要保持物品清洁。

3．质量与经济挂钩

实行个人操作质量与经济挂钩，班组全额计件与产品质量挂钩，利用经济方法控制工人的操作行为，提高其责任心。

（1）实物质量评分满 100 分，产品无返修，为优制品，其工时价格可以上浮 10% ～ 20%。

（2）实物质量分平均为 95 分以上，返修率低于 2%，为一级品，可以 100% 地领取规定的工时价格。

（3）实物质量评分为 90 ～ 95 分，返修率为 2% ～ 5%，为合格品，其工时价格要下调10% ～ 20%。

（4）实物质量评分在 90 分以下，返修率在 5% 以上，应责令其停止生产，限期改进。

4．实行厂检质量责任制

质量责任制是保证服装质量的一种责任制度，是搞好质量管理的一项重要的基础工作。在厂检质量责任制中，应明确规定企业厂检人员在质量工作上的责任、权限与物质利益，其实质是责、权、利三者的统一，切忌单纯偏重任何一个方面。

（1）熟练掌握产品标准和检验标准，掌握检验设备的使用方法。

（2）负责企业产品质量管理工作，有权对各职能部门、各岗位人员执行质量管理，对各项规定的执行情况进行监督考核。

（3）对进厂物资进行质量监督检验，对生产过程进行控制与全面协调，对出厂产品负全面责任。

（4）协助有关部门进行质量问题的调查与处理。

（5）有权拒绝违反产品标准和检验标准的指令。

（6）有权对检验的物资和产品作出合格与否的结论。

（7）有权对不符合操作规范的行为做出处理。

（8）参与重大技术质量问题的分析与决策。

第三节　服装质量统计与质量分析

一、质量统计

（一）质量统计的重要性

产品的质量是企业各项工作的综合反映，涉及技术问题、管理问题。造成质量问题的原因既有内部原因，也有外部因素。为了确保产品质量，企业必须有一套切实可行的、严格的质量管理体系。质量统计就是质量管理体系中重要的一环。加强质量统计，可以时刻掌握质量脉搏，控制质量动向。

随着质量管理工作的加强，对统计工作也提出了更高的要求，产品质量统计的主要任务，就是反映企业产品水平，分析对比产品质量计划的执行情况和变化趋势，找出影响产品质量的各项因素，为防止产生废次品，采取各项技术措施及时提供准确、必要的数据。

（二）质量统计指标及其方法

反映产品质量的统计指标大致有两类：一类是反映产品本身质量的统计指标，这类指标能说明各种产品的属性及其满足社会生产和人民生产需要的程度，因而能直接反映产品的质量水平；另一类是反映生产工作质量的统计指标。

1．产品平均质量特性指标

产品平均质量特性指标，指产品本身的物理、化学性能，寿命，可靠性或外观等质量特性实际达到的水平。平均质量特性指标是反映产品质量水平最直接、最具体的指标。其计算方法如下：

$$质量平均值 = \frac{被测产品质量值之和}{被测产品数之和}$$

【例 9-1】测试粘合衬剥离强度，求平均值。

按《使用粘合衬服装剥离强力测试方法》（FZ/T 80007.1—2006）行业标准要求，取 15 cm×2.5 cm试样五条进行测试。每个试样经强力试验机拉力测试后分别记录，如图9-15所示，并见表9-2。由于粘合剂粒子有空间或粘合不匀，产生的强度不等，因此要求先作图示，然后再计算剥离强度平均值。

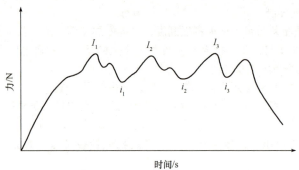

图 9-15　粘合衬剥离强度示意

表 9-2　粘合牢度测试记录表 　　　　　　　　　　　　　　　　　　**N**

峰值代号 试样代号	I_1	I_2	I_3	i_1	i_1	i_3
A	12.8	12.1	13	10	10.6	10.5
B	11.9	11.4	10.9	9.9	10.6	10.1
C	11	10.9	10.8	9.8	9.4	9.3
D	13	12.8	12.9	11.8	11	10.7
E	11	10.5	10.3	9.7	9.4	9.3

取三个最高峰值和三个最低峰值，求其平均值，即

$$\bar{X}_n = \frac{I_1+I_2+I_3+i_1+i_2+i_3}{6}$$

分别做五块试样，求其平均值，即

$$\bar{X} = \frac{\bar{X}_1+\bar{X}_2+\bar{X}_3+\bar{X}_4+\bar{X}_5}{5}$$

平均剥离强度计算结果精确到 0.1，标准规定剥离强度 ≥ 10 N。

数据计算：

A 样

$$\bar{X}_1 = \frac{12.8+12.1+13+10+10.6+10.5}{6} = 11.5 \,(\text{N})$$

B 样

$$\bar{X}_2 = \frac{11.9+11.4+10.9+9.9+10.6+10.1}{6} = 10.8 \,(\text{N})$$

C 样

$$\bar{X}_3 = \frac{11+10.9+10.8+9.8+9.4+9.3}{6} = 10.2 \,(\text{N})$$

D 样

$$\bar{X}_4 = \frac{13+12.8+12.9+11.8+11+10.7}{6} = 12 \text{（N）}$$

E 样

$$\bar{X}_5 = \frac{11+10.5+10.3+9.7+9.4+9.3}{6} = 10 \text{（N）}$$

测五条试样平均剥离强度

$$\bar{X} = \frac{11.5+10.8+10.2+12+10}{5} = 10.9 \text{（N）}$$

经测试证明，此粘合衬剥离强度平均值达到并超过标准规定 10 N 的要求。

2．实物质量指标

在服装行业中实物质量指标包括产品合格率、产品质量返修率、产品调片率、产品检验漏验率等。

二、质量分析

（一）质量成本分析

1．质量成本定义

质量成本是指企业为保证和提高质量而支付的有关费用以及因未达到既定质量水平而造成的一切损失的总和。

对生产、销售等发生的费用支出加以分类汇总，计算生产、销售的成本，这在工业化国家中早已被广泛采用，但对质量方面所发生的费用支出，并没有进行有关成本的计算。到 20 世纪 20 年代，由于质量管理的产生和发展，一些企业相继把成本的概念运用于检验。把产品检验所发生的费用支出加以汇总，计算检验成本，这便是计算质量成本的最初尝试。

2．质量成本项目

要把质量成本的概念付诸实践，首先要制定标准，明确哪些项目属于质量成本的范畴。根据质量成本的含义，其主要有内部故障成本、外部故障成本、鉴定成本、预防成本等几个方面。

（1）内部故障成本。内部故障成本是指企业内部由于产品本身存在的缺陷所造成的损失和为处理缺陷所发生的费用的总和。其具体包括：废品损失；返修费用；复检费用；降级损失；减产损失，即在生产过程中的实际产量低于工序控制后可能达到的产量，其中包括停产，由于计算器具不准确或计数不准而多装产品所造成的损失；处理费用，即为处理不合格品所需的人工、材料及设备的费用；废品分析费用等。

（2）外部故障成本。外部故障成本是指在产品出厂、售出以后由于产品存在的质量问题而产生的一切损失和费用。其具体包括：包修费用；索赔及受理顾客申诉的费用；折价损失，即由于产品质量问题而折价处理所造成的损失；退货损失等。

（3）鉴定成本。鉴定成本指在一次验收合格的情况下，为鉴定产品质量而发生的一切费用。其具体包括：进料检验费，工序检验费，成品检验费，测试、检测手段的维护、校准、鉴定费，质量审核费，特殊检验费等。

（4）预防成本。预防成本指为使故障成本和鉴定成本减少到最低程度而需要的一切费用。其具体包括：质量管理培训费；新产品评审费；质量数据收集与分析费用；工序控制费用，包括工序能力研究所需的费用；推进质量管理的费用（如 QC 成果发表）；质量方面的行政管理费用；质量改进费用等。

（二）质量技术分析

质量技术分析是一项难度较高、专业技术性较强的技术管理活动。从事质量技术分析的人员，既要熟悉本专业生产技术，又要掌握现代的质量管理手段及分析方法。

1. 统计调查表法

统计调查表法又称统计调查分析法，它是利用专门设计的统计表对质量数据进行收集、整理和粗略分析质量状态的一种方法。

在质量控制活动中，利用统计调查表收集数据，简便灵活，便于整理，实用有效。它没有固定格式，可根据需要和具体情况设计出不同的统计调查表。服装企业常用的统计调查表有以下几种。

（1）质量缺陷调查表，见表9-3。

表9-3　质量缺陷调查表

产品名称	男西服	订单号	17/yfw008-rb
款式号	Yf-w008	生产班组	1车间2组
检查方式	全数检验	生产日期	2017年10月8日
缺陷名称	检查记录	缺陷名称	检查记录
商标歪斜 胸部不挺括 门里襟长度不一致 后背不平、起吊 …	9 3 1 4	领面不平服 袋位高低不一致 绱袖不圆顺 袖长不一致 …	6 2 10 5
检验员	孟欣	检验日期	2017年10月9日

（2）不合格项目调查表，见表9-4。

表9-4　不合格项目调查表

产品名称	男西服	订单号	17/yfw008-rb	
款式号	Yf-w008	生产班组	1车间2组	
检查方式	全数检验	生产日期	2017年10月8日	
品名	项目名称			
	商标歪斜	领面不平服	胸部不挺括	绱袖不圆顺
男西服 女西服	9 7	6 4	3 6	10 8
检验员	孟欣	检验日期	2017年10月9日	

（3）不合格原因调查表，见表9-5。

表9-5　不合格原因调查表

产品名称	男西服	订单号	17/yfw008-rb
款式号	Yf-w008	生产班组	1车间2组
项目名称	原　因		
商标歪斜 领面不平服	缝制错位 粘合衬不平		
生产日期	2017年10月8日	检验日期	2017年10月9日

（4）检验质量检查评定用调查表等，见表9-6。

表9-6　员工漏验调查表

产品名称	男西服	订单号		17/yfw008-rb
款式号	Yf-w008	统计员		刘萌
检验员	不合格品 / 件	合格品 / 件		漏验率 /%
1 号	6	130		4.4
2 号	3	90		3.2
3 号	10	90		10
共计	19	310		5.8
检验日期：2017 年 10 月 10 日				

2．分层法

分层法又叫作分类法、分组法，是将调查收集的原始数据，根据不同的目的和要求，按某一性质进行分组、整理的分析方法。分层的结果使数据各层间的差异突出地显示出来，层内的数据差异减少。在此基础上再进行层间、层内的比较分析，可以更深入地发现和认识质量问题的原因。由于产品质量是多方面因素共同作用的结果，因而对同一批数据，可以按不同性质分层，使我们能从不同角度来考虑、分析产品存在的质量问题和影响因素。常用的分层标志如下：

（1）按操作班组或操作者分层。

（2）按使用机械设备型号分层。

（3）按操作方法分层。

（4）按原材料供应单位、供应时间或等级分层。

（5）按生产时间分层。

（6）按检查手段、工作环境等分层。

分层法是质量控制统计分析方法中最基本的一种方法，其他统计方法一般都要与分层法配合使用。

表9-7所示为按照质量缺陷进行分层的男西服质量调查表。

表9-7　男西服质量调查表

序号	质量问题名称	件数
1	绱袖不圆顺	10
2	商标歪斜	9
3	领面不平服	6
4	袖长不一致	5
5	后背不平、起吊	4
6	胸部不挺括	3
7	袋位高低不一致	2
8	门里襟长度不一致	1
合计		40

3．排列图法

排列图又叫作帕累托图或主次因素分析图，是寻找影响质量主次因素的一种有效方法。排列图由两个纵坐标、一个横坐标、几个连起来的直方形和一条曲线组成，如图9-16所示。左侧纵坐标表示频数，右侧纵坐标表示累计频率，横坐标表示影响质量的各个因素或项目，按影响程度大小从左至右排列，直方形的高度表示某个因素影响的大小。实际应用中，通常按累计频率划分为 0 ～ 80%、80% ～ 90%、90% ～ 100% 三部分，与其对应的影响因素分别为 A、B、C 三类。A 类为主要因素，B 类为次要因素，C 类为一般因素。

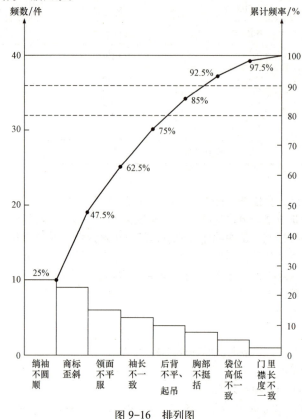

图 9-16　排列图

　　排列图最早是由意大利经济学家帕累托创立的，当他发现少数人占有社会大量财富这一现象时，即推断出所谓的"关键的少数和次要的多数"的关系。其后美国质量管理专家朱兰将其应用到质量管理中，认为影响质量的因素很多，要解决质量问题，必须要抓住"关键的少数"，分清主次，这样才能收到好的效果。

　　（1）排列图的做法。

　　1）决定数据的分类项目。

　　2）收集整理数据。

　　3）画横坐标。将横坐标按项目数等分，并按项目频数由大到小的顺序从左至右排列。

　　4）画纵坐标。左侧的纵坐标表示频数，右侧纵坐标表示累计频率，总频数对应累计频率 100%。

　　5）画频数直方形。以频数为高画出各项目的直方形。

　　6）画累计频率曲线。从横坐标左端点开始，依次连接各项目直方形右边线及所对应的累计频率值的交点，所得的曲线为累计频率曲线。

　　7）记录必要的事项。如标题、收集数据的方法和时间等。

　　（2）排列图的观察与分析。

　　1）观察直方形，大致可看出各项目的影响程度。排列图中的每个直方形都表示一个质量问题或影响因素。影响程度与各直方形的高度成正比。

2）利用 ABC 分类法，确定主次因素。将累计频率曲线按 0～80%、80%～90%、90%～100%分为三部分，各曲线下面所对应的影响因素分别为 A、B、C 三类因素，该例中 A 类即主要因素是绱袖不圆顺、商标歪斜、领面不平服、袖长不一致；B 类即次要因素是后背不平、起吊，胸部不挺括；C 类即一般因素是袋位高低不一致、门里襟长度不一致。综上分析结果，重点解决的问题应是 A 类质量问题。

（3）排列图的应用。排列图可以形象、直观地反映主次因素。其主要应用如下：

1）按不合格点的缺陷形式分类，可以分析出造成质量问题的薄弱环节。

2）按生产作业分类，可以找出生产不合格品最多的关键过程。

3）按生产班组或单位分类，可以分析比较各单位的技术水平和质量管理水平。

4）将采取提高质量措施前后的排列图对比，可以分析措施是否有效。

5）还可以用于成本费用分析、安全问题分析等。

4．因果分析图法

因果分析图法是利用因果分析图来系统整理分析某个质量问题（结果）与其产生原因之间关系的有效工具。因果分析图也称特性要因图，又因其形状常被称为树枝图或鱼刺图。因果分析图的基本形式如图 9-17 所示。由图可见，因果分析图由质量特性（即质量结果指某个质量问题）、要因（产生质量问题的主要原因）、枝干（指一系列箭线表示不同层次的原因）、主干（指较粗的直接指向质量结果的水平箭线）等组成。

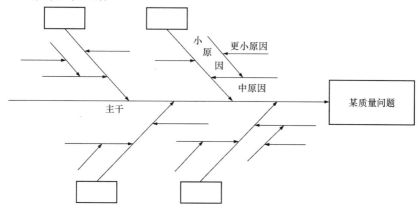

图 9-17　因果分析图的基本形式

（1）因果分析图的绘制。因果分析图的绘制步骤与图中箭头方向恰恰相反，是从"结果"开始将原因逐层分解，具体步骤如下：

1）明确质量问题—结果。作图时首先由左至右画出一条水平主干线，箭头指向矩形框，框内注明研究的问题，即结果。

2）分析确定影响质量特性大方面的原因。一般来说，影响质量的因素有五大方面，即人、机械、材料、方法和环境，另外还可以按产品的生产过程进行分析。

3）将每种大原因进一步分解为中原因、小原因，直到分解的原因可以采取具体措施加以解决为止。

4）检查图中所列原因是否齐全，可以对初步分析结果广泛征求意见，并做必要的补充及修改。

5）选择影响大的关键因素，作出标记"△"，以便重点采取措施。

图 9-18 所示为袖子止口宽窄因果图。

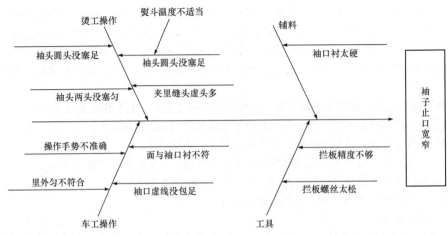

图 9-18　袖子止口宽窄因果图

（2）绘制和使用因果分析图应注意以下问题。

1）集思广益。绘制时要求绘制者熟悉服装制作的方法和技术，调查、了解生产现场实际条件和操作的具体情况。要以各种形式广泛收集现场工人、班组长、质量检查员、技术人员的意见，集思广益，相互启发、相互补充，使因果分析更符合实际。

2）制定对策。绘制因果分析图不是目的，而是要根据图中所反映的主要原因，制定改进的措施和对策，限期解决问题，保证产品质量。

5．直方图法

直方图即频数分布直方图，它是将收集到的质量数据进行分组整理，绘制成频数分布直方图，用以描述质量分布状态，所以又称质量分布图。

通过直方图的观察与分析，可了解产品质量的波动情况，掌握质量特性的分布规律，以便对质量状况进行分析判断。

（1）直方图的绘制方法。

1）收集整理数据。用随机抽样的方法抽取数据，一般要求数据在 50 个以上。例如，某服装厂生产男衬衣，为对领围为 40 cm 的尺寸进行分析，共测量了 100 件相关尺寸的领围，尺寸经整理见表 9-8。

表 9-8　男衬衫领围尺寸表　　　　　　　　　　　　　　　　　　　cm

序号	男衬衫领围尺寸					最大值	最小值
1	39.82	40.02	39.95	40.23	39.78	40.23	39.78
2	39.91	40.12	40.02	39.75	40.03	40.12	39.75
3	39.94	40.49	39.50	40.25	40.04	40.49	39.50
4	39.93	40.08	40.14	39.84	40.27	40.27	39.84
5	40.13	39.95	40.22	40.09	39.67	40.22	39.67
6	40.29	39.72	40.07	40.08	40.00	40.29	39.72
7	40.06	40.17	39.97	39.98	39.74	40.17	39.74
8	39.83	40.35	40.08	40.38	39.88	40.38	39.83
9	39.99	40.18	39.89	39.81	40.08	40.18	39.81
10	40.34	39.96	40.05	40.17	39.83	40.34	39.83

2）计算极差 R。极差 R 是数据中最大值和最小值之差。本例中，极差 $R = 40.49 - 39.50 = 0.99$。

3）对数据分组。对数据分组包括确定组数、组距和组限。

a. 确定组数 K。确定组数的原则是分组的结果能正确地反映数据的分布规律。组数应根据数据多少来确定。组数过少，会掩盖数据的分布规律；组数过多，使数据过于零乱分散，也不能显示出质量分布状况。本例组数 $K = 10$。

b. 确定组距 H。组距是组与组之间的间隔，即一个组的范围。各组距应相等，本例中 $H = R/K = 0.99/10 = 0.099$。

组数、组距的确定应结合极差综合考虑，适当调整，还要注意数值尽量取整，使分组结果能包括全部变量值，同时也便于以后的计算分析。本组调整组距 $H = 0.09$。

c. 确定组限。每组的最大值为上限，最小值为下限，上、下限统称组限。分组结果见表 9-9。

d. 编制数据频数统计表。统计各组频数，可采用唱票形式进行，频数总和应等于全部数据数。见表 9-9。

表 9-9　男衬衫领围尺寸分组表

组号	组界	频数	累计频率 /%
1	39.5 ~ 39.59	1	1
2	39.6 ~ 39.69	1	2
3	39.7 ~ 39.79	4	6
4	39.8 ~ 39.89	7	13
5	39.9 ~ 39.99	9	22
6	40 ~ 40.09	13	35
7	40.1 ~ 40.19	6	41
8	40.2 ~ 40.29	5	46
9	40.3 ~ 40.39	3	49
10	40.4 ~ 40.49	1	50

4）绘制频数分布直方图。在频数分布直方图中，横坐标表示质量特性值，本例中为男衬衫领围尺寸，并标出各组的组限值。根据表 9-9 可绘制出以组距为底、以频数为高的 10 个直方形，便得到男衬衫领围尺寸频数分布直方图，如图 9-19 所示。

（2）直方图的观察与分析。

1）观察直方图的形状，判断质量分布状态。直方图的形状有以下几种：

①正常型直方图：如图 9-20（a）所示，中间高，两侧低，左右接近对称的图形。

②折齿型直方图：如图 9-20（b）所示，是由于分组不当或者组距确定不当出现的直方图。

③左（或右）缓坡型直方图：如图 9-20（c）所示，主要是由于操作中对上限（或下限）控制太严造成的。

④孤岛型直方图：如图 9-20（d）所示，是由于原辅料发生变化，或者他人临时顶班作业造成的。

⑤双峰型直方图：如图 9-20（e）所示，是由于用两种不同方法或两台设备或两组工人进行生产，然后把两方面数据混在一起整理产生的。

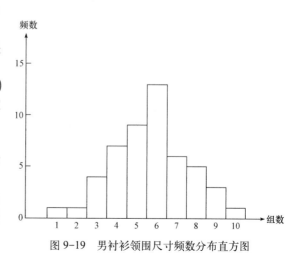

图 9-19　男衬衫领围尺寸频数分布直方图

⑥绝壁型直方图：如图9-20（f）所示，是由于数据收集不正常，可能有意识地去掉下限以下的数据，或是在检测过程中存在某种人为因素所造成的。

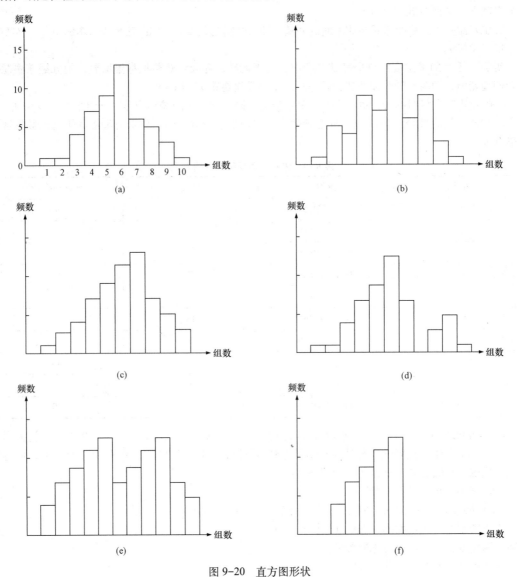

图9-20　直方图形状

（a）正常型直方图；（b）折齿型直方图；（c）左缓坡型直方图；
（d）孤岛型直方图；（e）双峰型直方图；（f）绝壁型直方图

2）直方图与质量标准比较，判断实际生产过程和能力。作出直方图后，除了观察直方图形状、分析质量分布状态外，还要将正常型直方图与质量标准进行比较，从而判断实际生产过程和能力。

6. 控制图法

控制图又称管理图，它是在直角坐标系内设有控制界限，描述生产过程中产品质量波动状态的图形。利用控制图区分质量波动原因，判断生产过程是否处于稳定状态的方法称为控制图法。

（1）控制图的原理。影响生产过程和产品质量的因素，可分为异常性因素和偶然性因素。在生产过程中，如果仅仅存在偶然性因素影响，而不存在系统因素，这时生产过程处于稳定状态，或称为控制状态，其产品质量特性值的波动是有一定规律的，即质量特性值分布服从正态分布。控制图就是利用这个规律来识别生产过程中的异常因素，控制系统性原因造成的质量波动，保证生产过程处于控制状态。控制图的基本形式如图9-21所示。

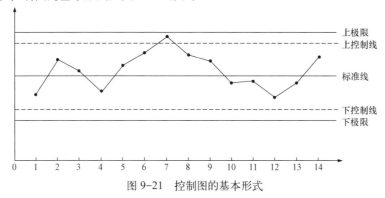

图9-21　控制图的基本形式

（2）控制图的种类。

1）按用途分类。

①分析用控制图，主要用来调查分析生产过程是否处于控制状态。绘制分析用控制图时，一般需连续抽取20～25组样本数据，计算控制界限。

②管理（或控制）用控制图，主要用来控制生产过程，使之经常保持在稳定状态下。当根据分析用控制图判断生产处于稳定状态时，一般都是把分析用控制图的控制界限延长作为管理用控制图的控制界限，并按一定的时间间隔取样、计算、打点，根据点的分布情况，判断生产过程是否有异常因素的影响。

2）按质量数据特点分类。

①计量值控制图，适用于计量值数据的控制。计量值数据是可以连续取值的数据，属于连续型变量。其特点是在任意两个数值之间都可以取精度较高一级的数值。它通常由测量得到，如重量、强度、规格尺寸、缩水率、耐热度、色牢度等。此外，一些属于定性的质量特性，可由专家主观评分、划分等级而使之数量化，得到的数据也属于计量值数据。

②计数值控制图，适用于计数值数据的控制。计数值数据是只能按0，1，2，……数列取值计数的数据，属于离散型变量，一般由计数得到。通常用于控制质量数据中的不合格品数、疵点数、不合格品率、单位面积上的疵点数等离散型变量。

（3）控制图的应用。控制图是用样本数据来分析、判断生产过程是否处于稳定状态的有效工具。它的应用主要有两个：

①过程分析，即分析生产过程是否稳定。为此，应随机连续收集数据，绘制控制图，观察数据点分布情况，并判定生产过程状态。

②过程控制，即控制生产过程质量状态。为此，要定时抽样取得数据，将其变为点描在图上，发现并及时消除生产过程中的失调现象，预防不合格品的产生。

排列图、直方图法是质量控制的静态分析法，反映的是质量在某一时间段的静止状态。然而产品都是在动态的生产过程中形成的，因此，在质量控制中单用静态分析法显然是不够的，还必须有动态分析法。只有运用动态分析法，才能随时了解生产过程中质量的变化情况，及时采取措施，使生产处于稳定状态，起到预防出现废次品的作用。

（4）控制图的绘制方法。无论是计量值控制图还是计数值控制图，其绘制方法基本一致。

1）要选定被控制的质量特性，即明确控制对象。要控制的质量特性应是影响质量的关键特性，且必须是可测量、技术上可控制的。

2）收集数据并分组。收集数据应采取随机抽样。

3）确定中心线和控制界限。中心线是控制对象的平均值，以中心线为基准向上、向下各量 3 倍被控制对象的标准偏差，即为上、下控制界限。

4）描点分析。

（5）控制图的观察与分析。绘制控制图的目的是分析、判断生产过程是否处于稳定状态。这主要是通过对控制图上点的分布情况的观察与分析进行的。因为控制图上点作为随机抽样的样本，可以反映出生产过程（总体）的质量分布状态。

若控制图同时满足以下两个条件：一是点几乎全部落在控制界限之内；二是控制界限内的点排列没有缺陷，我们就可以认为生产过程基本上处于稳定状态。如果点的分布不满足其中任何一条，就应判断生产过程为异常。

7．相关图法

相关图又称散布图，其在质量控制中是用来显示两种质量数据之间关系的一种图形。质量数据之间的关系多属相关关系。一般有三种类型：一是质量特性和影响因素之间的关系；二是质量特性和质量特性之间的关系；三是影响因素和影响因素之间的关系。

我们可以用 Y 和 X 分别表示质量特性值和影响因素，通过绘制散布图、计算相关系数等，分析研究两个变量之间是否存在相关关系，以及这种关系密切程度如何；对相关程度密切的两个变量，通过对其中一个变量的观察控制，去估计控制另一个变量的数值，以达到保证产品质量的目的。这种统计分析方法，称为相关图法。

（1）相关图的绘制方法。

1）收集数据。要成对地收集两种质量数据，数据不得过少。

2）绘制相关图。在直角坐标系中，一般 X 轴用来代表原因的量或较易控制的量，Y 轴用来代表结果的量或不易控制的量，然后将数据在相应的坐标位置上描点，便得到散布图。

（2）相关图的观察与分析。相关图中的点集合反映了两种数据之间的散布状况，根据散布状况我们可以分析两个变量之间的关系。归纳起来，相关有六种类型，如图 9-22 所示。

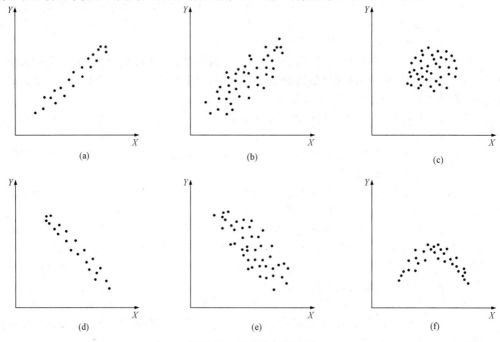

图 9-22　相关的六种类型

（a）正相关；（b）弱正相关；（c）不相关；（d）负相关；（e）弱负相关；（f）非线性相关

第四节　服装质量检验

一、质量检验的概念

质量检验就是对产品的一项或多项质量特性进行观察、测量、试验，并将结果与规定的质量要求进行比较，以判断每项质量特性合格与否的一种活动。

质量检验是产品质量保证的主要手段，是质量管理所不可缺少的一项工作，它要求企业必须具备三个方面的条件，即足够数量的合乎要求的检验人员、可靠而完善的检测手段、明确而清楚的检验标准。

二、质量检验的职能

质量检验的基本职能可以概括为以下三个方面：

1. 把关职能

根据技术标准和规范要求，对原辅料、在制品、半成品、产成品和设备等进行多层次的检验和实验，以免将不合格品投入生产或转入下道工序或出厂，从而保证服装质量，起到把关的作用。只有通过检验，实行严格把关，做到不合格的原料不投产，不合格的半成品不转序，不合格成品不出厂，才能保证产品质量。

2. 预防职能

通过对生产各个环节的质量检验，及时发现问题，及时采取措施并加以纠正，防止或减少不合格产品的产生，使各道工序处于稳定的生产状态。

3. 报告职能

报告职能即信息反馈职能，是通过对质量检验获取的原始数据的记录、分析与掌握，评价产品的实际质量水平，以报告的形式反馈给管理决策部门和有关管理部门，以便作出正确的判断和采取有效的决策措施。报告职能为培养质量意识、改进设计、加强管理、提高质量提供必要的信息。

质量检验的把关、预防和报告职能是不可分割的统一体，只有充分发挥质量检验这三方面的作用，才能有效地保证产品质量。

三、质量检验的前期工作

为使质量检验能真正达到预期目的，服装企业的检验部门必须提前做好以下工作。

1. 明确检验内容

在进行质量检验前，首先要了解企业的质量目标；其次要将检验项目明确化，并确保所选的质量特性能够检验。

2. 决定检验的方法

不同产品、不同部位、不同订货方所采取的检验方法是不同的，检验前应明确所要采取的检验方法，并和订货方保持一致。

3. 确定质量指标

质量指标主要指实物质量指标，包括以下内容：

（1）质量等级。按质量评分的高低，将产品划分为优质、一类、二类、三类等级别，见表9-10。

表 9-10　产品质量检查评比划类标准

项目	质量等级			
	优质	一类	二类	三类
主要毛病 / 个	无	≤ 2	≤ 4	≥ 5
次要毛病 / 个	≤ 10	≤ 25	≤ 50	≥ 51
质量评分 / 分	≥ 98	≥ 92.8	≥ 85.6	≤ 85.6

（2）产品合格率指标。产品合格率指在全部送检产品中，经过检验确定合格品数量占检验产品（合格品、次品、废品）数量的比率。

$$产品合格率 = \frac{合格品数量}{合格品数量 + 次品数量 + 废品数量} \times 100\%$$

（3）等级率指标。等级率指某等级的产品在合格品中所占的比例。

$$等级率 = \frac{某等级产品数}{合格品数} \times 100\%$$

（4）返修率指标。返修是经过检验不合格，但可以返工修整的产品。

$$返修率 = \frac{返修品数量}{全部送检数量} \times 100\%$$

重复返修的产品，在统计返修品数量时有两种不同的方法：一是重复返修一次，在返修率的分子、分母中都要计算一次；二是以产品为计算单位，不论返修次数多少，只作为一次。

（5）调片率指标。在服装生产过程中，调片有两种情况：一种是在裁剪好的衣片上发现由于原料本身的毛病，如织疵、色差、破损等需要调片的，称为原料织疵调片；另一种是由于工作疏忽或技术原因，造成裁坏、缝坏、烫坏、轧坏、玷污等需要调片的，称为人为事故调片。

调片的计算方法有两种。一种是按损失原料来计算，其计算公式为

$$调片率 = \frac{调片耗用原料数}{正常耗用原料数} \times 100\%$$

另一种是将调片的大片数折算成件数来计算。一般上衣以五大片（两前片、一后片、两袖片）折算成一件，裤子以四片折算成一件。其计算公式为

$$调片率 = \frac{（折算后的）调片（件、条）数}{生产总（件、条）数} \times 100\%$$

（6）漏验率。生产过程中造成的不合格品，前道检验应查出而未查出，漏过检验关口，后来由质量监督部门在抽查时发现，称为漏验。其计算公式为

$$漏验率 = \frac{被查出的不合格品数}{抽查已检验过的产品数} \times 100\%$$

漏验率主要是考察检验员的工作质量，也可以根据企业主管部门规定计算。

四、质量检验的方式

质量检验的方式可以按照不同的分类方法进行分类。

（一）按检验数量划分

1. 全数检验

全数检验指对一批所有产品进行检验。这种方式能够提供较全面的质量信息，一般来说比较可

靠。如果希望检查得到 100% 的合格品，唯一可行的办法就是进行全数检验。但检验时，质检员应该负起高度的责任，防止漏检和错检。

（1）全数检验的特点。

1）对一批产品全数把关，防止不合格产品进入下道工序或出厂，检验的可靠性高。

2）检验的工作量大，周期长，检验成本高。

3）所需检验人员和检验设备较多。

4）漏检率和错检率较高。检验人员长期重复检验的疲劳、工作枯燥、检验人员技术检验水平的限制、检验工具的磨损，均可能导致较大的漏检率和错检率。据国外统计，这种漏检率和错检率有时可能会达到 10%～15%。

5）全检不适合破坏性的检验项目。

（2）全数检验的适用范围。

1）精度要求高的产品和零部件，如高档西装的检验。

2）对下道或后续工序影响较大的关键工序，如裁剪排料、绱领、绱袖等工序。

3）手工操作比重大、质量不稳定的工序或产品。

4）批量不大、质量方面无可靠保证的产品（包括零部件）或工序。

5）对人体造成致命伤害的产品，如服装成品的验针。

6）检验容易进行、费用较低的产品。

2. 抽样检验

抽样检验是指根据数理统计原理所预先制定的抽样方案，从交验的一批产品中，随机抽取部分样品进行检验，根据检验结果，按照规定的判断准则判定整批产品是否合格。

（1）抽样检验的特点。

1）减少检验工作量和检验费用，缩短检验周期，减少检验人员和设备。

2）检验属于破坏性检验时，只能采取抽样检验的方式。

3）具有一定的错判风险。运用数理统计理论，在一定程度上减少了风险，提高了可靠性，但只要使用抽检方式，这种风险就不可能绝对避免。

（2）抽样检验的适用范围。

1）生产批量大、自动化程度高、质量比较稳定的产品或工序。

2）破坏性检验，如材料的拉伸试验、疲劳试验等项目，不破坏产品就不能测定。

3）数量多、检验时间长的产品和工序，如内衣、袜子等小件产品。

4）连续体的检验，如胶片、卷材等不能全部开卷检验的产品。

5）客户收货、国家或行业相关职能部门对产品质量的监督检验。

（二）按质量特性值划分

1. 计数检验

在抽取的产品中，只记录有某种属性或有缺陷的个体数目，不记录检测后的具体测量数值。对于质量特性本身很难用数值表示的内容采用计数检验的方式，如产品外形是否美观等只能通过感官判断；还有一类质量特点，如产品的尺寸等，虽然可以用数值表示，也可以进行测量，但在大批量生产中，为了提高效率、节约人力和费用，常常只用"过端"和"不过端"的卡规检查是否在上下公差范围以内，也就是只区分合格与不合格品，而不测量实际尺寸的大小。

2. 计量检验

计量检验就是测量和记录质量特性的数值，并根据数值与标准对比判断是否合格。这种检验在工业生产中大量而广泛地应用。

（三）按检验性质划分

1. 理化检验

理化检验是借助物理、化学的方法，使用某种测量工具或仪器设备，如皮尺、显微镜、各种测量仪器等所进行的检验。理化检验的特点通常是能够得到具体的数值，人为误差小，属于定量检验。

2. 官能检验

官能检验是靠人的感觉器官对产品的质量进行评价和判断。如材料的耐热度检验，除检验材料受热理化性能的变化外，还要用眼睛观察其变黄、变色等色泽变化和发硬、熔化、皱缩等手感变化。官能检验属于定性检验。

（四）按检验地点划分

1. 固定检验

固定检验是在生产车间内设立固定的检验站，如班组检验台、车间检验台、成品检验台等，其特点如下：

（1）适用于某些不便于搬动或精密的仪器，有利于建立较好的工作环境，有利于检验工具或设备的使用和管理。

（2）从心理学的观点看，容易造成检验人员与生产工人之间的对立情绪，生产工人会把产品送去检验看作"过关"。

（3）固定检验站内容易造成待检和完检部件或成品存放的混乱，从而占用较大的空间。

2. 流动检验

流动检验是由检验人员到工作地进行检查，其特点如下：

（1）有利于搞好检验人员与生产工人之间的关系。因为检验人员到工作地检查，如果态度好，并指出工作操作中的问题，减少不合格品的产生，生产工人体会到检验人员不只是检查自己的工作，也是在为自己服务，体现了合作关系，并减少了由于出现废品而给自己造成的经济损失。

（2）起到预防作用，检验人员按加工时间顺序到工作地检查，可及时发现生产过程中的变化，预防成批废品的出现。

（3）减少被检部件的搬运和送取，防止磕碰、划伤等损坏现象的发生，节省运输时间。

（4）节省操作者在检验站的排队待检时间，提高了生产效率。

（五）按检验时间划分

1. 进货检验

进货检验是指企业购进的原料、外购配套件和外协件入厂时的检验。为了确保外购物料的质量，入厂时的验收检验应配备专门的质检人员，按照规定的检验内容、检验方法及检验数量进行严格认真的检验。

凡是原料、外购件、外协件进厂时必须有合格证或其他合法证明书，否则不予验收。

2. 工序检验

工序检验是指为防止不合格品流入下道工序，而对各道工序加工的产品及影响产品质量的主要工序要素所进行的检验。其作用是根据检测结果对产品作出判定，即产品质量是否符合规格标准的要求；根据检测结果对工序作出判定，即工序要素是否处于正常的稳定状态，从而决定该工序是否能继续进行生产。工序检验通常有两种形式：

（1）首件检验。首件检验是对生产线上生产出的第一件产品进行检验。通过首件检验，可以及时发现生产条件是否处于正常状态，如工艺设备是否调整良好，操作人员对工艺要求是否完全了解、对加工方法是否完全掌握。

（2）巡回检验。巡回检验是指由检验人员随机地检查某工序制作的半成品。检验时间可以是随机的，也可以是每隔一定时间检验一次。通过巡回检验，检验员可以随时关注车间的生产情况，保证及时发现并解决问题。但不合格品也可能在未检验的时段通过。

3. 完工检验

完工检验又称最终检验，是指在某一加工车间全部工序结束后，对其生产的半成品或成品的检验。完工检验在服装生产中是必不可少的检验方法，它是确保"不合格产品不出厂"的必要措施。

（六）按检验人员划分

1. 专职检验

由具有一定经验的专业人员对产品进行质量检验。

2. 自检

由生产线上的工人对自己所生产的产品进行自我初检。自检可以及时发现问题，及时返修，并能及时在随后的生产中加以改进。

3. 互检

由生产线上各个工人之间相互进行检验。互检便于相互督促、相互交流。互检通常有以下三种形式：

（1）下道工序对上道工序的在制品进行检验。

（2）同工序、同班组工人相互检验。

（3）班组长或兼职质量检验员对本组产品进行检验。

五、服装质量检查的标准

服装产品的检验标准主要有国际标准、国家标准、行业标准、企业标准。服装产品的检验标准主要将服装产品的外观质量和理化性能技术指标这两个方面作为产品的检验依据。

1. 外观质量

外观质量包括成品的规格、缸差、色差、外观疵点、缝制要求等内容。达不到验收检验标准则视为大货不合格，需进行拒收、翻工、担保出货、打折扣等处理。一般以检验者的目视检验为主要检验结果并作为评定依据。

2. 内在质量

内在质量主要是指面、辅料测试是否符合国家强制性安全指标，如甲醛含量、pH 值、耐水色牢度、耐汗渍色牢度、耐干摩擦色牢度、异味等。不按标准生产将视为不合格。主要以委托第三方实验室或客户指定实验室检验结果为评定依据。服装成品上的洗涤标、主标、使用说明书、标签、吊牌等要规范，须注意以下几点：

（1）产品的组成部分描述要准确。

（2）洗涤标、主标等标签、标志内容应当符合国家有关法律法规。

（3）使用说明书内容简明准确、通俗易懂、科学规范。

（4）如实介绍产品，无夸大虚假内容。

六、服装成品检验的内容

以《西服、大衣》（GB/T 2665—2017）标准为例，说明服装成品检验的主要内容。

1. 号型规格检验

（1）号型设置按《服装号型 女子》（GB/ 和 1335.2—2008）和《服装号型 儿童》（GB/T 1335.3—2009）的规定选用。

（2）成品主要部位规格按《服装号型 女子》（GB/T 1335.2—2008）、《服装号型 儿童》（GB/T 1335.3—2009）和《毛呢套装规格》（GB/T 14304—2008）有关规定自行设计。

2. 原材料检验

（1）面料：按国家有关纺织面料标准选用符合本标准质量要求的面料。

（2）里料：采用与面料性能、色泽相适应的里料，特殊设计除外。

（3）辅料。

1）衬布、垫肩、装饰花边、袋布：采用与所用面料、里料的性能相适宜的衬布、垫肩、装饰花边、袋布，其质量应符合本标准相关规定。

2）缝线、绳带、松紧带：采用与所用面料、里料、辅料的性能相适宜的缝线、绳带、松紧带（装饰线、装饰带除外）。

3）纽扣、拉链及其他附件：采用适合所用面料的纽扣（装饰扣除外）、拉链及其他附件。纽扣、装饰扣、拉链及其他附件应表面光洁、无毛刺、无缺损、无残疵、无可触及锐利尖端和锐利边缘。拉链啮合良好、顺滑流畅。

3. 经纬纱向检验

（1）前身：经纱以领口宽线为准，不允许歪斜；底边不倒翘。

（2）后身：经纱以腰节下背中线为准，西服歪斜不大于 0.5 cm，大衣歪斜不大于 1.0 cm；色织条格料不允许歪斜。

（3）袖子：经纱以前袖缝为准，大袖片歪斜不大于 1.0 cm，小袖片歪斜不大于 1.5 cm（特殊工艺除外）。

（4）领面：纬纱歪斜不大于 0.5 cm，色织条格料不允许歪斜。

（5）袋盖：与大身纱向一致，斜料左右对称。

（6）挂面：经纱以止口直线为准，不允许歪斜。

4. 对条对格检验

（1）面料有明显条、格，宽度在 1.0 cm 及以上的规定见表 9-11。

（2）条格花型歪斜程度不大于 2%（特殊设计除外）。

（3）倒顺毛、阴阳格原料，全身顺向一致。

表 9-11　对条对格规定

部　位	对 条 对 格 规 定
左右前身	条料对条，格料对横，互差不大于 0.3 cm，左右对称
手巾袋与前身	条料对条，格料对格，互差不大于 0.2 cm
大袋与前身	条料对条，格料对格，互差不大于 0.3 cm
袖与前身	袖肘线以上与前身格料对横，两袖互差不大于 0.5 cm
袖缝	袖肘线以上，后袖缝格料对横，互差不大于 0.3 cm
背缝	以上部为准，条料对称，格料对横，互差不大于 0.2 cm，左右对称
背缝与后领面	条料对条，互差不大于 0.2 cm
领子、驳头	条格料左右对称，互差不大于 0.2 cm
摆缝	袖窿以下 10 cm 处，格料对横，互差不大于 0.3 cm
袖子	条格顺直，以袖山为准，两袖互差不大于 0.5 cm

注：1. 有颜色循环的条、格按循环对条对格。
　　2. 特别设计除外

5. 拼接检验

大衣挂面允许两接一拼，避开扣眼位，在驳头上点下一至二档扣眼之间拼接。西服、大衣耳朵皮允许两接一拼，其他部位不允许拼接。特殊设计除外。

6. 色差检验

袖缝、摆缝色差不低于4级，其他表面部位高于4级。衬布影响造成的色差不低于4级（特殊设计除外）。套装中上装与下装的色差不低于4级。目前，服装企业对面料色差检测指标见表9-12。

表 9-12　服装企业对面料色差检测指标

检测指标	常规指标要求
耐光色牢度（级）	≥4级
耐洗色牢度（级）	变色≥3～4级，沾色≥3～4级
耐干洗色牢度（级）	变色≥3～4级，沾色≥3～4级
耐汗渍色牢度（级）	变色≥3～4级，沾色≥3～4级
耐摩擦色牢度（级）	干摩≥4级，湿摩≥3级
耐溶剂变色（级）	≥4级
耐烟熏色牢度（级）	≥4级
光照（级）	≥3～4级

7. 外观疵点检验

成品各部位疵点允许存在程度的规定见表9-13。成品各部位划分如图9-23所示。

表 9-13　疵点规定

疵点名称	各部位疵点允许存在程度		
	1号部位	2号部位	3号部位
纱疵	不允许	轻微，总长度1.0 cm或总面积3 cm² 以下；明显不允许	轻微，总长度1.5 cm或总面积1.5 cm² 以下；明显不允许
毛粒	1个	3个	5个
条印、折痕	不允许	轻微，总长度1.5 cm或总面积1 cm² 以下；明显不允许	轻微，总长度2.0 cm或总面积5 cm² 以下；明显不允许
斑疵 （油污、锈斑、色斑、水渍等）	不允许	轻微，总面积不大于0.3 cm²；明显不允许	轻微，总面积不大于0.5 cm²；明显不允许
破洞、磨损、蛛网	不允许	不允许	不允许
注：轻微疵点指直观上不明显，通过仔细辨识才可看到的疵点；明显疵点指不影响总体效果，但能明显感觉到疵点的存在			

图 9-23　女西服、大衣成品各部位划分

8．缝制检验

（1）针距密度的规定见表 9-14，特殊设计除外。

表 9-14　针距密度的规定

项　目		针距密度	备　注
明暗线		不少于 11 针 /3 cm	—
包缝线		不少于 11 针 /3 cm	—
手工针		不少于 7 针 /3 cm	肩缝、袖窿、领子不低于 9 针 /3 cm
手拱止口 / 机拱止口		不少于 5 针 /3 cm	—
三角针		不少于 5 针 /3 cm	以单面计算
锁眼	细线	不少于 12 针 /1 cm	—
	粗线	不少于 9 针 /1 cm	—

注：细线指 20 tex 及以下缝纫线，粗线指 20 tex 以上缝纫线

（2）各部位缝制线路顺直、整齐、牢固。主要表面部位缝制皱缩按男西裤外观起皱样照规定，不低于4级。

（3）缝份宽度不小于0.8 cm（开袋、领止口、门襟止口缝份等除外）。滚条、压条需平服，宽窄一致。起针落针处应有回针。

（4）上下线松紧适宜，无跳线、断线、脱线、连根线头。底线不得外露。

（5）领面平服，松紧适宜，领窝圆顺，左右领尖不翘。驳头串口、驳口顺直，左右驳头宽窄、领嘴大小对称，领翘适宜。

（6）绱袖圆顺，吃势均匀，两袖前后、长短一致。

（7）前身胸部挺括、对称，面、里、衬服帖，省道顺直。

（8）左右袋及袋盖高低、前后对称，袋盖与袋口宽相适应，袋盖与大身的花纹一致（若使用斜料，则应左右对称）。袋布及其垫料应采取折光边或包缝等工艺，以保证边缘纱线不滑脱。袋口两端牢固，可采用套结机或平缝机（暗线）回针。

（9）后背平服。肩部平服，表面没有褶，肩缝顺直，左右对称。

（10）袖窿、袖缝、底边、袖口、挂面里口、大衣摆缝等部位叠针牢固。

（11）锁眼定位准确，大小适宜，扣与眼对位，整齐牢固。纽脚高低适宜，线结不外露。

（12）商标和耐久性标签位置端正、平服。

（13）各部位明线和链式线迹不允许跳针，明线不允许接线，其他缝纫线迹30 cm内不得有一处以上单跳针或连续跳针。

9．成品主要部位规格极限偏差检验

女西服、大衣成品主要部位规格极限偏差的规定见表9-15。

表 9-15　女西服、大衣成品主要部位规格极限偏差的规定

部 位 名 称		允 许 偏 差
衣长	西服	±1.0
	大衣	±1.5
胸围		±2.0
领大		±0.6
总肩宽		±0.6
袖长	圆袖	±0.7
	连肩袖	±1.2

10．整烫外观检验

（1）各部位熨烫平服、整洁，无烫黄、水渍、亮光。

（2）覆粘合衬部位不允许有脱胶、渗胶及起皱，各部位表面不允许有沾胶。

11．理化性能检验

理化性能检验的规定见表9-16。

表 9-16　理化性能检验的规定

项 目	分 等 要 求		
	优 等 品	一 等 品	合 格 品
纤维含量	符合《纺织品纤维含量的标识》（GB/T 29862—2013）的规定		
甲醛含量 /（mg·kg^{-1}）	符合《国家纺织产品基本安全技术规范》（GB 18401—2010）的规定		
pH值			
可分解致癌芳香胺染料 /（mg·kg^{-1}）			
异味			

续表

项　目			分 等 要 求		
			优 等 品	一 等 品	合 格 品
尺寸变化率 /%	水洗①	胸围	−1.0 ～ +1.0		
		衣长	−1.5 ～ +1.5		
	干洗①	胸围	−0.8 ～ +0.8		
		衣长	−1.0 ～ +1.0		
面料色牢度 / 级 ≥	耐皂洗①	变色	4	3 ～ 4	3 ～ 4
		沾色	4	3 ～ 4	3
	耐干洗①	变色	4 ～ 5	4	3 ～ 4
		沾色	4 ～ 5	4	3 ～ 4
	耐　水	变色	4	4	3 ～ 4
		沾色	4	3 ～ 4	3
	耐汗渍（酸、碱）	变色	4	3 ～ 4	3
		沾色	4	3 ～ 4	3
	耐摩擦	干摩擦	4	3 ～ 4	3
		湿摩擦	3 ～ 4	3	2 ～ 3
	耐　光	浅色	4	3	3
		深色	4	4	3
里料色牢度 / 级 ≥	耐皂洗①	沾色	4	3 ～ 4	3
	耐干洗①	沾色	4	4	3 ～ 4
	耐　水	变色	4	3 ～ 4	3
		沾色	4	3 ～ 4	3
	耐汗渍（酸、碱）	变色	3 ～ 4	3	3
		沾色	3 ～ 4	3	3
	耐干摩擦		4	3 ～ 4	3 ～ 4
装饰件和绣花色牢度 / 级 ≥	耐皂洗①	沾色	3 ～ 4		
	耐干洗①	沾色	3 ～ 4		
覆粘合衬部位剥离强力② /N ≥			6		
面料起毛起球 / 级 ≥		精梳（绒面）	3 ～ 4	3	3
		精梳（光面）	4	3 ～ 4	3 ～ 4
		粗梳	3 ～ 4	3	3
接缝性能③		精梳面料	缝子纰裂程度 ≤ 0.6 cm		
		粗梳面料	缝子纰裂程度 ≤ 0.7 cm		
		里料	缝子纰裂程度 ≤ 0.6 cm		
面料撕破强力 /N ≥			≥ 10		

项　目		分　等　要　求		
		优 等 品	一 等 品	合 格 品
洗涤后外观①	干洗后起皱级差 / 级	≥ 4	≥ 4	≥ 3
	其他	样品经洗涤（包括水洗、干洗）后应符合《服装理化性能的技术要求》（GB/T 21295—2014）表 13 中外观质量规定		

注：按《染料染色标准深度色卡 2/1、1/3、1/6、1/12、1/25》（GB/T 4841.3—2006）规定，颜色深于 1/12 染料染色标准深度为深色，颜色不深于 1/12 染料染色标准深度为浅色。

① 水洗尺寸变化率、耐皂洗色牢度、耐湿摩擦色牢度和水洗后外观不考核使用说明注明不可水洗产品；干洗尺寸变化率、耐干洗色牢度和干洗后外观不考核使用说明注明不可干洗产品。

② 仅考核领子和大身部位。粗梳面料产品不考核。非织造布粘合衬如在剥离强力试验中无法剥离，则不考核此项目。

③ 袖笼缝不考核里料。纰裂试验结果出现纱线滑脱、织物撕破或缝线断裂现象判定接缝性能不符合要求

七、服装质量判定

（一）西服质量判定

1. 抽样规定

外观检验抽样数量按产品批量：500 件（含 500 件）以下抽验 10 件，500 ～ 1 000 件（含 1 000 件）抽验 20 件，1 000 件以上抽验 30 件。

2. 单件判定

优等品：严重缺陷数 =0　　　　　重缺陷数 =0　　　　　轻缺陷数 ≤ 4

一等品：严重缺陷数 =0　　　　　重缺陷数 =0　　　　　轻缺陷数 ≤ 7

　　或　严重缺陷数 =0　　　　　重缺陷数 ≤ 1　　　　　轻缺陷数 ≤ 3

合格品：严重缺陷数 =0　　　　　重缺陷数 =0　　　　　轻缺陷数 ≤ 10

　　或　严重缺陷数 =0　　　　　重缺陷数 ≤ 1　　　　　轻缺陷数 ≤ 6

　　或　严重缺陷数 =0　　　　　重缺陷数 ≤ 2　　　　　轻缺陷数 ≤ 2

3. 批量判定

优等品批：外观样本中的优等品数 ≥ 90％，一等品、合格品数 ≤ 10％。理化性能测试达到优等品指标要求。

一等品批：外观样本中的一等品以上的产品数 ≥ 90％，合格品数 ≤ 10％（不含不合格品）。理化性能测试达到一等品指标要求。

合格品批：外观样本中的合格品以上产品数 ≥ 90％，不合格品数 ≤ 10％（不含严重缺陷不合格品）。理化性能测试达到合格品指标要求。

当外观缝制质量判定与理化性能判定不一致时，执行低等级判定。

当抽验中各外观批量判定数符合标准规定时，为判定合格的等级品批出厂。

当抽验中各外观批量判定数不符合标准规定时，应进行第二次抽验。抽验数量增加一倍，如仍不符合标准规定，应全部整修或降等级。

（二）西裤质量判定

1. 抽样规定

外观检验抽样数量按产品批量：500 条（含 500 条）以下抽验 10 条，500 ～ 1 000 条（含 1 000 条）

抽验 20 条，1 000 条以上抽验 30 条。

2．单条判定

优等品：严重缺陷数 =0	重缺陷数 =0	轻缺陷数 ≤ 4
一等品：严重缺陷数 =0	重缺陷数 =0	轻缺陷数 ≤ 7
或　严重缺陷数 =0	重缺陷数 ≤ 1	轻缺陷数 ≤ 3
合格品：严重缺陷数 =0	重缺陷数 =0	轻缺陷数 ≤ 10
或　严重缺陷数 =0	重缺陷数 ≤ 1	轻缺陷数 ≤ 6
或　严重缺陷数 =0	重缺陷数 ≤ 2	轻缺陷数 ≤ 2

3．批量判定

优等品批：外观样本中的优等品数 ≥ 90%，一等品、合格品数 ≤ 10%。理化性能测试达到优等品指标要求。

一等品批：外观样本中的一等品以上的产品数 ≥ 90%，合格品数 ≤ 10%（不含不合格品）。理化性能测试达到一等品指标要求。

合格品批：外观样本中的合格品以上产品数 ≥ 90%，不合格品数 ≤ 10%（不含严重缺陷不合格品）。理化性能测试达到合格品指标要求。

当外观缝制质量判定与理化性能判定不一致时，执行低等级判定。

当抽验中各外观批量判定数符合标准规定时，为判定合格的等级品批出厂。

当抽验中各外观批量判定数不符合标准规定时，应进行第二次抽验。抽验数量增加一倍，如仍不符合标准规定，应全部整修或降等级。

（三）衬衫质量判定

1．抽样规定

外观检验抽样数量按产品批量：500 件（含 500 件）以下抽验 10 件，500 ～ 1 000 件（含 1 000 件）抽验 20 件，1 000 件以上抽验 30 件。

2．单件判定

优等品：严重缺陷数 =0	重缺陷数 =0	轻缺陷数 ≤ 3
一等品：严重缺陷数 =0	重缺陷数 =0	轻缺陷数 ≤ 5
合格品：严重缺陷数 =0	重缺陷数 ≤ 1	轻缺陷数 ≤ 4

3．批量判定

优等品批：样本中的优等品数 ≥ 90%，一等品、合格品数 ≤ 10%。

一等品批：样本中的一等品以上的产品数 ≥ 90%，合格品数 ≤ 10%（不含不合格品）。

合格品批：样本中的合格品以上产品数 ≥ 90%，不合格品数 ≤ 10%（不含严重缺陷不合格品）。

抽验中各外观批量判定数不符合标准规定时，应进行第二次抽验。抽验数量增加一倍，如仍不符合标准规定，应全部整修或降等级。

（四）夹克质量判定

1．抽样规定

外观检验抽样数量按产品批量：500 件（含 500 件）以下抽验 10 件，500 ～ 1 000 件（含 1 000 件）抽验 20 件，1 000 件以上抽验 30 件。

2．单件判定

优等品：严重缺陷数 =0	重缺陷数 =0	轻缺陷数 ≤ 4
一等品：严重缺陷数 =0	重缺陷数 =0	轻缺陷数 ≤ 7
或　严重缺陷数 =0	重缺陷数 ≤ 1	轻缺陷数 ≤ 3

合格品：严重缺陷数 =0　　　　重缺陷数 =0　　　　轻缺陷数 ≤ 8

　或　严重缺陷数 =0　　　　重缺陷数 ≤ 1　　　　轻缺陷数 ≤ 6

　或　严重缺陷数 =0　　　　重缺陷数 ≤ 2　　　　轻缺陷数 ≤ 2

3．批量判定

理化性能有一项或一项以上不合格，即为该抽验批不合格。

优等品批：外观样本中的优等品数 ≥ 90％，一等品、合格品数 ≤ 10％。理化性能测试达到优等品指标要求。

一等品批：外观样本中的一等品以上的产品数 ≥ 90％，合格品数 ≤ 10％（不含不合格品）。理化性能测试达到一等品指标要求。

合格品批：外观样本中的合格品以上产品数 ≥ 90％，不合格品数 ≤ 10％（不含严重缺陷不合格品）。理化性能测试达到合格品指标要求。

当外观缝制质量判定与理化性能判定不一致时，执行低等级判定。

当抽验中各外观批量判定数符合标准规定时，为判定合格的等级品批出厂。

当抽验中各外观批量判定数不符合标准规定时，应进行第二次抽验。抽验数量增加一倍，如仍不符合标准规定，应全部整修或降等级。

八、成衣等级确定

1．等级划分原则

成品等级划分以缺陷是否存在及其轻重程度为依据。所谓缺陷是由于单件产品不符合标准所规定的技术要求而构成的，按照产品不符合标准和对产品的使用性能、外观的影响程度，缺陷可分为以下三类：

（1）严重缺陷。严重降低产品的使用性能，且严重影响产品外观的缺陷为严重缺陷。

（2）重缺陷。不降低产品的使用性能，但严重影响产品外观的缺陷为重缺陷。

（3）轻缺陷。不符合标准规定，但对产品的使用性能和外观影响较小的缺陷为轻缺陷。

2．检验抽样规则

服装产品检验时，采用抽样的方法。抽样数量按产品批量决定。各种成品服装检验抽样数量见表 9-17。

表 9-17　各种成品服装检验抽样数量

服装种类	抽样数量
男女西服、大衣、睡衣套、牛仔服、夹克衫	200 件（含 200 件）以下，抽验 10 件 200 ～ 500 件（含 500 件），抽验 20 件 500 件以上，抽验 30 件
人造毛皮服装、羽绒服、风雨衣、衬衫、单服装	500 件及以下，抽验 10 件 500~1 000 件及以下，抽验 20 件 1 000 件以上，抽验 30 件

抽验中，各批量规定数要符合标准规定（或漏验率不高于 10％），判定为合格等级的，可批量出厂。如果批量判定数不符合标准规定（漏验率高于 10％），应进行第二次抽验，抽验数量应增加一倍。如仍不符合标准规定（漏验率仍高于 10％），应全部修理、调换或降低等级。

3．等级判定规则

抽验样本中的单件产品以缺陷的数量及轻重程度划分等级，批量产品以样本的品等及其数量划分等级。例如，西服、大衣单件等级和批量等级判定规则见表 9-18 和表 9-19。

表 9-18　西服、大衣单件等级判定规则

缺陷种类 等级	严重缺陷数	重缺陷数	轻缺陷数
优等品	≤ 0	≤ 0	≤ 4
一等品	≤ 0	≤ 1	≤ 6
合格品	≤ 0	≤ 2	≤ 7

表 9-19　西服、大衣批量等级判定规则

等级	优等品数	一等品数	合格品数	不合格品数（不含严重缺陷）
优等品	≥ 90%	≤ 10%		
一等品		≥ 90%	≤ 10%	
合格品			≥ 90%	≤ 10%

衬衫、风雨衣等级划分按样本中单件产品达到国家标准中规定的质量要求和技术条件级别划分等级。批量产品的等级除男女单服装、夹克衫和人造毛皮服装分为一等品和合格品两个等级外，其余各种成品服装均分为三个等级（优等、一等、合格或一等、二等、三等）。

第五节　服装跟单

服装跟单是以客户服装订单为依据，跟踪服装加工流程，并对服装订单的数量、质量以及交货期负责，保持企业与市场、企业与客户的联系，是企业内各部门之间以及客户之间的中心枢纽。其涉及面很广，是一项综合性的、复杂的、协调性的工作。

一、服装跟单的作用

服装跟单是工厂与业务员或客户沟通的纽带，起桥梁作用。跟单员从业务员或客户中获得有关产品的所有信息，如服装的制作工艺、质量要求、尺码及款式等，并将这些信息转换成生产单位的生产语言——样板制造单或生产制造单。

服装跟单是对生产进度、产品质量的督导。跟单员对产品的生产细节清楚，生产中出现问题时，跟单员可作出灵敏反应，及时指出并采用更正方法，或汇报协调，使问题消灭在萌芽状态，以保证按时发货。

服装跟单是出货后客户信息反馈中心。客户对产品质量问题如有不满，可以直接向跟单员投诉，跟单员则根据实际情况作出适当反应，尽量令客户满意，并吸取经验教训。

二、服装跟单的内容

服装跟单一般是指从争取客户的订单开始。跟单员应定期将本企业最新款服装目录发送给相应客户，或者根据客户要求设计出相应款式。对于客户要求报样、报价、报交货期的款式，跟单员应首先了解工厂的实际生产能力，要和工厂协商好交货期，并督促工厂做好详细的制作报价记录，对有关问题妥善处理。客户在下大货单前，一般要求工厂做一定数量的样品（称作板单），以此考察工厂的生产能力与技术水平。为了取得客户的大货（大批量订单），工厂必须先按时、按质、按量完成客户的样品订单。跟单的内容如下：

1．跟板单

跟单员接到客户板单后，应做好以下工作：

（1）对板单进行文字处理，外文板单应翻译成中文。在翻译时，应准确理解板单的含义，对模糊不清的内容，应与客户及时沟通，做到准确无误。

（2）对板单进行逐项检查，理解客户的要求。

1）检查主料要求，如面料的品种、纱支、组织、克重、颜色，是否有特别要求，比如磨毛、丝光、防静电、防皱等处理。

2）注明要求，下单给面料生产企业订板布，或者给面料生产企业提供面料小样，以分析组织成分，并要求对方报价和提供板布。

3）检查辅料要求，包括底面缝纫线、拉链、纽扣、人字带、花边、罗纹、主标、洗水标、吊牌、装饰牌等。查询本企业是否有物料库存，若没有，速下单订购。

（3）根据客户板单要求，检查有无不合理之处、有无特殊要求。如有不合理之处，要及时和客户沟通；若无特殊要求，则可按照常规操作自行设计工艺和制作要求，制定工艺单。

（4）工艺单应清晰、完整。工艺单要注明面辅料要求、洗水方式、用线要求、缝制要求、印绣花及其他处理、交板日期等。

（5）检查样衣的制作工艺，符合工艺要求后，对样衣进行各项后整理。在此过程中应反复核查样衣尺寸，如不符合要求，应修正样板，重新进行样衣的制作。

（6）核查包装辅料是否齐全、包装方式是否正确，核查无误后交予客户。

2．跟进核价

（1）落实面料的价格与用量。核实板单上客户要求的纱支、克重、幅宽或有关面料生产的难易度，主要是与面料生产企业沟通，明确面料价格资料，方便用料的价格核算。由裁剪车间或跟单员本人核算样板用量。

（2）落实辅料的价格。跟单员要对辅料情况进行详细了解，要广泛寻求辅料供应商进行寻价，避免报价失误造成不必要的损失。

（3）计算加工费。按照样衣制作过程中所测工序工时计算生产量和加工费。

（4）落实服装后处理生产企业和价格。在大批订单下达之前和各加工厂洽谈，落实加工企业和价格。

（5）核算形成产品成本的其他费用，包括出货运输文件费以及和加工该批产品有关的通信费、差旅费、试验费用、折旧、利润、利税等内容。

（6）汇总资料，核算价格。将以上资料详细、准确地填写到核价单中，对各项费用和价格进行汇总，形成能够接受的产品价格，以备后查。

3．接单与审单

接单即合同签订、订单的取得。审单也叫审核合同，审核内容主要包括订单的来源和所订服装的款式、型号、用料、数量、质量、单价、交货期限、交货方式、付款方式及包装要求等。

4．生产准备与物料的采购入库

（1）根据订单及相关资料制作生产通知单、原辅材料耗用明细表、仓库发料通知单以及物料采购单。在转化客户订单为生产通知单时，必须清楚准确地把客户订单中的服装款式编号、简图、型号、数量、包装要求、货期等转化进去，特别要求也要注明。一般在生产通知单上的货期比实际的货期提前几天，目的是给工厂交货留些余地，以防生产安排或进度上出现意外而导致交货延迟。原辅材料耗用明细表和仓库发料通知单要显示订单中所有物料的名称及编号、规格型号、色彩、用量以及质量标准等。跟单员要将订单所用的全部材料准确地列在耗用表中，不可漏打、误打、少打、多打等，否则将对相关部门备料、生产造成困扰而延误货期，或造成增加库存和物料积压或浪费。因此，要求跟单员对订单所订服装的结构、物料非常熟悉。

（2）跟单员需立即同生产部门一起分析工厂的生产能力，是否能按期、保质、低成本地交货，是否要外发等。在编制生产计划时，跟单员应协助生产管理人员将订单及时转化为生产计划，注意其日程进度安排是否能满足订单的货期。

（3）物料采购、检验、入库的跟踪。服装材料采购跟单是指跟单员根据订单所用的服装面料、辅料的要求，对其品名、规格、数量、质量、价格以及交货地点、交货期进行跟进，避免停工待料而延误货期。

物料采购单是采购员根据原辅材料耗用明细表上的"所需用量"与"仓库存量"栏数据，再加上服装材料损耗量，减去客户提供的物料所制定的。作为跟单员，在此环节中，可能涉及物料采购单的制作、传真，这取决于其所在厂的规模大小、部门设置以及部门之间的分工。一般来说，跟单员即使不制作物料采购单，也有审批和跟踪此单的责任。在审批时，跟单员应仔细审查各个项目是否有误，然后再发给原辅材料供应商，并注意及时跟踪供应商是否签字回传，有无更改。物料在生产过程中，跟单员应及时跟催物料，隔一段时间查问供应商的生产进度状况，最好到供应企业检查其加工的原材料、工艺流程以及生产进度，如发现问题，应及时提醒供应商修改、处理，以确保物料能按质按量及时到达工厂。

物料到厂后，跟单员应通知质检并亲自检验。首先对服装材料的品种、规格、数量进行复核。主要是检查出厂的品名、色泽、数量及两头的印章和标记是否完整，并按照订单逐一核对，做好记录。其次是对服装材料的质量进行检验。主要是检查面料在纺织、染整过程中的疵病，检查要依据有关服装面料标准进行，并做好记录。再次对辅料进行检验。最后检查面料的密度、重量、弹性、强力、吸湿性、保温性、缩水率、色牢度、耐磨性等性能是否符合要求，只有通过物理和化学方法才能识别其原料本质。值得注意的是，对服装面料与辅料的选择要注意它们的配伍性。物料检验完毕后通知入库，并通知生产部门以便尽快地安排生产。

5．生产过程跟踪

服装生产过程跟踪主要包括裁剪跟踪、粘合工艺跟踪、缝制工艺跟踪、熨烫工艺跟踪、后整理与包装跟踪。在每一个环节中，跟单员主要是跟踪服装加工的每个工艺质量情况与跟进订单的生产进度、完成情况。为此，跟单员必须时常深入生产车间检查在制品、成衣的质量是否按订单要求生产，以及生产流程中有无脱节、停滞等不良现象，同时根据最新的生产日程安排，紧紧跟进生产进度，查看订单完成情况是否能满足订单的交货期。发现问题应及时处理，特别是货期未能满足订单的交货期时，应马上同生产主管协商，确保准时交货。另外，客户所下订单有时会发生临时更改。一般是订单的数量、服装的结构、包装要求的更改。收到客户的更改通知之后，首先确认更改的内容，上报主管领导，并一起商讨企业现有的生产条件是否满足。如企业不同意更改，则同客户协商采用其他办法或本批货不更改。如接受更改，则立即以书面形式通知相关部门。另外，在生产过程中，跟单员发现不正常现象，或者需要补充的也应立即以书面形式通知相关部门。

在跟踪过程中，应对产品质量和生产日程的检验情况随时记录，查货尺寸检验报告表见表9-20，半成品质量检验报告表见表9-21，终检查货报告表见表9-22。

表 9-20　查货尺寸检验报告表　　　　　　　　　　　　　cm

生产单位：＿＿＿＿＿＿　　数量：＿＿＿＿＿＿　　日期：＿＿＿＿＿＿
业务编号：＿＿＿＿＿＿　　客户：＿＿＿＿＿＿　　款号：＿＿＿＿＿＿

尺寸 / 部位	公差极限值										
领围	±0.5										
后衣长	±1										
胸围	±1.5										
肩宽	±0.5										

尺寸 部位	公差 极限值							
长袖袖长	±1							
短袖袖长	±0.3							

厂方签名：_____   跟单员：_____

表 9-21 半成品质量检验报告表

业务编号：_____   款　　号：_____   客户：_____
生产单位：_____   生产车间：_____   数量：_____

布料	辅料	裁床	车缝车间	手工	后整理	包装
检验内容						

<table>
<tr><td colspan="2">

1. 面料（织物组织及缩水）
2. 纽扣
3. 主商标
4. 拉链
5. 洗水标 / 号标
6. 裁剪清单
7. 其他

</td><td colspan="2">

1. 面线
2. 包缝线
3. 缝口
4. 针距
5. 外形
6. 袋位
7. 商标位置
8. 缝口牢度
9. 其他

</td><td colspan="3">

1. 后整理后的颜色
2. 后整理后的手感
3. 色牢度
4. 整洁度
5. 吊牌的内容与位置
6. 烫工及折叠
7. 外箱标签
8. 其他

</td></tr>
<tr><td colspan="7">

检查评语：

</td></tr>
<tr><td colspan="7">

查货员：　　　　车间主任：　　　　品质控制主管：

年　　月　　日

</td></tr>
</table>

表 9-22 终检查货报告表

生产单位		业务编号		款号		数量	
客户		查货时已包装数量				查货箱号	
开箱数量					查货箱号		

面料：_____   绣花或印花：_____   水洗：_____
辅料：

    主　　标：_____   尺　寸：_____
    洗水标：_____   针　脚：_____
    号　　标：_____   线　色：_____
    胶　　袋：_____   纽　扣：_____
    纸　　袋：_____   拉　链：_____

查货详细结果：

包装：

线头处理：

续表

整烫:
后烫外观:
折叠:
装箱单:
发单企业处理如下:
（1）此批货可接受
（2）厂方需担保出货
（3）此批货不可接受

厂方签名：_____　　　跟单签名：_____　　　日期：_____

6. 催开与审查信用证

在进出口贸易中，一般采用信用证付款。在按信用证付款时，买方按约定的时间开出信用证是其履行合同的前提条件，否则卖方无法安排生产和组织货源。在正常情况下，买方信用证最迟应在货物装运期前 15 天（有时 30 天）开到卖方手中。但在实际业务中，国外客户在遇有市场发生变化或资金短缺时，往往拖延开证，因此，跟单员应经常检查开证情况并及时催促客户开证。跟单员在收到信用证以后，应立即做如下的审查：审查信用证的种类，开证申请人和受益人，信用证的金额及采用的货币，信用证的到期时间，装运期和有效期，规定开立汇票的内容，船舶和分批装运要求，要求提供装运的单据以及货物的品名、品质、规格、数量、包装、单价、金额、保险等是否与合同一致。信用证上最好有一个数量或者金额的上下浮动，因为万一多走货或者少走货就会出现单证不一致的情况，就无法正常收到货款，损失比较大。

7. 出货跟踪

（1）联系出货事宜。出货前至少一个星期就应该联系出货事宜，明白是港口装箱还是产地装箱。港口装箱涉及送港的时间，所以还要更早，同时还应知道送港地点，以便在出现甩货或者是多装货的情况时能及时通知报关员，便于报关。如企业直接出口，则同船运公司联系；如通过外贸公司出口，则与外贸公司联系。首先告诉外贸公司或船运公司具体出货时间，同时传真出口货物装箱单和拖柜装货的具体地址、电话、联系人。工厂的装箱单应明确列出此次出货产品的品名、规格、数量、净重、毛重、包装尺寸、体积、箱号、唛头。其中，毛净重应计算准确，它决定着报关出口顺利与否。包装尺寸一般来说是指出口的外箱尺寸，尺寸的准确性关系到整批货的体积计算。箱号一般是由企业决定的，有时由客户提供，此时，必须按客户的要求进行编号。出口货物的唛头多数由客户提供，有正唛头和侧唛头，装箱单上的唛头必须照单打印。如果一批货有几个唛头，则须注明哪些箱用哪个唛头。

（2）报验货物。跟单员在备妥货物的同时还要报验。报验是指在货物备妥后，根据约定条件或国家规定向商品检验机构申请对出口商品进行检验。经检验合格后，商检局签发检验合格证书，海关才予以放行。跟单员申请报验时，应填制出口申请单，向商检局申请报验手续。货物检验以后，应在检验书规定的有效期内将货物装运出口。

（3）货柜选择。现普遍使用的有 20 尺小柜、40 尺普柜和 40 尺高柜，它们的体积分别为 33 m³、67 m³、76 m³。但实际装货时，因纸箱与纸箱之间有空隙，且纸箱放进货柜时不是那么恰当，长宽高都会剩下一些空间无法装货。所以，以上三种规格的货柜在装箱时一般可以接纳的体积分别是 29～30 m³、58～61 m³、68～71 m³。每次出货时，应把本次出货的产品总体积计算清楚后，再根据体积去定货柜。出货前还应同船运公司或外贸公司联系确定报关地点,最好知道报关员姓名、联系电话,这样可以方便货柜司机与其联系。

（4）跟踪出货。出货前一天应告知生产部具体货柜到厂的时间,并把装箱单分发给生产部相关人员,方便生产部安排出货工作。出货前一天,跟单员须到成品仓库清点数量,防止多出、少出或漏出。即使货物没完全做好,也应先把已完工的产品清点数量,到出货搬运前应把未点数的品种先点数搬运。另外,抽查内外包装是否按"装箱单"要求包装。到出货日跟踪货柜车是否到厂,最好拿到货柜司机的联系电话直接打电话询问,以便通知工厂何时装货。货柜车到厂后,以最快的速度记下车牌号码,最好有货柜司机的联系电话,将这些传真给外贸公司或船运公司,以便他们预先填制好报关单据,做好报关准备。跟单员须协助生产部安排装货员装货。跟踪装货员是否有人编写箱号,所装货物是否为装箱单上所列货物,是否每一规格的产品留了一两箱放于货柜尾部用于海关查货用。待货物即将装完时,每一个货柜都需填制一份提货单,装完货后要求货柜司机签名确认。告诉司机报关地点、报关员的联系电话。如有资料,请货柜司机带给报关员,最好做好签收手续。出货手续办理完毕以后通知工厂保安放行。估计报关完成时间,打电话给报关员询问报关情况。如顺利走货,把装货资料传真给客户。如自行出口的企业,跟单员还要与客户联系出货、租船定舱等出货事宜。

（5）催单结汇。货物在装船出运后,跟单员应及时按照信用证、合同和其他单据的内容正确地编制各种单据,并在信用证规定的有效时间内交银行结汇。出口单据有很多,催单工作最重要的是催提货单。货物装运出口,就应该催船运公司或协助外贸公司催船运公司开出提货单。经核对无误的提货单方可作为客户的收货凭据。企业在收到正确的提货单后,应连同其他单据一起送到银行审单、寄单。

【思考题】

1. 产品质量主要从哪几个方面来描述?

2. 服务质量包括哪几个方面?

3. 什么是质量管理? 质量管理包括哪几个方面?

4. 全面质量管理包括哪些内容?

5. 服装设计、试制阶段的质量控制应从哪几个方面入手?

6. 如何控制样板质量?

7. 服装工艺要求应检查哪几个方面?

8. 试描述服装质量实施六道检验把关制度。

9. 如何计算产品质量平均值? 试举例。

10. 哪些项目属于质量成本的范畴?

11. 质量技术分析常用的方法有哪些?

12. 质量检验的基本职能是什么?

13. 质量检验前期应做好哪些准备工作?

14. 服装质量外观和内在质量检查主要包括哪些方面?

15. 如何判定西服质量?

16. 如何判定成衣等级?

17. 阐述服装跟单的内容及标准。

第十章　服装企业成本管理

【学习目标】

（1）了解产品成本、标准成本、成本管理的基本概念，掌握服装产品成本的构成。

（2）掌握服装标准成本制定的方法。

（3）了解成本控制的意义与基本原则，掌握服装企业成本控制的内容。

（4）了解产品成本计算的一般程序，掌握成本计算的方法。

（5）掌握直接材料、直接人工、制造费用成本差异分析的方法。

【能力目标】

（1）能根据企业实际制定服装的标准成本。

（2）能从降低成本的角度对构成服装成本的各项因素进行分析。

市场经济就是以市场为导向的经济体系，是以价格为导向的竞争经济。现代企业管理的目标已不再是短期内利润最大化，而是如何取得长期竞争优势，实现企业价值最大化。尽管企业可以采用不同的战略来开发其竞争优势，但无论采用哪一种方式，都离不开成本管理。成本管理是企业管理的重要组成部分，是实现现代企业管理目标的一个必要途径。

第一节　成本与成本管理

一、成本管理的基本概念

成本管理是企业经营过程中获得利润增长的第一要素，对于企业来说，不重视成本管理就等于走向死路。企业的经营目标就是追求利润，这是企业的宗旨。如何才能获得高于同行的利润，企业急需做的就是去不断学习和研究成本管理和控制的新技术、新方法。

1. 产品成本

产品成本是工业企业在一定时间内为了设计、试制、制造和销售一定数量的产品所支出的费用总和。控制产品成本，意味着物化劳动和经费的节约，它既可减少流动资金占用量，节约利息支出，又可加速流动资金的周转，缓解资金紧张的矛盾，形成企业生产经营的良性循环。同样价格、同样质量的产品，如果成本低，就能在市场竞争中处于有利地位，获得较多的利润。因此，如果企业注重效益，就必须先注重成本。

2. 标准成本

标准成本是指根据已经达到的生产技术水平，在正常经营条件下应当发生的成本，因而是一种预定的目标成本。标准成本在实际工作中有两种含义：一种是指单位产品的标准成本，它是根据单位产品的标准消耗量和标准单价计算出来的，又称为成本标准；另一种是指实际产量的标准成本，它是根据实际产品产量和单位产品成本标准计算出来的。

以标准成本为基础，把实际发生的成本与标准成本进行对比，揭示出成本差异，使差异成为向人们发出的一种"信号"，以此为线索进行分析研究。企业可以进一步分析差异形成的原因和责任，并据以采取相应的措施，发扬成绩，克服缺点，实现对成本的有效控制。

3. 成本管理

成本管理是指企业管理层和管理部门对任何必要作业所采取的手段，主要职能是成本预测、成本决策、成本计划、成本控制、成本核算、成本分析与考核。

（1）成本预测。成本预测是指运用一定的科学方法，对未来成本水平及其变化趋势作出科学的估计。

通过成本预测，可以分析预见各种因素对企业生产经营活动及产品成本形成过程的影响程度，从而制定年度降低成本措施，以提高企业生产条件利用的效果。

（2）成本决策。成本决策是指利用决策理论，根据成本预测及有关成本资料，运用定性与定量的方法，选择最佳成本方案的过程。成本决策可分为宏观成本决策和微观成本决策，它贯穿于整个生产经营过程，涉及面比较广。

在现代化成本管理的整个过程中，挖掘降低成本的潜力，主要依靠事前的成本决策与日常的成本控制两个环节，这两个环节是相互依存、互为补充的。

（3）成本计划。成本计划是企业生产经营总预算的一部分，它以货币形式规定企业在计划期内产品生产耗费和各种产品的成本水平，以及相应的成本降低水平和为此采取的主要措施。成本计划属于成本的事前管理，是企业生产经营管理的重要组成部分。

（4）成本控制。成本控制是企业根据一定时期预先建立的成本管理目标和成本计划，由成本控制主体在其职权范围内，在生产耗费发生以前和成本控制过程中，对各种影响成本的因素和条件采取的一系列预防和调节措施，以保证成本管理目标和成本计划实现的管理行为。

成本控制的过程是运用系统工程原理对企业在生产经营过程中发生的各种耗费进行计算、调节和监督的过程，同时也是一个发现薄弱环节、挖掘内部潜力、寻找一切可能降低成本途径的过程。科学地组织实施成本控制，可以促进企业改善经营管理，转变经营机制，全面提高企业素质，使企业在市场竞争的环境下生存、发展和壮大。

（5）成本核算。成本核算是把一定时期内企业生产经营过程中所发生的费用，按其性质或发生地点，分类归集、汇总、核算，计算出该时期内生产经营费用发生总额、每种产品的实际成本和单位成本的管理活动。其基本任务是正确、及时地核算产品实际总成本和单位成本，提供正确的成本数据，为企业经营决策提供科学依据，并借以考核成本计划执行情况，综合反映企业的生产经营管理水平。

（6）成本分析与考核。成本分析与考核是通过对上述成本形成过程的控制与评价，根据影响标准成本完成的各种因素，为未来的成本管理或控制提出改进决策或措施，以便为下一期预测标准成本及编制成本计划提供方向和依据。

成本控制与管理是企业增加营利的根本途径。因为利润＝收入－成本，所以降低成本是增加利润的一种重要手段。在收入不变的情况下，降低成本可使利润增加；在收入增加的情况下，降低成本可使利润更快增长；在收入下降的情况下，降低成本可抑制利润的下降。通过成本管理体系的有效运行，使成本降到尽可能低的水平，并加以保持，旨在实现利润的最大化。

二、服装产品成本的构成

1. 材料费

（1）直接材料费。直接材料费包括面料费、里料费、衬料费、缝线费、附属品费等。

（2）间接材料费。间接材料费包括缝纫机油、缝纫机针、缝纫机零件、易耗物品备用品费等。

2．劳务费

（1）直接劳务费。直接劳务费包括计件工资、计时工资（月工资、年薪等）。

（2）间接劳务费。间接劳务费包括间接工资、临时工资、休假日工资、退休金、退职金、奖金、津贴、健康保险金、法定福利费等。

3．制造经费

（1）直接经费。直接经费包括工艺卡制作费、样品试制费、专利费、外协作加工费、设备租赁费等。

（2）间接经费。间接经费包括福利卫生费、折旧费、租金、煤气费、电费、水费、保险费、税金、差旅费、交通费、通信费、易耗工具费、事务用品费、修缮费、搬运费、交际费、杂费、保管费、仓储损耗费等。

一般情况，直接材料费、直接劳务费和间接经费构成了产品的制造成本，如图10-1所示。

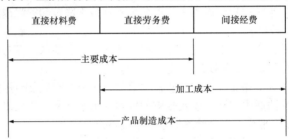

图 10-1　产品的制造成本

三、成本管理的目标

成本管理的目标不仅仅局限于企业成本的实时控制，而是着眼于企业竞争优势的构建，具有竞争性和前瞻性。成本管理不再是只强调成本的降低和短期利润的最大化，而是从构造和提高竞争优势的角度出发，重点关注成本行为对企业竞争地位的影响，帮助决策者预测、控制成本活动，制定最佳决策方案，促进战略管理目标的实现。

第二节　服装标准成本的制定

一、标准成本的种类

按照不同的分类方法，标准成本可分为不同的类别。

1．按其制定所依据的生产技术和经营管理水平划分

标准成本按其制定所依据的生产技术和经营管理水平可分为理想标准成本和正常标准成本两种类型。

（1）理想标准成本。理想标准成本是指在最优的生产条件下，利用现有的规模和设备能够达到的最低成本。它的主要作用是提供一个完美无缺的目标，发挥实际成本下降的潜力。因其成本的要求太高，所以不能作为考核的依据。

（2）正常标准成本。正常标准成本是指在效率良好的条件下，根据下期一般应该发生的生产要素消耗量、预计价格和预计生产经营能力利用程度制定出来的标准成本。在制定这种标准成本时，把生产经营活动中难以避免的损耗和低效率等情况也计算在内，使之切合下期的实际情况，成为切实可行的控制标准。从具体数值上看，它应大于理想标准成本，但又小于历史平均水平。在标准成本系统中广泛使用的是正常标准成本。

2．按适用期划分

标准成本按适用期可分为现行标准成本和基本标准成本两种。

（1）现行标准成本。现行标准成本是指根据其适用期间应该发生的价格、效率、生产经营能力和利用程度等预计的标准成本。现行标准成本可以成为评价实际成本的依据，也可以用来对存货和销货成本计价。

（2）基本标准成本。基本标准成本是指一经确定，只要生产的基本条件无重大变化，就不予变动的一种标准成本。所谓生产基本条件的重大变化，是指服装生产的重要原材料和劳动力价格的重要变化、生产技术和工艺的根本变化，只有这些条件发生变化，基本标准成本才需要修订。由于市场供求变化导致的售价变化和生产经营能力利用程度变化，由于工作方法改变而引起的效率变化等，不属于生产基本条件的重大变化。基本标准成本与各期实际成本对比，可以反映成本变动的趋势。由于基本标准成本不按各期实际修订，故不宜用来直接评价工作效率和成本控制的有效性。

二、标准成本的制定

制定标准成本，通常先确定直接材料和直接人工的标准成本，其次确定制造费用的标准成本，三者累加最后确定单位产品的标准制造成本。在制定时，无论是哪一个成本项目，都需要分别确定其用量标准和价格标准，两者相乘得出成本标准。无论是价格标准还是用量标准，都可以是理想状态的、正常状态的或现行状态的，据此得出理想的标准成本、正常的标准成本或现行的标准成本。

1．直接材料标准成本的制定

（1）确定直接材料的标准消耗量。直接材料的标准消耗量是现有技术条件生产单位产品所需的材料数量，包括必不可少的消耗以及各种难以避免的损失，如排料的边角余料等。其具体的确定方法如下：

1）根据服装样板、工艺要求等技术文件进行产品研究，列出所需的各种材料以及可能的代用材料，并说明这些材料的种类、质量以及库存情况。

2）采用各种方法，科学地制定用量标准。

①对以往单位产品材料消耗量的统计资料进行分析，然后确定标准消耗量。

②以设计部门为中心，精确计算单位产品的材料消耗量，从而确定标准消耗量。

③实际试制产品，根据材料的实际消耗量来确定材料的标准消耗量。

（2）确定直接材料的标准价格。标准价格是预计下一年度实际需要支付的进料单位成本，是取得材料的完全成本。标准价格是在充分考虑以往市场价格的统计资料和现行价格以及将来价格动向的基础上加以确定的，包括材料价格、发票价格、运费、检验费、生产损耗费用等。

（3）计算直接材料的标准成本。在材料的标准消耗量和标准价格确定以后，即可按标准成本计算公式进行计算，计算公式为

直接材料的标准成本＝直接材料的标准消耗量 × 直接材料的标准价格

直接材料标准成本举例见表 10-1。

表 10-1　直接材料标准成本明细表

标　准	材料甲	材料乙
价格标准： 　发票单价 　装卸检验费 　每米标准价格	 32 元 0.28 元 32.28 元	 8 元 0.07 元 8.07 元
用量标准： 　单件材料用量 　允许损耗量 　单件标准用量	 1.55 m 0.05 m 1.60 m	 1.93 m 0.06 m 1.99 m

续表

标　准	材料甲	材料乙
成本标准： 材料甲（32.28×1.60） 材料乙（8.07×1.99）	51.65 元	16.06 元
单位产品标准成本	67.71 元	

2．直接人工标准成本的制定

（1）确定单位产品标准工时。标准工时是指在现有生产技术条件下，生产单位产品所需要的时间，包括直接加工操作必不可少的时间以及必要的间歇和停工时间及宽裕时间。标准工时与加工的服装种类、所用工具设备、作业方式、作业顺序、操作者的技术水平等有关。工序标准工时即每个工序的观测时间。

（2）确定标准工资率。标准工资率是标准工资总额与标准总工时的比率。

如果采用计件工资制，标准工资率是预定的每件产品支付的工资除以标准工时。计件工资标准工资率的计算公式为

$$标准工资率 = \frac{计划作业期间预计工资总额}{工人人数 \times 预计开工天数 \times 每天作业时间 \times 出勤率}$$

如果采用计时工资制，标准工资率是指每一标准工时应分配的工资。根据设备开动时间计算标准工资率的公式为

$$标准工资率 = \frac{计划作业期间预计工资总额（不同工种的直接工人工资）}{设备台数 \times 预计开工天数 \times 设备每天开动时间}$$

标准工资率应根据工种、操作工人技术等级以及企业生产等情况进行确定。

（3）计算直接人工标准成本。在单位产品标准工时和标准工资率确定以后，即可按标准成本计算公式进行计算，其计算公式为

$$直接人工标准成本 = 单位产品标准工时 \times 标准工资率$$

直接人工标准成本举例见表 10-2。

表 10-2　直接人工标准成本明细表

工序	工序甲	工序乙
标准工时率： 基本生产工人人数 每人每月工时（25.5 天 ×8 小时 / 天） 出勤率 每人平均可用工时 每月总工时 每月工资总额 每小时工资	2 204 98% 200 400 360 0.9	5 204 98% 200 1000 1250 1.25
单位产品标准工时： 观测时间 宽裕时间 单位产品标准工时合计	1.5 min 0.15 min 1.65 min	0.8 min 0.1 min 0.9 min
直接人工标准成本	1.49	1.13
单位产品标准成本	2.62	

3．制造费用标准成本的制定

制造费用标准成本是按部门分别编制，然后将同一产品涉及的各部门单位制造费用标准加以汇

总，得出整个产品制造费用标准成本。各部门的制造费用标准成本分为变动制造费用标准成本和固定制造费用标准成本两部分。

变动制造费用和固定制造费用的数量标准通常采用单位产品直接人工工时标准，也可以采用机器工时或其他用量标准。但是两者采用的标准应保持一致。

（1）变动制造费用标准成本。其计算公式为

变动制造费用标准成本 = 单位产品直接人工标准工时 × 每小时变动制造费用的标准分配率

$$= 单位产品直接人工标准工时 × \frac{变动制造费用预算总数}{直接人工标准总工时}$$

以单位产品直接人工工时标准为例，变动制造费用标准成本的计算见表 10-3。

表 10-3　变动制造费用标准成本明细表

部　门	一车间	二车间
变动制造费用预算：		
运输	800	2 100
电力	400	2 400
消耗材料	1 400	1 800
间接工人	2 000	3 900
燃料	400	1 400
其他	200	400
合计	5 200	12 000
生产量标准（人工工时）	4 000	10 000
变动制造费用标准分配率	1.30	1.2
直接人工用量标准（人工工时）	1.49	1.13
变动制造费用标准成本	1.94	1.36
单位产品标准变动制造费用	3.3	

（2）固定制造费用标准成本。其计算公式为

固定制造费用标准成本 = 单位产品直接人工标准工时 × 每小时固定制造费用的标准分配率

$$= 单位产品直接人工标准工时 × \frac{固定制造费用预算总数}{直接人工标准总工时}$$

以单位产品直接人工工时标准为例，固定制造费用标准成本的计算见表 10-4。

表 10-4　固定制造费用标准成本明细表

部　门	一车间	二车间
固定制造费用：		
折旧费	200	2 350
管理人员工资	700	1 800
间接人工	500	1 200
保险费	300	400
其他	300	250
合计	2 000	6 000
生产量标准（人工工时）	4 000	10 000
固定制造费用标准分配率	0.5	0.6
直接人工用量标准（人工工时）	1.49	1.13
固定制造费用标准成本	0.75	0.68
单位产品标准固定制造费用	1.43	

第三节　服装产品的成本控制

一、成本控制的意义

在竞争激烈的服装市场中，同样质量价格的服装当中谁的成本控制得低，谁就能获得最大的利润，能降低 10% 的成本比提高 10% 的价格效果更为显著。因此，在生产管理中，加强对生产成本的控制，是提高企业生产竞争力的有效手段，是一项不可忽视的重要任务。

1．成本控制是成本管理的重要手段

成本管理包括成本的预测、决策、计划、控制、核算和分析等环节，在这些环节中，成本的预测、决策和计划为成本控制提供了依据。而成本控制既要保证成本目标的实现，同时还要渗透到成本预测、决策和计划之中。现代化成本管理中的成本控制着眼于成本形成的全过程。

2．成本控制是推动改善企业经营管理的动力

企业的生产经营活动和管理水平对产品成本水平有直接影响。实行成本控制，要求建立相应的控制标准和控制制度，如材料消耗定额和领发制度，工时定额、费用定额等都应该及时制定和修订，并加强各项管理工作，以保证成本控制的有效进行。

3．成本控制是建立健全厂内经济责任制的重要条件

厂内经济责任制是实行成本控制的重要保证。实行成本控制，首先需要成本指标层层分解落实到企业的各个部门和各个环节。要求各部门、各环节对经济指标承担经济责任，以促使职工主动考虑节约消耗、降低成本，保证成本指标的完成，使成本控制顺利进行，收到实效。

二、成本控制的内容

成本控制内容一般可以从成本形成过程和成本费用构成两个角度加以考虑。

（一）从成本形成过程考虑

1．产品投产前的控制

这部分控制内容主要包括产品设计成本、加工工艺成本、物资采购成本、生产组织方式、材料定额与劳动定额水平等。这些内容对成本的影响最大，可以说产品总成本的 60% 取决于这个阶段的成本控制工作的质量。这项控制工作属于事前控制方式，在控制活动实施时真实的成本还没有发生，但它决定了成本将会怎样发生，它基本上决定了产品的成本水平。

2．制造过程中的控制

制造过程是成本实际形成的主要阶段。绝大部分的成本支出都在这里发生，包括原材料、人工、能源动力、各种辅料的消耗、工序间物料运输费用、车间以及其他管理部门的费用支出。投产前控制的种种方案设想、控制措施能否在制造过程中贯彻实施、大部分的控制目标能否实现，都和这阶段的控制活动紧密相关。

3．流通过程中的控制

流通过程中的控制包括产品包装、厂外运输、广告促销、销售机构开支和售后服务等费用。在目前强调加强企业市场管理职能的时候，很容易不顾成本地采取种种促销手段，反而抵消了利润增量，所以对其也要做定量分析。

（二）从成本费用的构成考虑

1．原材料成本控制

在服装制造业中原材料费用占了总成本的很大比重，一般在 80% 以上，高的可达 90%，因此，

原材料控制是成本控制的主要对象。影响原材料成本的因素有采购、库存费用、生产消耗、回收利用等，所以控制活动可从采购、库存管理和消耗三个环节着手。

2．工资费用控制

工资在成本中占有一定的比重，增加工资又被认为是不可逆转的。控制工资与效益同步增长，减少单位产品中工资的比重，对于降低成本有重要意义。控制工资成本的关键在于提高劳动生产率，它与劳动定额、工时消耗、工时利用率、工作效率、工人出勤率等因素有关。

3．制造费用控制

制造费用开支项目很多，主要包括折旧费、修理费、辅助生产费用、车间管理人员工资、通信费、差旅费等，虽然它在成本中所占比重不大，但因不引人注意，浪费现象十分普遍，所以是不可忽视的一项内容。

成本控制的内容非常广泛，但这并不意味着事无巨细地平均使用力量，成本控制应该有计划有重点地区别对待。

（三）服装企业成本控制的重点内容

1．原材料成本控制

（1）面料成本控制。

1）排料控制：服装 CAD 排料效率虽高，但有时却没有人工排料的利用率高，因此，在 CAD 排料后，应指定经验丰富的排料工审核，经审核后定版。

2）限额发料：仓管部门应根据原辅材料消耗单和合理损耗进行限额发料。

3）裁床控制：开裁时裁床主管应严格控制拉布长度，防止落料不齐的现象发生。每款布料损耗应小于合理损耗，否则，裁床主管必须作出书面解释，并落实责任者。

4）补裁片控制：裁剪车间应加强责任心，防止出现裁片短少和大量废片。补裁片应由缝纫车间主管签单，而废裁片则由裁剪主管安排弥补。裁剪车间应做好补裁片记录，妥善保管好废裁片，以便于大片补小片，同时分析产生废裁片的原因、影响因素，并寻求解决办法。

（2）辅料成本控制。

仓管部门根据原辅材料消耗单和合理损耗限额发放辅料。由各组长实施现场控制，管理好所领实物，并根据用料定额发给相应工序的工人。如有次品则由组长集中到仓库退换。缺少的辅料可按原程序补领，但应由组长落实责任人。

2．生产部成本控制

（1）建立健全成本控制的追踪记录。尽管很多服装企业都建立了生产记录，但这些记录大多是零碎的，不具备连续追踪的功能。追踪性记录的缺失会导致现场材料管理混乱，从而使产品成本提高、产品短少，也导致责任无法落实，因此，各企业应根据自己的特点，建立健全各项追踪性记录，如铺料通知单、裁片交接单、成品交接记录等。

（2）限额领料。按生产订单下达限额至仓库，仓库在限额内发料，对生产车间或班组领料规定必要的审批手续。

（3）设置布料、物料耗用统计台账。台账按生产订单开设明细账，主要内容包括订单号、款式名称、数量、需用原料名称、单位耗量、总耗量（即限额）、领用情况、实际耗用情况等。

（4）设立服装出货台账。主要内容包括订单号、款式名称、数量计划交货期、开裁数量、发至各缝纫组数量和日期、完工入库数量和日期等。根据开裁报告单登记开裁数量，根据裁片交接表登记发至各缝纫组数量，根据反馈的成品入库单登记完工入库数量等。

（5）对上述台账资料开展经常性的检查、分析，及时处理发现的问题。

（6）与财务部互通情报，及时将相关资料（如生产订单、耗料定额等）传送给财务部，以便相互协助做好成本控制工作。

3．质量成本控制

质量是企业的生命，也是成本控制的重要环节，质量和成本息息相关。把握好生产各环节的质量可降低原材料损耗，降低半成品或成品的报废率，从而直接降低产品成本。质量成本一般包括内部损失成本、外部损失成本、鉴别成本和预防成本。当质量成本总和达到最小时为最佳质量成本。服装业应当设置专职或兼职人员，负责质量成本的核算、控制和分析，用货币单位量化质量对成本的影响，力争做到质量成本总和最小化。

（1）核算：设计质量成本原始记录表格和具体项目，收集和记录质量成本的原始资料，并进行各种质量成本的计算。

（2）控制：制定质量成本考核的标准或制度；将实际结果与考核标准进行对比，衡量质量控制的优劣对产品成本升降的影响，并与各部门的奖惩制度挂钩。

（3）分析：就产品整个寿命周期的质量成本进行分析。可进行总额和构成的分析，找到控制和降低质量成本的途径。也可将质量成本总额或单项金额与销售收入、净产值、利润、销货成本等指标进行对比，计算出各种成本率，据以进行趋势分析，通过分析确定最佳质量成本。

4．财务部成本控制

（1）会同相关部门，设计质量成本项目和各细目核算的汇总表；制定质量成本考核标准或制度，并对质量成本各项目的升降情况进行分析。

（2）做好成本指标完成情况的分析工作，不断总结成本控制的经验，改进成本控制措施，并根据有关资料开展投入产出分析。

（3）配合生产部做好监督限额领料的实施，必要时协助生产部计算耗料限额并现场检查其实施。

（4）与生产部等相关部门保持高度联系，互相配合，互通情报，相互协助，做好成本控制工作。

（5）会同其他部门制定各项奖惩制度，并严格控制制度的具体实施；制定完善的内部财务管理制度，规定各种原始凭证的内部流转顺序等。

5．引进奖罚制度

服装制造业的生产工人大多实行计件工资，经济奖励少，经济惩罚则更是少之又少。在生产中，对材料检验、排料、裁剪、缝制及整理等人员设立奖惩制度是很有必要的。

（1）对面辅料检验人员的奖惩：制定合理的漏验率，一般为3%，低于或高于3%的给予适当奖惩，以增强检验人员的责任心。半成品、成品检验员的奖惩也可照此方法进行。

（2）对排料人员的奖惩：各款服装根据样板资料确定排料长度，经审定合格的排料低（高）于原确定的长度，根据原材料的节约（超支）情况给予排料人员适当奖惩。

（3）缝制人员的奖惩：有疵点的裁片不缝制。缝制疵点裁片造成返工或损失的，因失职和返工造成裁片短少和作废的，按责任大小给予缝制人员适当奖惩。

（4）整理人员的奖惩：剪线工剪破半成品或成品的，按损失大小给予适当惩罚，全月无差错的则给予适当奖励。其他整理工也可根据工种特点给予奖惩。

三、成本控制的原则

在实施成本控制时，为了更好地发挥成本控制的作用，达到成本控制的预期目标，在建立成本控制体系和方法时，应遵循以下原则：

1．及时性原则

成本控制的及时性原则是指在成本控制系统中，能及时揭示成本控制过程中产生的实际与控制标准之间的偏差，使之能在较短的时间内恢复正常，及时消除偏差。在成本控制中，要尽量缩短成本控制中的偏差间隔时间，使市场经营活动中出现的实际标准与控制标准之间的偏差能及时得到纠正，以减少失控期间的损失。

2. 节约性原则

实施成本控制一般会发生一些费用，如办公费、管理经费、工资费等，这些费用一般称为控制成本。在成本控制中一定要采用节约性原则。有时，人们对节约型原则认识不足，认为只要将生产成本降低就可以了，而面对生产经营活动中所发生的一些费用很少关注，这其实是一种错误观念。如果只是产品成本降低了，而经营活动中的其他费用上升了，这样也不符合节约性原则。

3. 适应性原则

成本控制的适应性原则是指随着时间的推移和内外部条件的变化，成本控制能适应这种变化，并能在变化了的条件下较好地发挥控制作用。这就要求在设计成本控制程序和方法时，充分考虑到多种因素，使其具有较强的适应性。

4. 责权利相结合原则

在推行现代企业管理制度当中，企业一般都要实行责权利相结合的经济责任制。该责任制的内容是非常丰富的，各责任单位承担的责任、任务较多。但在这个责任制中，最重要的应当认为是成本控制责任制。由于成本是一个重要的经济指标，关系到企业的盈利水平，因此应将其列为重中之重的责任制。由于成本控制系统中规定了各控制单位的责任制，同时，在该系统中还制定了相应的指标计算、考核方法，因此在进行成本控制的同时，也就进行了责权利的界定。

5. 简便易行原则

成本控制系统是一项复杂的工作，涉及的单位、部门较多，对于大多数会计人员来说比较陌生。同时，企业的会计工作业务量也是很繁重的，因此，在设计成本控制程序和方法等成本控制体系时，应遵守简便易行的原则，以避免在实际工作中可能遇到的各种困难，从而达到预期的控制效果。

6. 因地制宜原则

成本控制的方法很多，但因企业的千差万别以及成本控制的阶段不同，各种方法的适应性也不相同。因此，在选择成本控制方法时，要针对每个企业的具体情况，选用不同的成本控制方法，不能生搬硬套。

7. 互相协调原则

成本控制工作是企业经济管理工作的一个重要组成部分，企业的各项经济管理工作是互相联系、互相制约的。要做好成本控制工作，仅靠成本管理部门的努力是远远不够的。企业产品生产是各个部门之间相互联系的，各个部门对产品成本的高低都有影响。如果一个单位的成本降低了，而其他单位的成本提高了，最后企业整体的经济效益也不能得到提高，这种成本控制是不成功的。同时，在进行成本控制活动中，也经常会涉及各个部门之间的利益，各部门之间也会出现一些问题和矛盾，这些都需要在进行成本控制活动时各个部门的密切配合，相互协调，共同努力，以提高企业整体经济效益为出发点。

在成本控制的协调过程中，成本管理部门应承担主要责任，起调节的作用。通过协调，解决问题，化解矛盾，达到最佳的成本控制目标。

第四节　服装产品成本的计算

一、成本计算的意义

（1）通过成本计算可以取得企业的实际成本资料，并据以确定实际成本同计划成本的差异，考核成本计划的完成情况，分析成本升降的原因，进一步挖掘降低成本的潜力。

（2）通过成本计算可以反映和监督企业各项费用的支出，发现企业经营管理中存在的问题，奖优罚劣，及时采取有效措施，改善经营管理。

（3）通过成本计算可以为企业进行下一期各项成本指标的预测和规划提供必要的参考数据。

二、成本计算的一般程序

1．收集、整理成本计算资料

原始凭证是成本计算所需的原始记录，是企业生产经营活动的第一手资料。

成本计算资料一般包括资产的形成、耗费或转出价值资料，待摊费用的形成和摊销方面的资料，预提费用提取方面的资料等。

2．确定成本计算对象和成本核算中心

成本计算对象是承担和归集费用的对象，是费用归集和分摊的依据。进行成本考核以降低成本，应按成本责任环节（或单位）来计算成本，因此，在具体的成本计算前，应先根据不同的成本责任环节设立不同的成本核算中心，再按每一个成本核算中心确定成本计算对象，计算成本。

成本计算对象可以包括若干种不同产品或不同的经济活动，也可以只包括一种产品或一种经济活动；可以是一个单独的产品或项目，也可以是一批相同的项目或一组相似的产品；可以是最终产品，也可以是加工到一定程度的半成品。

3．确定成本计算期

对于服装企业，生产完工之时计算产品生产成本，以产品生产周期作为成本计算期是较为合理的。但是，由于有的产品生产周期过长，因此完全按产品生产周期来计算成本，将影响会计信息的使用者及时地取得相关的会计信息。有的产品生产周期很短，完全按产品生产周期来计算成本，将会使成本计算很频繁，加大会计核算成本。所以，成本计算周期并不一定能和产品生产周期一致。

因此，如何确定成本计算期，取决于企业生产组织的特点和管理要求。如企业采用单件、小批量的生产组织方式时，可以把产品生产周期作为成本计算期；如果企业的生产特点是经常反复不断地大量生产同一种或几种产品，一般以会计分期作为产品成本计算期。

4．确定成本项目

按照成本构成要素确定成本项目，可以清楚地了解各项费用状况、用途和成本的经济构成，提供更多有用的会计信息。通过对成本项目的分析，可以初步查明成本升降的原因，挖掘降低成本的潜力。

5．正确地归集和分配各种费用

在费用的归集、分配和成本计算中，还应严格遵守相关法律、规章规定的成本开支范围和费用开支标准。

不能随意扩大成本开支范围，提高费用开支标准。凡超出开支范围和开支标准的费用，经企业权力机关认可，可以计入企业相关经营活动的成本或作为某个会计期的期间费用，但不得从企业的应纳税所得额中扣除，要视同利润进行纳税。

6．设置和登记明细账、编制成本计算表

应按成本计算对象和成本核算项目分别设置和登记费用、成本明细分类账户，然后根据这些账户资料，编制各种成本计算表，借以确定各种成本计算对象的总成本和单位成本。

三、服装成本计算的方法

1．服装成本计算的基本方法

服装成本计算的基本方法有品种法、分批法和分步法三种。

（1）品种法。品种法是以产品的品种为成本计算对象，归集生产费用，计算产品成本的一种方法，主要适用于大批量、少品种的生产。

（2）分批法。分批法是按照产品批别或订单作为成本计算对象来归集产品费用并计算产品成本的一种方法，又称订单法。这种方法一般适用于多品种、小批量的服装生产。

（3）分步法。分步法是按照产品的生产步骤和产品品种汇集生产费用、计算产品成本的一种方法，适用于大批量、少品种、多步骤的生产。以上三种方法的特点见表 10- 5。

表 10-5　产品成本计算基本方法的特点

成本计算方法	成本计算对象	成本计算期	适用范围	
			生产特点	成本管理要求
品种法	产品品种	按月计算， 与会计报告期一致	大批量、少品种	管理上不要求分步骤计 算产品成本
分批法	产品批别	不定期计算， 与生产周期一致	多品种、小批量	管理上不要求分步骤计 算产品成本
分步法	产品品种及 所经过的步骤	按月计算， 与会计报告期一致	大批量、少品种、 多步骤	管理上要求分步骤 计算产品成本

2．服装成本计算的辅助方法

服装成本的计算除以上三种基本方法外，还有分类法和定额法两种方法。

（1）分类法。分类法是以产品类别作为成本计算对象，将生产费用先按产品的类别进行归集，计算各类产品成本，然后再按照一定的分配标准在类别内部各种产品之间进行分配，从而计算各种产品的成本。

分类法适用于产品的品种规格多，但每类产品的结构、所用原料、生产工艺过程都基本相同的企业。

（2）定额法。定额法是以产品的定额成本为基础，加上或减去脱离定额差异以及定额变动差异来计算产品的实际成本。

定额法适用于管理制度比较健全、定额管理基础工作较好、产品生产定型和消耗定额合理且稳定的企业。

由于企业生产情况错综复杂，在实际工作中，各种成本计算方法往往是同时使用或结合使用的。这主要取决于企业的生产特点，其目标是既能正确计算产品成本又能简化成本的核算工作。

第五节　成本差异分析

成本差异是指产品实际成本与标准成本的差额。实际成本超过标准成本所形成的差异称为不利差异，实际成本小于标准成本所形成的差异称为有利差异。

一、直接材料成本差异计算及分析

直接材料实际成本与标准成本之间的差额是直接材料成本差异。

1．直接材料成本差异计算

该项差异形成的基本原因有两个：一个是材料价格脱离标准（价差），另一个是材料用量脱离标准（量差）。其计算公式为

材料价格差异＝实际数量 ×（实际价格 – 标准价格）
材料数量差异＝（实际数量 – 标准数量）× 标准价格
直接材料成本差异＝材料价格差异＋材料数量差异

2．直接材料成本差异分析

（1）材料价格差异分析。材料价格差异是在采购过程中形成的，采购部门未能按标准价格进货的原因主要有以下几种：

1）供应厂家价格变动。

2）未按经济采购批量进货。

3）未能及时订货造成的紧急订货。

4）采购时舍近求远使运费和途耗增加。

5）不必要的快速运输方式。

6）违反合同被罚款。

7）承接紧急订货造成额外采购等。

（2）材料数量差异分析。材料数量差异是在材料耗用过程中形成的，形成的具体原因有以下几种：

1）操作疏忽造成废品和废料增加。

2）工人用料不经心，造成材料使用量增加。

3）操作技术改进而节省材料。

4）新工人上岗造成用料增加。

5）机器或工具不适用造成用料增加等。

有时用料增加并非生产部门的责任，如购入材料质量低劣、疵点较多、色差较严重、规格不符等，也会使用料超过标准，加工工艺变更、检验过严也会使材料数量差异加大。

二、直接人工成本差异计算及分析

直接人工成本差异是指直接人工实际成本与标准成本之间的差额。

1. 直接人工成本差异计算

直接人工成本差异也被区分为价差和量差两部分。价差是指实际工资率脱离标准工资率，其差额按实际工时计算确定的金额，又称为工资率差异。量差是指实际工时脱离标准工时，其差额按标准工资率计算确定的金额，又称人工效率差异。其计算公式为

$$工资率差异＝实际工时 ×（实际工资率 － 标准工资率）$$
$$人工效率差异＝（实际工时 － 标准工时）× 标准工资率$$
$$直接人工成本差异＝工资率差异＋人工效率差异$$

2. 直接人工成本差异分析

（1）工资率差异分析。工资率差异形成的原因包括以下几种：

1）直接生产工人升级或降级使用。

2）奖励制度未产生实效。

3）工资率调整。

4）加班或使用临时工、出勤率变化等。

（2）人工效率差异分析。直接人工效率差异形成的原因包括以下几种：

1）工作环境不良。

2）工人经验不足。

3）劳动情绪不佳。

4）新工人上岗太多。

5）机器或工具选用不当。

6）设备故障较多。

7）作业计划安排不当。

8）产量太少无法发挥批量节约优势等。

三、制造费用差异分析

1. 变动制造费用差异分析

变动制造费用差异是指实际变动制造费用与标准变动制造费用之间的差额。它同样可以分解为价差和量差两部分。价差是指变动制造费用的实际小时分配率脱离标准按实际工时计算的金额，称

为变动费用耗费差异。量差是指实际工时脱离标准工时按标准的小时费用率计算确定的金额，称为变动费用效率差异。其计算公式为

$$变动费用耗费差异＝实际工时 \times （变动费用实际分配率 - 变动费用标准分配率）$$
$$变动费用效率差异＝（实际工时 - 标准工时） \times 变动费用标准分配率$$
$$变动费用成本差异＝变动费用耗费差异＋变动费用效率差异$$

变动制造费用耗费差异的原因是与各部门经理有联系的，他们有责任将各项变动费用控制在弹性预算限额之内。

变动制造费用效率差异的形成原因与人工效率差异相同。

2．固定制造费用差异分析

固定制造费用在一定相关范围内不会受生产活动水平变动的影响而固定不变，因此，固定制造费用是通过固定预算进行控制的。固定制造费用差异由固定制造费用预算差异和固定制造费用生产能力利用差异两部分组成。

固定制造费用预算差异又称固定制造费用耗费差异，是指实际固定制造费用与预算固定制造费用之间的差额，表示支付的超额或节约。其计算公式为

$$固定制造费用预算差异＝固定制造费用 - 固定制造费用预算$$

固定制造费用生产能力利用差异又称固定制造费用数量差异或固定制造费用除数差异，是指固定制造费用按应耗的标准小时数（预定分配率）计算的分配数与固定制造费用预算数之间的差额。该项差异是由预计业务量的变动而引起的，所反映的是计划生产能力的利用程度，只能通过对业务量的控制才能得到控制。其计算公式为

$$固定制造费用生产能力利用差异＝固定制造费用预算数 - 应耗的标准小时数 \times 固定制造费用分配率$$
$$＝（以工时表现的正常生产能力 - 按实际产量计算的标准工时） \times$$
$$固定制造费用单位工时标准分配率$$

固定制造费用生产能力利用差异具有如下特点：

（1）若预计业务量等于应耗的标准小时数，则没有生产能力利用差异。

（2）若预计业务量大于应耗的标准小时数，则生产能力利用差异为不利差异，表示计划生产能力尚未得到充分利用。

（3）若预计业务量小于应耗的标准工时数，则生产能力利用差异为有利差异，说明计划生产能力已得到充分利用。

【思考题】

1. 什么是成本管理？成本管理的主要职能是什么？

2. 服装产品成本由哪些费用构成？

3. 如何制定直接材料标准成本？

4. 如何制定直接人工标准成本？

5. 如何制定制造费用标准成本？

6. 服装企业成本控制的重点内容有哪些？

7. 成本控制应遵循什么原则？

8. 简要概述成本计算的一般程序。

9. 服装成本计算的基本方法有哪些？

10. 如何进行直接材料成本差异分析？

11. 如何进行直接人工成本差异分析？

12. 如何进行制造费用差异分析？

参 考 文 献

［1］宁俊. 服装生产经营管理［M］. 5 版. 北京：中国纺织出版社，2014.

［2］马旖旎. 服装生产管理［M］. 上海：东华大学出版社，2013.

［3］石吉勇，李先国. 服装生产管理［M］. 北京：化学工业出版社，2009.

［4］蒋晓文. 服装生产流程与管理技术［M］. 2 版. 上海：东华大学出版社，2008.

［5］姜旺生，张福良，杨素瑞. 服装生产现场管理［M］. 北京：中国纺织出版社，2007.

［6］［美］莱斯利·W·鲁，劳埃德·L·拜厄斯. 管理学：技能与应用［M］. 13 版. 刘松柏，
译. 北京：北京大学出版社，2013.

［7］毛益挺. 服装企业理单跟单［M］. 2 版. 北京：中国纺织出版社，2014.

［8］杨以雄. 服装生产管理［M］. 2 版. 上海：东华大学出版社，2015.

［9］陈东生，甘应进，等. 新编服装生产管理学［M］. 北京：中国轻工业出版社，2005.

［10］罗振璧，朱立强. 工业工程导论［M］. 北京：机械工业出版社，2004.